Sebastian Ostritsch

Let's Play oder Game Over?

SEBASTIAN OSTRITSCH

LET'S PLAY ODER GAME OVER?

Eine Ethik
des Computerspiels

dtv

Für Konstantin

MIX
Papier | Fördert gute Waldnutzung
FSC® C083411

Umschlaggestaltung: hißmann, heilmann, hamburg
Umschlagmotiv: gadost / iStock / Getty Images Plus
Gesetzt aus der Franziska
Satz: Fotosatz Amann, Memmingen
Druck und Bindung: CPI books GmbH, Leck
Printed in Germany · ISBN 978-3-423-26353-5

INHALT

VORSPIEL: **KOPFSCHUSS! ...**
UND SOKRATISCHE BEDENKEN

Als Terrorist gefällt mir die Kalaschnikow am besten. Sie ist präzise und effektiv. Dennoch zücke ich zunächst das Messer und renne los. Auf diese Weise bin ich etwas schneller. Nach einem kurzen Sprint durch den Wüstensand bleibe ich vor dem Eingang des Gebäudes stehen. Ich wechsle wieder auf mein Gewehr und gehe in die Hocke. Langsam schleiche ich mich hinein ... Plötzlich der grelle Blitz einer Blendgranate. Ich kann nichts mehr sehen und feuere nur noch wild um mich, doch ich habe keine Chance: Mein Gegner macht kurzen Prozess mit mir. Kopfschuss. Ich bin tot.

Natürlich bin ich nicht *wirklich* tot. Ich habe auch nicht *wirklich* in eine Blendgranate geschaut oder mit einem Maschinengewehr um mich geschossen. Auch bin ich selbstverständlich kein Mitglied einer terroristischen Vereinigung. Ich sitze vielmehr zu Hause im bequemen Bürosessel vor dem Bildschirm, die eine Hand auf der Tastatur, die andere auf der Maus, und spiele mit meinen Freunden *Counter-Strike: Source* (2004). Über das Headset höre ich sie abwechselnd fluchen und lachen. Für sie geht das Spiel weiter, während ich bis zum Start der nächsten Runde zum Zuschauen verdammt bin. Ziel jeder Runde ist es, entweder alle Gegner auszuschalten oder aber eines von zwei möglichen Missionszielen zu erreichen: Auf einer Sorte *map*, wie die Schauplätze oder Level in solchen Spielen genannt werden, müssen die Terroristen an bestimmten Orten eine Bombe legen und diese zum Explodieren bringen; die Spieler der Antiterroreinheit müssen dies verhindern und den gelegten Sprengsatz entschärfen. In der anderen Art von Level muss die Antiterroreinheit Geiseln befreien und zu einem bestimmten Punkt auf der Karte führen, um sie zu retten.

Counter-Strike ist nicht irgendein obskures Computerspiel, sondern eines der beliebtesten Games der letzten zwanzig Jahre. Es kam im Jahr 2000 als sogenannte Mod (kurz für »modification«) des enorm erfolgreichen Ego-Shooters *Half-Life* (1998) auf den Markt. Die inzwischen meistgespielte Version von *Counter-Strike* trägt den Zusatz »Global Offensive« (2012) und wird derzeit weltweit monatlich von rund 20 Millionen Spielern gespielt. Für die meisten von ihnen ist *Counter-Strike* nur Unterhaltung und Zeitvertreib. Es gibt aber auch Profis, für die das Spiel zum Beruf geworden ist. Bei manchen internationalen Großturnieren winken Preisgelder in Millionenhöhe.

In das Bewusstsein der breiten Öffentlichkeit in Deutschland trat *Counter-Strike* im Zuge der Aufarbeitung des Attentats von Winnenden im Jahr 2009. Der siebzehnjährige Täter, der fünfzehn Menschen ermordete, hatte regelmäßig *Counter-Strike* gespielt. Dessen wirksame Etikettierung als »Killerspiel« und die Ahnungslosigkeit von Politik und Medien beim Thema »Computerspiele« ließen Ego-Shooter im Allgemeinen und *Counter-Strike* im Besonderen schnell zum Sündenbock werden. Der damalige bayerische Innenminister Joachim Herrmann (CSU) forderte ein Verbot von »Killerspielen«, ein Aktionsbündnis rief zur öffentlichen Entsorgung von Spielen auf, »die das Töten von Menschen simulieren«, und die Stadt Stuttgart untersagte der *Electronic Sports League* die öffentliche Austragung eines Spieltages der *Counter-Strike*-Liga.[1]

Die Debatte um Computerspiele als mögliche Mitursache für reale Verbrechen brandet bis heute national wie international immer wieder auf, insbesondere dann, wenn sich reale Gewaltexzesse nach dem vermeintlichen Vorbild computersimulierter Gewalt zu ereignen scheinen. Nachdem 2020 in Chicago die Zahl der sogenannten Carjackings – also der Vorfälle, bei denen Fahrer gewaltsam ihres Autos beraubt wurden – auf über 1400 Fälle angestiegen war und sich damit im Vergleich zum Vorjahr mehr als verdoppelt hatte, geriet dort das berühmt-berüchtigte Spiel *Grand Theft Auto V* (*GTA V*, 2013) ins Visier der Politik. In der Tat ist die Möglichkeit, anderen Verkehrsteilnehmern mit Gewalt den fahrbaren Untersatz zu entwenden, ein fester Bestandteil der seit 1997 bestehenden *GTA*-Spielereihe. Ein Abgeordneter der Demokraten im Repräsentantenhaus von Illinois wollte daraufhin ein Gesetz einbringen, das den Verkauf von Games, die dazu ermutigten, gewalttätige, das heißt physisch oder psychisch verletzende Handlungen auszuführen, in dem US-Bundesstaat zukünftig verbieten sollte. Er scheiterte jedoch mit seinem Vorstoß.[2]

Die Debatte um die Schädlichkeit von Computerspielen und die Notwendigkeit, sie zu verbieten, ist im Grunde nur die Neuauflage einer uralten ethischen Debatte, die sich bereits in der griechischen Antike findet. Schon Platon, einer der Väter der abendländischen Philosophie, diskutiert die Sorge, die Darstellung lasterhafter Menschen und schlechter Handlungen könnte die Sitten verderben.[3] Besonders gefährdet scheint ihm, wer sich nicht nur passiv derartigen Darstellungen aussetzt, sondern schlechte Handlungen selbst nachahmt. In Platons *Der Staat* fragt Sokrates – in Wahrheit Platons Lehrer und zugleich das literarische Sprachrohr seiner Dialoge – seinen Gesprächspartner Adeimantos, ob dieser denn nicht bemerkt habe, »dass die Nachahmungen, wenn man es von Jugend an stark damit treibt, in Gewöhnungen und in Natur übergehen«.[4] Für Sokrates (und damit Platon) schien die Sache klar zu sein: Wer bestimmte Verhaltensweisen lange genug nachahmt, der verinnerlicht die dazugehörigen Einstellungen und macht sie zu Bestandteilen seines Charakters. Die Beschaffenheit des Charakters wiederum entscheidet darüber, ob ein Leben im Ganzen gelingt oder nicht, ob es also ein gutes oder ein schlechtes Leben wird.

Nun ist es eine Besonderheit von Computerspielen – etwas, was sie beispielsweise von Romanen oder Filmen unterscheidet –, dass wir in ihnen selbst tätig werden, indem wir bestimmte Handlungen spielerisch nachahmen. Ist deshalb die sokratische Warnung, man solle nicht durch Nachahmung des Schlechten selbst schlecht werden und damit das eigene Leben in falsche, unheilvolle Bahnen lenken, womöglich gerade mit Blick auf Computerspiele von besonderer Aktualität und Virulenz? Dass wir nicht geneigt sind, die Killerspielhysterie ahnungsloser Politiker allzu ernst zu nehmen, ist das eine. Aber Sokrates nicht ernst nehmen? Wenn er, die Personifikation abendländischer Weisheit, hier Bedenken äußert, wäre es zumindest unklug, nicht innezuhalten und einmal grundsätzlich über Computerspiele und ihr Verhältnis zur Wirklichkeit, zur Moral und zum guten Leben nachzudenken.

In der Tat machen es sich manche Gamer zu einfach, wenn sie ihr Lieblingsmedium dadurch gegen Angriffe zu schützen versuchen, dass sie mantraartig behaupten: »Das ist doch nur ein Spiel!« und so jegliche Verbindung zwischen Spiel und dem Ernst der Wirklichkeit leugnen. Der Preis für diese Strategie ist allerdings hoch. Denn wenn Computerspiele wirklich nur triviale Spiele sind und weder eine ästhetische, kulturelle oder gesellschaftliche Relevanz noch irgendeinen Wirklichkeitsbezug besitzen, dann muss, ja dann kann man sie gar nicht ernst nehmen. Gerade das – ernst genommen zu werden – ist aber das berechtigte Anliegen vieler Computerspieler, ein Anliegen, dem gesellschaftlich auch immer mehr entsprochen wird. Inzwischen ist es durchaus üblich, dass neue Computerspiele in Feuilletons besprochen werden. Es gibt eigene Magazine, die sich den verschiedensten Aspekten der Gamingkultur widmen. Mit den sogenannten Game Studies hat sich sogar eine eigenständige, interdisziplinär geprägte wissenschaftliche Disziplin zur Erforschung von Computerspielen herausgebildet.[5] Und auch die Philosophie, insbesondere die Kunstphilosophie und die Ästhetik, hat Computerspiele als Thema für sich entdeckt.[6]

Das alles weist darauf hin, dass Computerspiele eben doch nicht pauschal *einfach nur* Spiele sind und dass man sie folglich weder als völlig harm- noch als gänzlich bedeutungslosen Zeitvertreib abtun darf. Sie sind vielmehr zu einer eigenständigen Kulturform gediehen, indem viele von ihnen jenseits ihres Unterhaltungswerts auch bestimmte Auffassungen vom Schönen, Wahren und Guten vermitteln. Games als Kulturform ernst zu nehmen, bedeutet folglich, sie sowohl in ästhetischer als auch in ethischer Hinsicht zu reflektieren. Gerade dieser ethische Blick auf Computerspiele ist im öffentlichen Diskurs interessanterweise jedoch bisher deutlich zu kurz gekommen. Sicher, moralisch empörte Meinungsäußerungen und ebenso leidenschaftliche Verteidigungen gibt es zuhauf, aber reflektiert, durchdacht und begriffen ist das Thema deswegen noch lange nicht. Das zu leisten ist die Aufgabe einer *philosophischen* Ethik der Computerspiele, wie sie dieses Buch liefern möchte. So wie das philosophische Denken für den Alltagsverstand durchaus herausfordernd sein kann, dürfte umgekehrt für viele philosophisch Vorgebildete das Thema »Computerspiele« exotisch und unzugänglich erscheinen. Aber keine Sorge: In den folgenden Kapiteln wird weder philosophisches Vorwissen noch Vertrautheit mit der Welt der Computerspiele vorausgesetzt. Sollte der Leser über ihm unvertrautes Vokabular aus der Gamingwelt stolpern, dann kann er die wichtigsten Begriffe im Glossar am Ende dieses Buches nachschlagen.

Der Ausdruck »Ethik« ist notorisch mehrdeutig und wird selbst von Fachphilosophen auf unterschiedliche Weise verwendet. Was genau soll also in diesem Buch unter »Ethik« verstanden werden? Die Wurzel bildet das griechische Wort *ethos*, was so viel bedeutet wie »Sitte« oder »Brauch«. Im Lateinischen heißen die Sitten und Bräuche einer Gemeinschaft *mores*, was wiederum die Grundlage des deutschen Wortes »Moral« ist. »Ethik« und »Moral« verweisen von ihrer ursprünglichen Wortbedeutung her also auf dasselbe. Der Ausdruck »Ethik« meint aber nicht nur den Bereich des Sittlichen selbst, sondern dient zugleich als Oberbegriff für die philosophische Disziplin, die sich systematisch mit den entsprechenden Phänomenen beschäftigt.

Auch wenn »Ethik« und »Moral« dieselbe Bedeutungswurzel haben, hat sich der Begriff der Moral zumindest innerhalb der Philosophie im Laufe der Jahrhunderte auf einen besonderen Bereich verengt, nämlich auf das, was wir heute als moralische Gebote oder moralische Pflichten bezeichnen. Man denke nur an die Zehn Gebote, bei denen es sich ja nicht um Empfehlungen oder Ratschläge, sondern um unbedingte Forderungen handelt. Wenn also von der Moral im engeren Sinne die Rede ist, dann bewegt man sich in der Sphäre von Gut und Böse, von Pflicht und Verbot. Woher die Forderungen der Moral kommen - ob von Gott, aus der Natur oder der menschlichen Vernunft -, ist dabei erst einmal gleichgültig.

Mit der Moral im engeren Sinne sind jedoch noch lange nicht alle ethischen Phänomene abgedeckt. In der Antike war diese Auffassung von Moral im Grunde sogar unbekannt.[7] Stattdessen ging es zu Beginn der philosophischen Ethik primär um die Frage nach dem guten Leben, also danach, wie der Einzelne durch eine kluge Lebensführung Glückseligkeit erlangen kann. Statt um das harte »Du sollst!« und »Du sollst nicht!« drehte sich hier alles um das weichere »Du solltest« und »Du solltest nicht«. Während die Moralphilosophie sich also mit dem unter allen Umständen gebotenen Handeln beschäftigt, stellt die Glücks- oder Klugheitsethik den menschlichen Charakter mit seinen Tugenden und Lastern in den Mittelpunkt, weshalb sie auch den Namen »Tugendethik« trägt. Die Tugendethik ist aber beileibe keine bloß historische Veranstaltung, sondern hat insbesondere im 20. Jahrhundert eine Renaissance erlebt und ist zu Recht wieder fester Bestandteil der philosophischen Diskussion.

Die Ethik der Computerspiele, die in diesem Buch entwickelt wird, versteht sich als eine philosophische Ethik im weiten Sinne: Sie denkt über das Phänomen »Computerspiele« sowohl aus moralischer als auch aus klugheitsethischer Sicht nach. Ganz im Sinne der Philosophie geht es um

Grundsätzliches: Wie können Computerspiele, die ja doch immer Spiele sind, überhaupt einer moralischen Bewertung unterzogen werden? Gib es Games, die per se moralisch schlecht oder vielleicht auch moralisch gut sind? Gibt es Dinge, die wir in Computerspielen nicht tun dürfen, selbst wenn niemand wirklich zu Schaden kommt? Können uns Computerspiele dabei helfen, ethisches Wissen zu erlangen, das heißt, etwas über uns selbst als moralische Wesen, inklusive unserer Abgründigkeit, erfahren? Ist es einem guten, gelingenden Leben zu- oder abträglich, Computerspiele zu spielen? Welche Rolle spielen Computerspiele im Kulturkampf um die richtigen Werte der Gesellschaft? Und was ist mit Blick auf das gute Leben davon zu halten, dass immer mehr Bereiche der Lebenswelt, einschließlich der Arbeit, durch »Gamification« mit Elementen versehen werden, die den Charakter von Computerspielen haben?

Wenngleich der Leser keinen pädagogischen Elternratgeber und auch keinen politisch-juristischen Traktat erwarten darf, so ist doch eine philosophische Ethik der Computerspiele für diese beiden Bereiche unerlässlich. Über das Verhältnis von Erziehung und Gesetzgebung zu Computerspielen lässt sich nämlich erst dann sinnvoll sprechen, wenn die grundlegende normative Dimension von Computerspielen mithilfe der Ethik durchmessen ist.

Mit Blick auf die Pädagogik ist noch anzumerken, dass Computerspiele in diesem Buch primär nicht als Spiele für Kinder betrachtet werden. Die Kernthese ist vielmehr, dass Computerspiele ein »erwachsenes« Medium sind, das wie Literatur und Film ein enormes ethisches Potenzial in sich birgt und daher verdientermaßen einen Platz im Rahmen eines guten Lebens einnehmen darf. Was die durchaus verständliche Sorge vieler Eltern betrifft, dass ihre (jungen) Kinder an brutalen Computerspielen seelischen Schaden nehmen könnten, so ist vor allem auf den englischen Psychologen D.W. Winnicott zu verweisen, der stets die Bedeutung der »gesunden Instinkte normaler Eltern« betont hat.[8] Es braucht also weder Philosophen noch Psychologen, sondern nur den herkömmlichen - zugegebenermaßen rarer werdenden - gesunden Menschenverstand, um zu wissen, dass man kleinen Kindern keine Horrorfilme und kein pornographisches Material zeigen, dass man ihnen keine Erwachsenenthriller vorlesen und sie auch keine Ego-Shooter spielen lassen sollte, und zwar ganz einfach deshalb, weil das Material sie erschrecken, verstören und auch sonst in vielfacher Hinsicht überfordern würde. Was diese Einsicht angeht, ist empirische Laborforschung jedenfalls nicht nur überflüssig, sondern es darf sie aus offensichtlichen ethischen Gründen gar nicht geben.

Kniffliger wird die Sache natürlich, sobald es nicht um Kinder, sondern um Jugendliche und junge Erwachsene geht. Bei ihnen stellen sich die oben genannten ethischen Fragen ebenso wie bei Erwachsenen, und das sogar in verschärfter Form, weil junge Menschen offenkundig noch im Prozess der charakterlichen Formung und Selbstfindung stecken, den die meisten Erwachsenen - zum Guten wie zum Schlechten - bereits hinter sich haben. Dennoch wäre es ein Fehler, Computerspiele als Freizeitbeschäftigung nur für Halbwüchsige abzutun. Die Kinder und Jugendlichen, die in den 1980er- und 1990er-Jahren mit Computerspielen aufgewachsen sind, sind nämlich inzwischen erwachsen geworden und machen heute die Kerngruppe der Gamer aus.

Der englische Philosoph David Hartley (1705-1757) soll einmal gesagt haben, dass nichts so viel über den Menschen verrate wie die Spiele, die er spielt.[9] Auch wenn diese Aussage in ihrer Absolutheit wohl über das Ziel hinausschießt, wird man nur schwer leugnen können, dass Spiele ein Fenster zu den jeweils gerade akzeptierten Werten und Normen einer Kultur sind. Computerspiele sind nun fraglos die Spiele *unserer* Zeit und können Rückschlüsse auf unsere heutigen Wert- und Normvorstellungen geben. Wie wir im Laufe dieses Buches sehen werden, sind Games nicht nur Unterhaltung und Zeitvertreib, sondern darüber hinaus ein Medium, in dem Wünsche, Ängste und Werte, ja ganze Weltanschauungen auf neuartige Weise zum Ausdruck kommen können. Computerspiele machen fragwürdige symbolische Grenzüberschreitungen möglich, sie können aber auch tiefgründigen ethischen Erfahrungen und echten Freundschaften Raum geben. In all diesen Fällen sind sie ein Spiegel der Gesellschaft, die sie produziert und massenhaft konsumiert. Eine philosophische Reflexion von Computerspielen kann also dazu beitragen, unsere Gesellschaft und letztlich uns selbst besser zu verstehen.

ERSTER TEIL

COMPUTERSPIELE

DIE WESENSFRAGE

Bevor man eine Sache ethisch reflektieren und bewerten kann, muss man wissen, worüber man redet. Für unser Thema heißt das, dass wir uns zuerst klarmachen müssen, was Computerspiele eigentlich sind. Um aber wiederum das tun zu können, müssen wir zunächst einmal ganz allgemein die Frage beantworten, was das eigentlich ist, ein »Spiel«.

Die klassische, bis auf Aristoteles zurückreichende Weise, etwas zu definieren, besteht darin, die nächsthöhere Gattung der zu definierenden Sache sowie ihren artbildenden Unterschied (ihre sogenannte spezifische Differenz) zu nennen. So ist zum Beispiel »vernünftiges Lebewesen« eine gängige Definition des Menschen, wobei »Lebewesen« die nächsthöhere Gattung und »Vernünftigkeit« die spezifische Differenz, also der entscheidende Unterschied zwischen Menschen und anderen Lebewesen, ist. Wie könnte nun eine Definition des Spiels nach diesem aristotelischen Muster aussehen?

Die nächsthöhere Gattung scheint recht schnell gefunden zu sein, ist das Spiel doch offenbar eine menschliche Tätigkeit. Doch schon hier lassen sich Zweifel formulieren: Ist es denn so klar, dass es beim Spiel um eine *menschliche* Tätigkeit gehen muss? Spielen nicht auch Tiere? Nun, grundsätzlich ist bei der vorschnellen Identifikation von menschlichem Handeln und tierischem Verhalten Vorsicht geboten. Zum Beispiel ist es höchst zweifelhaft, ob Vögel an sich wirklich singen. Zweifellos singen sie manchmal *für uns*; in der richtigen Stimmung hören wir das nächtliche Gezwitscher einer Nachtigall als bezaubernde Serenade. Nüchtern betrachtet, ist der Gesang der Vögel jedoch nur gewöhnliche animalische Kommunikation, Warn- oder Lockruf, aber nicht musikalisch-künstlerischer Ausdruck des Innenlebens, wie es der Gesang des Menschen ist.

Mit dem Spielen verhält es sich dann aber doch anders. Wie, wenn nicht als Spiel, sollte man etwa das Verhalten zweier Hunde bezeichnen, die einander auf der Wiese hin und her jagen, die wild miteinander tollen und raufen, während sie zugleich penibel darauf achten, den Kameraden nicht zu verletzen, und die sogar aus freien Stücken die Rollen wechseln, sodass mal der eine und mal der andere sich unterwürfig beziehungsweise dominant gibt? Hartnäckige Skeptiker könnten diesem Treiben natürlich eine verborgene evolutionäre Funktion unterstellen und behaupten, dass die Tiere nur bestimmte überlebenswichtige Fähigkeiten wie Jagen, Flüchten oder Kämpfen einübten und daher in Wahrheit gar nicht spielten. Das Problem an einem solchen Erklärungsversuch ist freilich, dass er das Verständnis der Phänomene genau genommen verunmöglicht, indem er sie schlicht wegerklärt. Dass Tiere beim Spielen auch noch Fähigkeiten trainieren, die außerhalb des Spiels von Nutzen sind, mag durchaus der Fall sein, bedeutet aber nicht, dass sie deshalb nicht spielen. Schließlich gilt auch für den Menschen, dass er beispielsweise durch das Computerspielen die allgemeine Hand-Augen-Koordination und durch das Schachspiel seine kognitiven Fähigkeiten trainiert, woraus aber nicht folgt, dass Computerspiele oder Schach keine Spiele wären. Wir können das Spiel also nicht als etwas rein Menschliches bestimmen, sondern müssen es als eine Tätigkeit betrachten, zu der sowohl menschliche als auch tierische Lebewesen fähig sind.

Fragen wir also weiter nach der spezifischen Differenz des Spiels. Welche besondere Eigenschaft ist allen Spielen gemein und wesentlich, das heißt, welche Eigenschaft macht Tätigkeiten zu *spielerischen* Tätigkeiten?

Wenn es nach dem österreichischen Philosophen Ludwig Wittgenstein geht, dann ist bereits bezüglich dieser Art der Fragestellung höchste Vorsicht geboten. In seinen posthum erschienenen *Philosophischen Untersuchungen* (1953) warnt er nachdrücklich davor, einfach vorauszusetzen, dass es etwas allen Spielen Gemeinsames geben müsse:

> *Betrachte z. B. einmal die Vorgänge, die wir »Spiele« nennen. Ich meine Brettspiele, Kartenspiele, Kampfspiele, u. s. w. Was ist allen diesen gemeinsam? – Sag nicht: »Es muß ihnen etwas gemeinsam sein, sonst hießen sie nicht ›Spiele‹« – sondern schau, ob ihnen allen etwas gemeinsam ist.*[1]

Wittgenstein fordert uns also auf, genau hinzusehen und die Vielfalt der Phänomene, die wir als »Spiele« bezeichnen, ernst zu nehmen. Er selbst war letztlich der Überzeugung, dass sich Spiele gar nicht auf einen gemeinsamen Nenner bringen lassen, sondern nur eine gewisse »Familienähnlichkeit« aufweisen. So, wie die Mitglieder einer Familie über die Generationengrenzen hinweg einander ähneln, ohne dass es ein Merkmal gäbe, das allen gemeinsam ist und diese Familie von anderen unterscheidet, so ähnelten auch alle Spiele einander, ohne dass es *das* Wesen des Spiels gäbe. Wittgensteins skeptische Warnung ist sicher berechtigt. Allerdings heißt das nicht, dass wir nicht zumindest versuchen sollten, ein allgemeines Wesen des Spiels ausfindig zu machen. Wenn es nicht gelingt, können wir immer noch an Wittgensteins Begriff der Familienähnlichkeit anschließen.

Der niederländische Historiker und Kulturphilosoph Johan Huizinga, der mit seinem Jahrhundertwerk *Homo Ludens* (1938) das Nachdenken über Spiele maßgeblich geprägt hat, hat das Spiel treffend als »ein *Superabundans*, etwas Überflüssiges« bezeichnet.[2] Das Spiel ist gerade dadurch Spiel, dass es sich nicht über einen Nutzen definieren lässt. Das Spielen eines Spiels ist eine gänzlich unnötige Kraftanstrengung, oder wie es der Philosoph Bernard Suits ausgedrückt hat: »[E]in Spiel zu spielen ist der freiwillige Versuch, unnötige Hindernisse zu überwinden.«[3] Das Spiel dient keinen externen Zwecken und ist somit zweckfrei beziehungsweise hat seinen Zweck in sich selbst. Selbstverständlich kann es *auch* fremden Zwecken dienen, aber eben nur zusätzlich oder nebenbei, wie wir oben am Beispiel des Spiels der Hunde bereits bemerkt haben. Seinem Wesen nach bleibt es Selbstzweck. Auf die Frage, *warum* man spielt, kann es keine andere Antwort geben als die, dass es eben Freude bereitet zu spielen (was, nebenbei bemerkt, natürlich nicht ausschließt, dass man sich beim Spielen manchmal auch furchtbar ärgern kann).

Rein gar nichts ist übrigens damit gewonnen, wenn jemand die Frage, warum Tier und Mensch spielen, mit dem Verweis auf einen zugrunde liegenden Spieltrieb zu beantworten versucht. Dabei handelt sich um eine Pseudoerklärung, vergleichbar mit der, über die sich Molière in seiner Komödie *Der eingebildete Kranke* (1673) lustig macht. Darin wird ein Medizinstudent während des Examens gefragt, was denn die Ursache dafür sei, dass Opium eine einschläfernde Wirkung habe. Seine Antwort, die gesuchte Ursache liege in der einschläfernden Kraft (»virtus dormativa«) des Opiums, entzückt zwar die anwesenden Doctores, was uns aber nur umso mehr zum Lachen bringen sollte.[4]

Das Spiel ist überschäumendes Leben, das sich nicht in die Zwangsjacke mechanischer Wirkzusammenhänge oder zweckrationaler Nutzenkalkulationen pressen lässt. Das gilt auch schon für das Spiel der Tiere, in dem – so Friedrich Schiller – »das überflüssige Leben sich selbst zur Tätigkeit stachelt«.[5] Huizinga hat diesen Gedanken dahin gehend ausgeführt, dass sich schon im animalischen Spiel der Geist Bahn bricht und die Tiere damit als Wesen erweist, deren Lebensform die Grenzen des bloß Materiellen und Mechanischen übersteigt.[6] Zugleich lässt sich mit Blick auf das Aufscheinen des Geistes im Spiel der Tiere auch der Unterschied zum Spiel der Menschen bestimmen: Der Mensch spielt nicht nur, sondern er *weiß* im Gegensatz zum Tier auch, dass er spielt.[7]

Die Fähigkeit zum *selbstbewussten* Spiel kommt allein dem Menschen zu. Aus dieser besonderen Fähigkeit ergibt sich auch, dass der Mensch alles, was ihm im Alltag als Zwang und Notwendigkeit begegnet, zum Spiel machen kann. Dieser Macht des Spiels zur Transformation des öden Alltags bedient sich jedes Kind, das seinen Nachhausweg in das Spielfeld eines Geh- oder Hüpfspiels verwandelt: Nur nicht auf die Fugen zwischen den Pflastersteinen treten, sonst hat man verloren!

Haben wir mit dem bisher Gesagten das Wesen des Spiels erfasst? Ist das Spiel als *überflüssige, selbstzweckhafte Tätigkeit* hinreichend bestimmt? Zweifel drängen sich auf. Schließlich scheint es eine ganze Menge menschlicher Aktivitäten zu geben, die überflüssig sind, ihren Zweck in sich selbst haben und bei denen wir dennoch zögern würden, sie als »Spiele« zu bezeichnen.

Denken wir etwa an das Flanieren. Wer flaniert, der läuft

nicht von A nach B in der Absicht, dort etwas Bestimmtes zu erledigen. Vielmehr liegt der Zweck und damit auch der Sinn seiner Tätigkeit im Spazieren selbst. Der Flaneur spaziert nicht, um irgendwo hinzukommen, sondern um unterwegs zu sein. Sein Tun ist überflüssig, aber sinnvoll, oder genauer: Sein Tun ist sinnvoll, *weil* es überflüssig ist. Ist das Flanieren nun aber Spiel? Offenbar nicht in einem alltäglichen Sinne. Niemand sagt, wenn er nach seinen Lieblingsspielen gefragt wird: »Fußball, *Monopoly*, Würfelspiele aller Art – und Flanieren.« Und doch fällt unweigerlich das Spielerische am Flanieren ins Auge, wenn wir es mit dem zielgerichteten Gehen von A nach B vergleichen.

Ähnliches lässt sich auch von einer ganzen Reihe anderer überflüssiger und selbstzweckhafter Tätigkeiten sagen, in erster Linie natürlich von der Kunst. »Überflüssige und selbstzweckhafte Tätigkeit« – diese Ausdrucksweise erinnert an die Formel *L'art pour l'art*, das Ideal einer Kunst rein um der Kunst willen. Aber auch Immanuel Kants berühmte Definition des Schönen mag einem hier in den Sinn kommen: Das Wohlgefallen, das wir am Schönen empfinden, ist nach Kant ein Wohlgefallen »ohne alles Interesse«, das heißt ein Wohlgefallen, das sich nicht aus der Nützlichkeit einer Sache für bestimmte Zwecke ergibt.[8] Ein solches interesseloses oder »uninteressiertes« Wohlgefallen hat nach Kants eigenen Überlegungen eine enge Verbindung zum Spiel.[9] Denn das für das Schöne typische Wohlgefallen ist ihm zufolge das Resultat eines »freien Spiels der Erkenntnisvermögen«: Schöne Gegenstände regen unsere Erkenntniskräfte, namentlich die Einbildungskraft und den Verstand, zu einem letztlich unerschöpflichen Spiel aus Fantasie und Begreifen an.[10]

Wenn Kant davon spricht, dass das Schöne und insbesondere die schönen Künste zu einer Art freiem Spiel unseres Geistes Anlass geben, dann gilt wie schon für das Beispiel des Flanierens: Es handelt sich nicht um ein Spiel im alltäglichen Sinne des Wortes. Und doch liegt der Erfahrung des Schönen in der Analyse Kants zweifellos etwas Spielerisches zugrunde. Um der Verlegenheit zu entkommen, den Begriff des Spiels stets entweder zu weit oder zu eng zu fassen, schlage ich vor, zwischen Spielen im herkömmlichen Sinne und dem Spielerischen in einem weiten Sinne zu unterscheiden. Diese Unterscheidung wird auch im Folgenden wichtig sein.

Dass das Spielerische das gesamte höhere, kulturelle Leben des Menschen prägt, ist die zentrale These von Huizingas *Homo Ludens*. Auch wenn Huizinga eine solche Unterscheidung zwischen Spielen im herkömmlichen Sinne und dem Spielerischen im weiten Sinne vernachlässigt hat, so geht es, wie Roger Caillois - ein anderer großer Spielforscher - angemerkt hat, in seinem Werk nicht um Spiele im alltäglichen Sinne, sondern um »den Geist des Spiels und dessen Fruchtbarkeit auf dem Gebiet der Kultur«.[11] Der Mensch ist für Huizinga ein von Grund auf spielendes Lebewesen, und als solches hat er die Kultur geschaffen: Recht, Politik, Wissenschaft, Dichtung, bildende Kunst, Philosophie, Religion, ja sogar manche wohlgeregelten Formen des Krieges - sie alle zeigen Facetten des Überflüssigen und in sich selbst Sinnvollen.[12] Sie atmen daher den Geist des Spielerischen, ohne jedoch Spiele im alltäglichen Sinne zu sein.

Huizinga hätte für seine These, dass der Mensch ein seinem Wesen nach spielendes Geschöpf ist und dass die Kultur gewissermaßen Folge oder Ausfluss spielerischer Schöpfungskraft ist, einen bereits genannten Geistesgiganten als Gewährsmann heranziehen können, den er in seinem Werk seltsamerweise aber nur an einer Stelle und auch nur beiläufig erwähnt: Friedrich Schiller.

Schiller setzt in seinen Briefen *Über die ästhetische Erziehung des Menschen* (1795) Spiel und Schönheit als ästhetisches Spiel in eins. »Der Mensch«, schreibt er, »soll mit der Schönheit *nur spielen*, und er soll *nur mit der Schönheit* spielen.«[13] Zugleich erklärt er dieses Spiel aus und mit Schönheit in einer berühmten Sentenz zum Wesen des Menschen: »Der Mensch spielt nur, wo er in voller Bedeutung des Worts Mensch ist, und *er ist nur da ganz Mensch, wo er spielt*.«[14] Das wahre Menschsein ereignet sich nach Schiller im schönen Spiel, das zugleich Spiel mit dem Schönen ist. Aus der ästhetischen Spieltätigkeit heraus vollzieht sich die allmähliche Herausbildung des Menschen als eines Kulturwesens. Im Spiel schafft der Mensch einen »Überfluss« der Form, »eine ästhetische Zugabe« zur nackten biologischen Existenz, und vollzieht so eine »*Verschönerung* seines Daseins«.[15] Wo die Dinge bis dahin nur zweckmäßig waren, schenkt der spielende Menschen den Gegenständen seiner Umwelt eine Dimension des Überflüssigen, die zugleich die Dimension der Schönheit ist. Gipfeln lässt Schiller diesen Prozess nicht etwa in der reinen, von aller Nützlichkeit losgelösten Kunst, sondern in einer politischen Vision vom ästhetischen Staat: Schönheit und Spiel allein könnten demnach dem Gemeinwesen »einen *geselligen Charakter* erteilen« und über die Schulung des guten Geschmacks eines jeden Einzelnen zugleich die »Harmonie in die Gesellschaft bringen«.[16] Erst wenn wir auf rechte Weise miteinander spielten, das heißt, wenn wir unsere Gemeinschaft zu einem großen schönen Spiel geformt hätten, sei ein wahrhaft menschlicher Staat entstanden.

Wie bei Huizinga, so ist es auch bei Schiller sinnvoll, seine Ausführungen vor dem Hintergrund der Unterscheidung von Spielen im alltäglichen Sinne und der ausgedehnteren Kategorie des Spielerischen zu deuten, auch wenn er selbst diese Unterscheidung nicht getroffen hat. Dann nämlich können wir sowohl Schiller als auch Huizinga darin zustimmen, dass das Spielerische die gesamte sozio-kulturelle Lebenswelt des Menschen durchzieht, ohne jedoch den Unterschied zwischen den Spielen im landläufigen Sinne (etwa kindlichen Rollenspielen, Brettspielen, Kartenspielen, Würfelspielen, Glücksspielen, Denkspielen, Ballspielen, Computerspielen und so weiter) und allen anderen menschlichen Tätigkeiten zu verwischen.

Auch wenn unser Verstand nach klaren Unterscheidungen lechzt, müssen wir letztlich doch zugestehen, dass der Übergang zwischen Spielen im landläufigen Sinne und spielerischen Aktivitäten in einem weiteren oder übertragenen Sinne fließend ist, also gerade über keine scharfe Grenze verfügt. Warum nicht etwa die Philosophie – also das, was wir hier gerade betreiben – als Spiel betrachten, wie dies etwa Platon oder auch Nietzsche getan haben?[17] Oder mit Schiller die Kunst als solche? Warum nicht mit Helmut Plessner die sozialen Rollen, die der Einzelne in der Gesellschaft einnimmt oder eben *spielt*, konsequenterweise auch als »Spiel« bezeichnen?[18] Warum nicht die katholische Liturgie nach dem Vorbild Romano Guardinis zum »heiligen Spiel« erklären?[19]

Die Antwort lautet, dass es keinen absoluten Grund gibt, das nicht zu tun. Der Begriff des Spiels ist nämlich ein Kontrastbegriff. Das heißt, wir verstehen alles Spielerische immer nur in relativer Abgrenzung zu einer nicht-spielerischen Normalität oder Wirklichkeit. So kann die Philosophie als Spiel erscheinen, insofern sie sich von den scheinbar ausweglosen Verstrickungen des alltäglichen Denkens und Sprechens befreit und sich in freier Reflexion über sie erhebt. Für den Universitätsprofessor, für den Philosophieren nur noch bedeutet, eine bestimmte Anzahl an Fachaufsätzen pro Jahr zu publizieren, dürfte die Philosophie hingegen alles Spielerische verloren haben und zum beruflichen Alltag verkommen sein. Auch die erwähnte These Plessners, wonach der Mensch in der Übernahme gesellschaftlicher Rollen ein *spielender* Mensch ist, ergibt nur Sinn, wenn man sie vor dem Hintergrund des Kontrasts von Gemeinschaft und Gesellschaft versteht. Gemeinschaften, wie etwa die Familie, basieren nach Plessner darauf, dass sich Individuen ihnen gegenüber ganz öffnen und sich rückhaltlos in sie integrieren. Die Gesellschaft hingegen beruhe auf dem Wechselspiel von Zurückhaltung und Begegnung: Der Einzelne trete hier nicht als Individuum, sondern als Person im Sinne des lateinischen »persona« auf, das heißt als Maskenträger oder Rollenspieler. Im Gegensatz zum unerbittlichen Ernst der Gemeinschaft habe der gesellschaftliche Umgang der Menschen miteinander, der durch allerlei Konventionen vermittelt ist, etwas distanziert Spielerisches.[20]

Hat man verstanden, dass der Begriff des Spiels auf einem Kontrast zu etwas Nicht-Spielerischem beruht, lässt sich auch erklären, warum wir darüber ins Grübeln geraten, ob ein Profifußballer eigentlich noch in dem Sinne spielt, wie es das Kind auf dem Bolzplatz tut. Für das Kind ist Fußball ein Ausstieg aus dem Alltag und damit Spiel, für den Profikicker ist Fußball beruflicher Alltag. Die Grenzen zwischen Spiel und Nicht-Spiel verschwimmen in seinem Fall ebenso wie beim Schachgroßmeister oder beim Pro-Gamer, der seinen Lebensunterhalt mit Computerspielen verdient.

Wenn der Begriff des Spiels immer nur im Kontrast zum Nicht-Spielerischen, der Notwendigkeit der Natur oder des Alltags, bestimmt ist, dann müssen wir einsehen, dass eine Definition ohne Zirkelschluss unmöglich ist. Denn den Begriff des Spiels mithilfe des Begriffs des Nicht-Spiels zu bestimmen, bedeutet eben, den Spielbegriff schon vorauszusetzen. Das sollten wir aber nicht als Scheitern auffassen. Denn es ist das Zeichen echter Grundbegriffe oder, philosophisch gesprochen, Kategorien, dass sie sich einer zirkelfreien Definition entziehen. Kategorien wie Wahrheit, Sein, Kausalität, Zeit oder Leben lassen sich nicht im strengen Sinne definieren, weil sie die fundamentalen Sinneinheiten unseres Denkens sind und als solche auch unsere gesamte Lebensform von Grund auf prägen. In diesem Sinne ist auch das Spiel, mit Huizinga gesprochen, eine »unbedingt primäre Lebenskategorie«.[21]

Das heißt aber nicht, dass all die geistige Arbeit in diesem Kapitel umsonst gewesen wäre. Denn zum einen ist die Tatsache, dass der Begriff des Spiels wegen seines fundamentalen Charakters nicht ohne Zirkel definierbar ist, keine Selbstverständlichkeit, sondern eine Erkenntnis, die erarbeitet werden musste. Zum anderen können Kategorien zwar nicht im strengen Sinne definiert, dafür aber sehr wohl sinnvoll *erläutert* werden. Den ersten großen Schritt in diese Richtung haben wir bereits getan, indem wir das Spiel als eine *überflüssige Tätigkeit, die ihren Sinn in sich selbst hat und die im Kontrast zu einer nicht-spielerischen Normalität steht,* bestimmt haben. Diese allgemeine Charakterisierung lässt sich nun durch die Angabe weiterer zentraler Kennzeichen konkretisieren.

KENNZEICHEN DES SPIELS

Zum Glück müssen wir bei der Suche nach weiteren Charakteristika des Spiels das Rad nicht neu erfinden. Neben Johan Huizinga hat auch der schon erwähnte französische Soziologe und Philosoph Roger Caillois in seinem Buch *Die Spiele und die Menschen* aus dem Jahr 1958 eine Liste formaler Kennzeichen erarbeitet.[1]

Führt man die Überlegungen dieser beiden Denker zusammen und beseitigt dabei einige kleinere Ungereimtheiten und Schwächen, dann ergeben sich sechs zentrale Merkmale des Spiels, die wir uns der Reihe nach vor Augen führen wollen. Sie lauten: 1. Selbstzweckhaftigkeit, 2. Haltung des ernsten Unernstes, 3. Begrenztheit, 4. Freiheit, 5. Ungewissheit, 6. Regelhaftigkeit und Fiktionalität.

1. SELBSTZWECKHAFTIGKEIT

Die Selbstzweckhaftigkeit des Spiels haben wir bereits im Rahmen unserer allgemeinen Bestimmung festgehalten. Der Spielcharakter eines Spiels lässt sich nicht erfassen, wenn man es als ein Werkzeug versteht, das fremden Zwecken dient. Stattdessen ist das Spiel eine Tätigkeit, die ihren Zweck, und damit ihren Sinn, in sich selbst hat. Wir spielen immer auch um des Spielens willen, und wo wir dies nicht tun, spielen wir nicht.

Damit ist aber nicht ausgeschlossen, dass Spiele auch durchaus nützlich sein können. In erster Linie taugen Spiele natürlich wunderbar zum Zeitvertreib. Das ist aber nicht alles. George Herbert Mead, Philosoph und einer der Gründungsväter der Sozialpsychologie, hat in seinen 1934 posthum unter dem Titel *Mind, Self and Society* (dt. *Geist, Identität und Gesellschaft*) erschienenen Vorlesungen dargelegt, wie gerade das Spiel einen wichtigen Beitrag dazu leistet, dass Kinder ein stabiles Selbst ausbilden. Ein Selbst zu sein beinhaltet nämlich die Fähigkeit, sich selbst gewissermaßen von außen betrachten zu können. Es setzt daher immer die Fähigkeit zur Selbstdistanz voraus – und diese Selbstdistanz lernt das Kind nach Mead auf vorzügliche Weise durch das Spielen. Zunächst geschieht dies im freien Spiel (engl. *play*), wenn das Kind in die Rolle anderer schlüpft und so tut, als sei es ein Elternteil, Lehrer oder Arzt. Im Rahmen des organisierten Spiels (engl. *game*) kommt dann noch die Fähigkeit hinzu, die eigene Rolle in Koordination mit einem ganzen Geflecht weiterer Rollen und den dazugehörigen Verhaltensregeln zu übernehmen. Spiele verkörpern damit auf exemplarische Weise den sozialen Gesamtprozess, der die Existenz von Personen mit einem stabilen und vielschichtigen Selbst ermöglicht.[2]

Neben dieser persönlichkeitsbildenden Funktion können Spiele auch noch in anderer Hinsicht von pädagogischem Nutzen sein: Von der Feinmotorik über das logische Denken bis hin zum strategischen Planen – mit den (richtigen) Spielen lassen sich zentrale menschliche Fähigkeiten einüben. Darüber hinaus können Spiele auch inhaltliches Wissen vermitteln. Neben traditionellen Quizspielen sind hier insbesondere die sogenannten Serious Games aus der Welt der Computerspiele zu nennen, die *auch* ernste Zwecke verfolgen und mit denen man etwa historische oder ökonomische Zusammenhänge auf spielerische Weise erlernen kann. Das Spiel kann also auf profunde Weise nützlich sein. Jeder Nutzen des Spiels ist und bleibt aber immer nur eine unwesentliche Dreingabe.

Das gilt übrigens auch für Wett- und Glücksspiele.[3] Zwar gehört die Hoffnung auf einen materiellen Gewinn zweifelsfrei zum Reiz dieser Spiele. Der eigentümliche Nervenkitzel besteht aber darin, nicht sicher zu wissen, ob am Ende ein Gewinn oder Verlust herauskommt. Ja, der Gewinn ist sogar außerordentlich selten, wie jeder Spieler weiß. Rationales Nutzendenken wird daher von derlei Spielen kategorisch abraten. Ins Casino geht man in Wahrheit nicht, um Geld zu gewinnen, sondern um Geld (oder Zeit) zu verlieren. Die Möglichkeit des Nutzens, die Hoffnung auf den großen Gewinn, die Vorstellung schicksalhaft zugeteilten Reichtums - das alles gehört zum Wesen bestimmter Wett- und Glücksspiele. All das ändert aber nichts daran, dass das Wett- und Glücksspiel letztlich um seiner selbst willen gespielt wird.

2. HALTUNG DES ERNSTEN UNERNSTES

Das Spiel verlangt dem Spieler eine geradezu paradoxe Haltung ab. Er muss das Spiel nämlich sowohl ernst als auch nicht ernst nehmen. Ernst und Unernst müssen vom Spieler in einer spannungsvollen Einheit zusammengehalten werden. Wer spielt, betreibt gewissermaßen Unernstes auf ernste Weise. Der Spieler weiß zum einen um die Überflüssigkeit des Spiels: Was er da tut, ist nicht wirklich wichtig; es gehört nicht zum gewöhnlichen Ernst des Lebens; es steht außerhalb der Notwendigkeiten des Alltags. Zugleich aber muss er dieses Bewusstsein von der Belanglosigkeit des Spiels ausblenden und eine Haltung der Ernsthaftigkeit einnehmen. Denn nur wenn er die Ziele und Regeln des Spiels temporär als die seinen akzeptiert und dadurch ernst nimmt, wird er überhaupt spielen. Wer bei einem Spiel nur nach außen hin dabei ist und die Regeln partout nicht ernst nimmt, ist ein

Spielverderber: Er »zerbricht«, wie Huizinga treffend schreibt, »die Zauberwelt« des Spiels.[4]

So wichtig der Ernst für das Spiel auch ist, darf er sich doch nicht verselbstständigen. Andernfalls wird aus spielerischem Unernst spielfeindlicher Ernst. Auch der krankhaft verbissene Spieler kann das Spiel verderben. Diese Erfahrung wird jeder gemacht haben, der schon einmal mit einem schlechten Verlierer zu tun hatte – oder gar selbst einer gewesen ist.

Wie schwierig es zuweilen sein kann, dem Spiel mit der ihm angemessenen Form des Ernstes zu begegnen, zeigt eine Anekdote, die mir eine Studentin im Rahmen eines Seminars zur Philosophie des Spiels erzählte: Ihre Eltern hätten sich bei einer Partie *Monopoly* derart gestritten, dass sie sogar nach Spielende längere Zeit nicht mehr miteinander gesprochen hätten. Die Sache sei derart eskaliert, dass die Kinder ernsthaft befürchteten, es könnte zur Scheidung kommen. Der Grund für den Streit war, dass der Vater der Mutter gegenüber unerbittlich auf die Zahlung der Miete bestand und ihr einen Kredit verweigerte. Die Mutter empfand dies als herzlosen Verrat des Vaters, auf dessen Loyalität und Nachsicht sie ein Anrecht hätte. Dabei vergaß sie, dass sich ihr Mann bei *Monopoly* gerade um des Spiels und dessen Regeln willen als rücksichtsloser Kapitalist und nicht als loyaler Ehemann verhielt. Kurzum: Sie nahm das Spiel zu ernst, die Spielregeln aber nicht ernst genug.

Zusammenfassend lässt sich also festhalten, dass zu jedem Spiel auch ein gewisser Ernst gehört, weshalb es nicht einfach nur als Unernst definiert werden kann. Der spielerische Ernst ist aber kein purer, kein absoluter Ernst, sondern steht immer in Verbindung zum Unernst des Spiels, also dem Bewusstsein, dass außerhalb des Spiels der eigentliche Ernst des Lebens wartet.

3. BEGRENZTHEIT

Der Begriff des Spiels erhält seine Bedeutung durch den Kontrast zu einer nicht-spielerischen Normalität. Das Spiel ist daher symbolisch, räumlich und zeitlich be- und abgegrenzt. Es muss für die Spieler klar sein, wo und wann das Spiel anfängt und wo und wann es aufhört, wer und was dazugehört und wer und was nicht. Dabei muss es nicht immer so rigide zugehen wie etwa beim Basketball, wo Spielfeld und Spielzeit peinlich genau markiert sind. Auch beim kindlichen Rollenspiel, das in Bezug auf Raum und Zeit deutlich flexibler ist, gibt es räumliche und zeitliche Grenzen: Im Arbeitszimmer des Vaters hört der Spaß auf, und spätestens mit dem Ruf zum Abendessen ist das Spiel beendet.

Bei der Gegenüberstellung von Spiel und außerspielerischer Normalität ist natürlich zu beachten, dass das Spiel, das eine Ausnahme vom Alltagstrott darstellt, seinerseits ein fester Bestandteil des normalen Tages- oder Wochenablaufs werden kann: Am Wochenende darf der Sohnemann eine Stunde »zocken«, unter der Woche trifft sich die Familie nach dem Abendessen am Wohnzimmertisch zu einer Partie *Uno*, und so weiter. Das Spiel kann also durchaus ein alltäglicher Ausstieg aus dem Alltag sein, aber niemals ein totaler. Insofern das Spiel ein Kontrastphänomen ist, lebt es von den Grenzen zu all dem, was kein Spiel ist. Ein grenzenloses Spiel kann es daher nicht geben.

Eine für dieses Buch zentrale Frage lautet natürlich, ob es neben den räumlichen und zeitlichen Grenzen auch normative, moralische Grenzen des Spiels gibt, deren Überschreitung dazu führt, dass die Spielwelt gewissermaßen zerbricht und das Spiel aufhört, Spiel zu sein. Oder ist eher der umgekehrte Fall zutreffend, und für das Spiel gilt, was manche von Krieg und Liebe behaupten, nämlich dass darin *alles erlaubt sei*? Diese Streitfrage sei hier zunächst nur erwähnt. Wir werden sie später ausführlich diskutieren.

4. FREIHEIT

Das Spiel ist nur dann und nur so lange Spiel, wie es eine *freie* Handlung ist. Die Vorstellung, man könne jemanden zum Spielen *zwingen*, ist widersinnig. Wer nur gezwungenermaßen an einem Spiel teilnimmt, der spielt in Wahrheit nicht. Die Christen, die im Kolosseum von Rom den Löwen zum Fraß vorgeworfen wurden, spielten nicht, sondern waren nur unfreiwilliger Teil einer grausamen Darbietung zur Volksbelustigung.

Sicher gibt es Fälle, in denen jemand erst zum Spielen überredet werden muss. Aber diese Person wird nur dann spielen, wenn sie es schließlich freiwillig tut. Der unfreiwillige Spieler ist und kann immer nur ein Spieler im uneigentlichen Sinne, ein Scheinspieler, sein. Besonders drastisch lässt sich das mit Verweis auf den Film *Deer Hunter* (1978, Regie: Michael Cimino) illustrieren. Als Gefangene des Vietcong werden die US-Soldaten Mike (Robert De Niro), Steven (John Savage) und Nick (Christopher Walken) dazu gezwungen, Russisches Roulette gegeneinander zu »spielen«. Die Anführungszeichen sind hier notwendig, denn ohne sie würde der Satz den Widersinn einer »erzwungen freien Tätigkeit« enthalten. Wie bei den römischen Christenhatzen kann auch beim Russischen Roulette höchstens von einem Schauspiel für ein verrohtes Publikum gesprochen werden, nicht aber von einem Spiel im eigentlichen Sinne. Das gilt auch für den Teil des Films, in dem Nick nach seiner Flucht aus der Gefangenschaft zum professionellen Russisch-Roulette-Spieler im Dienste der Saigoner Wettmafia wird. Nicks Freiwilligkeit ist hier nur eine scheinbare. Traumatisiert und heroinsüchtig, wie er ist, gleicht er eher einem willenlosen Zombie als einem Spieler.

Das bringt uns zu einer anderen Art von Zwang, mit der sich das Spiel als freiwillige Tätigkeit ebenso wenig verträgt. Gemeint ist der innere Zwang der Spielsucht, der vor allem im Kontext herkömmlicher Glücks- und Wettspiele auftritt, aber auch bei bestimmten Computerspielen eine durchaus reale Gefahr darstellt. Die Spielsucht hat etwas Paradoxes an sich, insofern sie im Grunde ein innerer Zwang zur Ausübung einer Tätigkeit ist, die nur ohne diesen Zwang ihren eigentlichen Charakter behält. Für den Spielsüchtigen ist das Spiel kein Spiel mehr, sondern eine Notwendigkeit, der er ausgeliefert ist. Die Sucht zerstört daher das Spiel, denn sie pervertiert die Freiheit des Spielers zum inneren Zwang. Der Spielsüchtige *muss* spielen und spielt deshalb in Wahrheit nicht.

5. UNGEWISSHEIT

Das Spiel zeichnet sich, wie vor allem Caillois betont hat, durch den Charakter des Ungewissen aus. Wie das Spiel konkret abläuft und ausgeht, ist den Spielern unbekannt. In dem Moment, in dem der Ausgang eines Spiels klar ist, wird es sinnlos. Es kann daher manchmal von einem Spieler zugunsten des Spielspaßes verlangt sein, das Handtuch zu werfen, wenn er sich in einer aussichtslosen Lage befindet, so wie es dann auch die Pflicht seines Gegenspielers ist, diese Aufgabe zu akzeptieren.

Beim Brettspiel *Risiko* etwa kann ein Spieler eine derartige militärische Übermacht aufbauen, dass der Spielausgang feststeht, lange bevor jeder mögliche Zug getätigt wurde. In solchen Fällen ist an der bevorstehenden Weltherrschaft eines Spielers nicht mehr zu rütteln. Daran ändern auch die wenigen verstreuten Truppen des Gegners nichts mehr. Denn bei *Risiko* gilt das Prinzip des Matthäus-Evangeliums: »Wer hat, dem wird gegeben. Wer aber nicht hat, dem wird auch das noch genommen, was er hat.« Es gibt folglich einen Punkt, an dem es sich einfach nicht mehr lohnt weiterzuspielen, da der Gewinner bereits feststeht.

Die Ungewissheit ist aber nicht nur ein Charakteristikum kompetitiver Spiele. Auch Spiele, bei denen es weder Gewinner noch Verlierer gibt, sind in ihrem Ablauf nicht eindeutig festgelegt oder voraussagbar. Das Kind, das mit Bauklötzen spielt, wird sich von seiner eigenen Fantasie oder zumindest von dem Unterschied, den es zwischen seinem mentalen Bauplan und der zustande gebrachten Wirklichkeit erkennt, überraschen lassen. Wo absolute Gewissheit herrscht, kann das Spiel nicht existieren. Ein Rätselspiel etwa, das sich nur auf eine Weise lösen lässt, verliert in dem Moment, in dem seine Lösung bekannt ist, seinen spielerischen Reiz; für den Wissenden hört es auf, ein Spiel zu sein.

6. REGELHAFTIGKEIT UND FIKTIONALITÄT

Das letzte Kennzeichen des Spiels wurde bereits nebenbei erwähnt: seine Regelhaftigkeit. Für Spiele mit Wettbewerbscharakter, also alle Spiele, bei denen man gewinnen oder verlieren kann, sind die Regeln im Vorfeld festgelegt. Die Art von Regeln, um die es bei diesen Spielen geht, sind sogenannte konstitutive Regeln. Sie heißen so, weil sie Spielehandlungen als solche allererst erzeugen oder eben »konstituieren«: Die konstitutiven Regeln des Schachs ermöglichen es zum Beispiel, dass man einen Bauern mit einem Springer schlagen oder dass man eine kleine oder große Rochade mit König und Turm ausführen kann.

Es stellt sich nun aber die Frage, ob wirklich alle Spiele Regeln haben. Was ist etwa mit dem kindlichen Rollenspiel, das allein von der Fantasie des Kindes und nicht von vorgegebenen Regeln beherrscht zu sein scheint? Scheinbar regellos wechselt das Kind vom Cowboy zum Lokomotivführer und von dort aus zum Astronauten und wieder zurück zum Cowboy. Dabei ist das, was das Kind tut, fiktional: Es fliegt nicht wirklich zum Mond und greift auch nicht wirklich ein Fort an, sondern tut jeweils nur so. Dieses fiktionale Element scheint wiederum den regelgeleiteten Spielen abzugehen: Beim Mühlespiel tut man nicht nur so, *als ob* man den Gegner in eine Zwickmühle bringen würde, sondern man bringt ihn wirklich in eine solche. Ebenso tut ein Spieler, der beim Basketball einen Freiwurf wirft, nicht nur so *als ob*, sondern er wirft tatsächlich einen Freiwurf. Caillois hat daher vorgeschlagen, zwei Arten des Spiels zu unterscheiden: solche, die regelgeleitet seien, und solche, die fiktiv seien. Ein jedes Spiel sei *entweder* das eine *oder* das andere.[5]

So einleuchtend dieser Vorschlag auf den ersten Blick auch erscheinen mag, er lässt sich nicht aufrechterhalten. Denn auch die Rollen, die das Kind beim nachahmenden Spiel übernimmt, haben sehr wohl konstitutive Regeln. Dennoch gibt es einen entscheidenden Unterschied zu den offenkundig regelbasierten Spielen: Die Regeln stehen hier nicht von vornherein fest, sondern werden durch die Fantasie des Kindes gleichsam verflüssigt. Das Kind ist nicht nur Spieler, sondern auch Spieleschöpfer und Schiedsrichter in einem. Es entscheidet ganz allein, wann das Spielen der einen Rolle endet und das Spielen der anderen Rolle beginnt, und auch, wann welche Gegenstände im Raum zum Spiel zählen. Es gibt hier, so gesehen, keine objektiven, sondern nur subjektive Regeln. Dass allerdings auch das freie kindliche Rollenspiel von impliziten Regeln geleitet wird, offenbart sich spätestens dann, wenn Erwachsene mit der Spielwelt des Kindes zu interagieren versuchen, sich aber aufgrund ihrer Unkenntnis der Regeln als Spielverderber aufführen und dann etwa zu hören bekommen: »Mensch, Papa! Der Hocker ist doch kein Pferd, sondern die Eisenbahn!« Regelhaftigkeit ist also eine Eigenschaft aller Spiele, auch wenn manche nur subjektive statt objektiver Regeln beinhalten.

Dagegen haben nicht alle Spiele eine fiktive Dimension oder, anders gesagt: Nicht alle Spiele sind fiktional. Der Unterschied zwischen »fiktiv« und »fiktional«, den Caillois bedauerlicherweise nicht macht, lässt sich leicht nachvollziehen: Fiktiv ist etwa der Doppelmord Raskolnikows. Er ereignet sich nämlich nur in Dostojewskis Roman *Verbrechen und Strafe*. Fiktiv ist auch das Spiel Quidditch, das es so – also etwa mit magischen fliegenden Besen – nur in den *Harry Potter*-Romanen gibt. Die Romane selbst sind aber nicht fiktiv – schließlich gibt es sie wirklich –, sondern fiktional: Es handelt sich um fiktionale Werke, die fiktive Geschichten beinhalten. Die der kindlichen Fantasie entspringenden Rollenspiele sind ebenfalls fiktional und nicht fiktiv.[6] Die Kinder tun hier wirklich etwas, auch wenn das, was sie tun, zugleich eine fiktive Seite hat. Sie tun beispielsweise *wirklich* so, *als ob* sie sich vor einem Monster verstecken würden.

Caillois' Versuch, Spiele exklusiv entweder auf Regeln oder auf Fiktion festzulegen, scheitert, wie wir gesehen haben, bereits an der Tatsache, dass auch freie Rollenspiele über Regeln verfügen, wenn auch nur über subjektive. Interessanterweise gibt es aber auch Spiele, die sowohl objektive Regeln als auch Fiktionen miteinander verbinden. Außerhalb der Welt der Computerspiele ist dies insbesondere bei Pen-&-Paper-Rollenspielen der Fall, die sowohl über ein ausführliches Regelwerk als auch über eine fiktive Komponente verfügen. In *Warhammer Fantasy Roleplay* etwa schlüpfen die Spieler in die Rollen von Menschen, Elfen, Zwergen und Halblingen, um gemeinsam in einer fantastischen spätmittelalterlichen Welt Abenteuer zu bestehen. Die Charakterwerte (zum Beispiel Stärke, Zähigkeit, Geschicklichkeit) werden am Anfang des Spiels erwürfelt. Einer der Spieler, der allerdings keinen Charakter übernimmt, übt die Funktion des Spielleiters aus und führt die anderen auf erzählerische Weise durch ihr Abenteuer. Die Interaktion mit der fiktiven Spielwelt wird im Gegensatz zum kindlichen Rollenspiel durch objektive Regeln beschränkt: Ob etwa ein Schwertstreich den Gegner niederstreckt oder ob ein Türschloss mithilfe eines Dietrichs geknackt werden kann, hängt vom situativen Würfelglück und den zu Spielbeginn festgelegten Charaktereigenschaften der Figuren ab.

Unter den herkömmlichen Spielen sind Pen-&-Paper-Rollenspiele aufgrund der Synthese von fiktiver Spielwelt und objektiven Regeln eine Besonderheit. Computerspiele verleihen, wie wir sehen werden, dieser Synthese eine neue Qualität. Sie erschaffen wie Pen-&-Paper-Rollenspiele objektiv geregelte Fantasien. Allerdings sind die fiktiven Welten, die man sich als Pen-&-Paper-Rollenspieler auf Basis der Erzählung des Spielleiters selbst ausmalen muss, im Rahmen von Computerspielen zu einer seh-, hör- und sogar haptisch fühlbaren Realität gediehen.

DAS COMPUTERSPIEL IM DSCHUNGEL DER SPIELE

Die Welt der Spiele ist von nur schwer zu überschauender Vielfalt. Es gibt Brettspiele, Kartenspiele, Gewinnspiele, Glücksspiele, Kampfspiele, Rätselspiele, Rollenspiele, Geschicklichkeitsspiele, Strategiespiele, Sportspiele, Puppenspiele und vieles mehr. Hinzu kommen Mischformen und Kombinationen aller Art. Caillois hat versucht, aus diesem Dschungel einen wohlgeordneten Französischen Garten zu machen, indem er Spiele in vier Klassen einteilte, je nachdem, ob bei ihnen 1. der Wettkampf *(agon)*, 2. die Verstellung beziehungsweise das So-tun-als-ob *(mimicry)*, 3. das Glück *(alea)* oder 4. der Rausch *(ilinx)* im Vordergrund steht.

Über die Zuweisung zu einer dieser vier Klassen hinaus hat Caillois vorgeschlagen, jedes Spiel noch entlang eines Kontinuums anzuordnen, dessen Extreme einerseits durch das freie Spiel *(paidia)* und andererseits durch das fest geregelte Spiel *(ludus)* markiert werden. Wie schwer es ist, eine klare Ordnung in den Wildwuchs der Spiele zu bringen, zeigt sich nicht zuletzt daran, dass Caillois zufolge manche spielerischen Tätigkeiten gar nicht zu einer der vier Grundklassen zählen, sondern gewissermaßen *paidia* oder *ludus* in Reinform sind. Das heißt, dass *paidia* und *ludus* im Grunde ebenfalls als eigene Klassen gelten können. So ist zum Beispiel das lärmende Toben von Kindern *paidia* pur, Drachensteigenlassen schon eher *ludus* und das Lösen von Kreuzworträtseln schließlich eindeutig *ludus*.[1]

Wie passen Computerspiele in dieses Schema von Caillois? Nun, mit zu den beliebtesten Games gehören Sportsimulationen wie *FIFA* (seit 1993/94 jährlich neu aufgelegt) und Shooter wie *Fortnite* (2017), bei denen es primär ums Gewinnen geht, also darum, besser zu sein als die menschlichen oder computergesteuerten Gegner. Diese Spiele sind also klare Fälle von Wettkampf *(agon)*.

Bei vielen anderen Computerspielen dagegen vermischen sich die Klassen von *ludus* und *agon*. Der vor allem auf mobilen Endgeräten gespielte Megahit *Candy Crush Saga* (2012) etwa ähnelt auf den ersten Blick einer rein dem *ludus* zugehörigen (»ludischen«) und wettkampffreien Tätigkeit wie dem Spielen von *Solitär* oder dem Legen von Patiencen. Allerdings gibt es auch hier eine agonale Komponente: Der Spieler tritt zwar nicht gegen einen anderen an, aber sehr wohl gegen sich selbst, indem er nämlich versucht, den eigenen Highscore zu überbieten.[2] Und selbst da, wo man nicht gegen andere, sich selbst oder den Computer antritt, versteckt sich hinter dem dominanten Element des *ludus* oft noch ein bisschen *agon*. Dazu muss es nur in einem ganz grundsätzlichen Sinne ums Gewinnen gehen, nämlich darum, das Spiel durchzuspielen. Im Englischen spricht man daher treffend von *to beat a game*, also wörtlich davon, ein Spiel zu »schlagen«.

Freilich kann nicht jedes Computerspiel durchgespielt werden, und zwar einfach deshalb, weil manche Games gar kein eindeutiges Ende haben. Der Welterfolg *Minecraft* (2011) ist dafür das beste Beispiel. Sein Spielprinzip besteht darin, eine aus Würfeln zusammengesetzte Welt zu erkunden, Rohstoffe abzubauen und damit verschiedenste Artefakte herzustellen und – ganz wie beim altbewährten, handgreiflichen *Lego* – alle möglichen Bauten zu errichten. Die Welt, die man in *Minecraft* erkundet und verändert, ist nicht im Detail vorgefertigt, sondern wird in Echtzeit während des Spiels durch sogenannte prozedurale Generation erzeugt. Auch wenn im Zuge von Updates mit dem sogenannten Enderdrachen inzwischen ein finaler Bossgegner ins Spiel eingebaut wurde, gibt es bei *Minecraft* eigentlich kein vorgegebenes Ziel. Stattdessen gleicht das Game einem virtuellen Sandkasten, in dem sich der Spieler seine Ziele selbst immer wieder aufs Neue stecken oder in dem er einfach auch ziellos vor sich her spielen darf. Nicht umsonst heißen Games wie *Minecraft* auch Sandbox-Spiele. Weder Wettkampf *(agon)* noch So-tun-als-ob *(mimicry)* noch Glück *(alea)* noch Rausch *(ilinx)* taugen hier zur Klassifikation. Stattdessen sind solche Games halb freies *(paidia)*, halb geregeltes Spiel *(ludus)*: Ohne spezifische Ziele diktiert zu bekommen, kann der Spieler frei schalten und walten – aber natürlich nur im Rahmen der vom Game vorgegebenen Möglichkeiten.

Ein starker oder gar vorherrschender Aspekt des So-tun-als-ob lässt sich bei all jenen Computerspielen feststellen, in denen das Erzählen einer Geschichte von Bedeutung ist. Wer etwa *Heavy Rain* (2010) spielt – ein Game, das vielfach als interaktiver Film beschrieben wurde –, der wird sich unweigerlich auf die vier im Spielverlauf zu steuernden Charaktere einlassen müssen, um dem Angst und Schrecken verbreitenden Origami-Killer auf die Spur zu kommen. Zweifellos ist dazu eine Art spielerischer Mimikry aufseiten des Spielers notwendig. Dasselbe gilt für Computerrollenspiele, sogenannte RPGs (kurz für *role-playing games*), bei denen sich der

Spieler ein Stück weit der Illusion hingibt, ein anderer zu sein. Am Computerrollenspiel zeigt sich, wie sprechend es doch ist, dass die lateinische Wurzel des Wortes »Illusion« – *in lusio* – wörtlich »im Spiel sein« bedeutet.

Computerspiele können aber nicht nur Wettkampf, teils freies und teils geregeltes Spiel sowie ein So-tun-als-ob sein, sondern auch wesentliche Züge des Glücksspiels und des rauschhaften Spiels tragen. In vielen Computerspielen können etwa sogenannte Lootboxen (engl. *loot boxes*, »Beutekisten«) gefunden, mit der Spielwährung, die man sich im Spiel erarbeitet hat, erworben oder mit echtem Geld gekauft werden. Diese Kisten enthalten in der Regel neben Dingen, die einen spielerischen Nutzen (zum Beispiel Rüstung oder Waffen) mit sich bringen, auch sogenannte kosmetische Spielgegenstände *(cosmetic items)*, etwa Kleidung für die eigene Spielfigur oder das besondere Design einer Waffe. Wie gewöhnlich oder außergewöhnlich der Inhalt der Lootboxen ist, hängt dabei vom Zufall ab, womit ein glücksspielartiges Element Einzug in diese Games hält.

Was wiederum den Rausch betrifft, wie er im Rahmen herkömmlicher Spiele beispielsweise durch Schaukeln oder Karusselle ausgelöst werden kann, so tritt dieser insbesondere bei VR-Spielen auf, also bei Spielen, die Virtual-Reality-Brillen nutzen. In einen regelrechten Bewegungsrausch kann man etwa beim Spiel *Thumper* (2016) geraten. Darin steuert man einen Käfer, der sich mit wahnwitziger Geschwindigkeit auf futuristisch anmutenden Pisten fortbewegt, und versucht, Hindernissen und Gegnern auszuweichen. Das Besondere dabei: Die notwendigen Aktionen werden durch den pulsierenden Beat elektronischer Musik vorgegeben. Der Spieler muss gewissermaßen eins werden mit dem Rhythmus, um den Käfer erfolgreich durch die Level zu bringen, was mit der Zeit einen fast schon tranceartigen Zustand herbeiführen kann.

Computerspiele lassen sich also weder pauschal einer der von Caillois vorgeschlagenen vier Klassen von Wettkampf, Glück, Verstellung oder Rausch zuordnen noch lassen sie sich pauschal als strikt regulierte oder freie Spiele etikettieren. Ebenso wenig sind sie einfach nur ein weiteres Genre neben Brett-, Karten- oder Gewinnspielen. All diese Genres und mehr gibt es nämlich auch in Form von Computerspielen. Anstatt also bloß eine weitere Art von Spielen zu sein, übertragen Computerspiele die bestehende Vielfalt an Spielrichtungen in ein neuartiges Medium.[3]

Erstaunlicherweise hat das nicht zwangsläufig zur Folge, dass sich das herkömmliche Spiel und das Computerspiel in relevanter Hinsicht unterscheiden: So sind Schach auf einem regulären Schachbrett und Computerschach im Grunde dasselbe Spiel. Das Medium des Computers verändert das Schachspiel nicht wesentlich. Anders verhält es sich allerdings bei Sportarten wie Golf, Autorennen oder Fußball und den entsprechenden Sportsimulationen. Auf dem Sofa sitzend eine Partie *FIFA* oder *Pro Evolution Soccer* (*PES*, jährlich seit 2001) zu spielen oder auf dem Rasen zu stehen und gegen den Ball zu treten, ist naturgemäß nicht dasselbe. Anders als beim Schach handelt es sich um zwei verschiedene Spiele: Einmal wird *FIFA* oder *PES* gespielt, das andere Mal Fußball. Der Unterschied zwischen Schach und Computerschach einerseits und Fußball und Fußballsimulationen andererseits wird überdeutlich, wenn man bedenkt, dass ein exzellenter Fußballspieler zugleich sehr schlecht beim Spielen von *FIFA* oder *PES* sein kann, es für einen geübten Schachspieler aber keinen Unterschied macht, ob er auf einem realen oder einem computergenerierten Brett spielt.

Das Computerspiel scheint also eine ganz besondere und zugleich schwer zu bestimmende Pflanze innerhalb des ohnehin schon wildwüchsigen Spielewaldes zu sein. Wir müssen daher genauer hinschauen, um herauszufinden, was eigentlich das Computerspiel im Vergleich zu herkömmlichen Spielen auszeichnet.

Die Game Studies, die sich mit dieser Frage als Erste beschäftigt haben, waren zu Beginn durch den plakativen Gegensatz zweier theoretischer Ansätze geprägt: der Narratologie einerseits und der Ludologie andererseits. Narratologen betrachten Computerspiele als interaktive Erzählungen. Ludologen hingegen pochen darauf, Computerspiele seien nicht als Geschichten, sondern als regelbasierte Spiele zu verstehen. Auch wenn diese schablonenhafte Gegenüberstellung inner- und außerhalb der Game Studies bis heute verbreitet ist, war vor allem die Position der Ludologen in der Realität viel weniger einseitig. So betonten insbesondere führende Vertreter wie Gonzalo Frasca und Espen Aarseth, dass sie Computerspielen natürlich nicht grundsätzlich narrative Qualitäten absprechen und deren Analyse für überflüssig erklären wollten. Vielmehr gehe es ihnen darum, Computerspiele nicht *ausschließlich* als Erzählungen zu betrachten, sondern auch deren genuin spielerische Dimension zu berücksichtigen.[4]

Die Frage, was überhaupt eine »Geschichte« ist, ist alles andere als leicht zu beantworten. Als Erstes denken wir natürlich an mündliche oder schriftliche Erzählungen. Diese können sehr lang oder auch außerordentlich kurz sein. Für den Literaturwissenschaftler Gérard Genette ist etwa der Dreiwortsatz »Marcel wird Schriftsteller« bereits eine Erzählung.[5] Wie reine Bildergeschichten beweisen, sind für Erzählungen aber nicht einmal Worte zwingend notwendig. Narration ist also nicht an Texte gebunden. Auch Filme und Computerspiele können somit Geschichten erzählen.[6] Nicht jedes Computerspiel erzählt deshalb freilich auch eine. Zu den notwendigen Voraussetzungen einer Erzählung gehört nämlich, dass in irgendeiner Form entscheidungs- und handlungsfähige Wesen in ihr vorkommen. Typischerweise sind dies natürlich menschliche Personen, aber das muss nicht der Fall sein. Es kann auch um Tiere, Außerirdische, Fabelwesen oder sogar Naturgrößen wie Sonne und Mond gehen, solange sie nur anthropomorph gestaltet sind und *handeln* können. Denn nur dort, wo es eine handelnde Instanz gibt, gibt es etwas zu erzählen. Wo nicht gehandelt wird, sondern Dinge bloß geschehen, kann es lediglich Berichte geben, aber keine Erzählungen.

Insofern verfügen weder das Ur-Videospiel *Pong* (1972) noch der Spieleklassiker *Tetris* (1984) über eine narrative Dimension. *Pong* ist ein an Pingpong, also an Tischtennis, angelehntes Geschicklichkeitsspiel. Spieler und Gegenspieler kontrollieren jeweils einen vertikal beweglichen Balken (einen Schläger) und versuchen damit den »Ball« – in Wahrheit ein kleines Viereck – derart auf die gegenüberliegende Seite zu spielen, dass der Ball die hinter dem gegnerischen Schläger liegende Wand erreicht. Bei *Tetris* hingegen fallen sogenannte Tetrominos, jeweils aus vier Quadraten bestehende geometrische Figuren, von oben nach unten. Der Spieler kann diese Spielklötzchen drehen, sie horizontal bewegen und ihr Herunterfallen beschleunigen. Das Ziel besteht darin, die Tetrominos lückenlos einzupassen, sodass sie reihenweise nach unten hin verschwinden und sich nicht auftürmen können. Stapeln sich die Spielsteine nämlich bis zur Decke, heißt es »Game over«. Wenn nun die Medienwissenschaftlerin Janet Murray dennoch versucht, *Tetris* als Allegorie auf das moderne Arbeitsleben zu deuten, so zeugt das mehr von dem menschlichen Vermögen – beziehungsweise dem Hang von Geisteswissenschaftlern –, in alles einen Sinn hineinzulegen, als von der erzählerischen Dimension von *Tetris*.[7]

Sowohl bei *Pong* als auch bei *Tetris* ist es zudem fraglich, ob überhaupt Fiktionen im Spiel sind. Wie wir bereits am Beispiel von Schach gesehen haben, gibt es herkömmliche Spiele, die ohne Fiktionen auskommen. Ebenso wie man im Schach mit seinem Turm wirklich – und nicht etwa nur fiktiv – den gegnerischen Bauern schlagen kann, kann man auch in *Tetris* wirklich – und nicht nur fiktiv – Tetrominos drehen und durch eine lückenlose Anordnung reihenweise zum Verschwinden bringen. Nur weil diese Klötzchen auf einem Bildschirm dargestellt werden, sind sie noch lange nicht fiktiv. Schließlich kämen wir auch nicht auf die Idee, den Mauszeiger, den wir tagein, tagaus bedienen, zur Fiktion zu erklären, nur weil er nicht außerhalb des Monitors existiert. Der entscheidende Punkt ist, dass weder die Darstellungen von fallenden Klötzchen in *Tetris* noch der Mauszeiger auf etwas außerhalb ihrer selbst verweisen und folglich auf nichts Fiktives Bezug nehmen. Der Philosoph Fabian Börchers hat deshalb Spiele wie *Tetris* als »semantisch flach« bezeichnet. Das bedeutet, dass sie über keine zusätzliche, tiefere Bedeutungsebene verfügen: Man tut in *Tetris* einfach genau das, wonach es aussieht, nämlich herunterfallende Klötzchen drehen.[8]

Neben semantisch flachen gibt es aber auch semantisch

tiefe Computerspiele, ja diese sind sogar in der überwältigenden Mehrheit.[9] Bei ihnen findet sich eine Bedeutungsebene, die über das unmittelbar Sichtbare hinausgeht. Fangen wir mit einem minimalistischen Beispiel an: dem Arcade-Klassiker *Space Invaders* (1978). In diesem Spiel manipuliert man nicht nur die auf dem Bildschirm sichtbaren Pixelgebilde, sondern man versucht mit seinem Raumschiff sich nähernde Außerirdische abzuschießen, während man ihren Geschossen ausweicht oder hinter Schutzwällen Deckung sucht. Diese Beschreibung ist offenkundig eine fiktionale: Sie betrifft fiktive Dinge, Handlungen und Ereignisse. Doch obwohl *Space Invaders* fiktional ist, kommt es ohne größere Erzählung aus. Alles, was das Spiel uns bietet, ist ein minimaler erzählerischer Rahmen, der im Grunde nur aus dem Titel »Space Invaders« besteht: Ein Angriff Außerirdischer ist im Gange – und wie das Spielgeschehen zeigt, sind wir es, die diesen Angriff abwehren müssen. Über viel mehr erzählerischen Gehalt verfügt *Space Invaders* nicht, dieser aber genügt, um dem Game zumindest eine minimale semantische Tiefe und damit einen fiktiven Inhalt zuzusprechen.

Mit seiner spärlichen narrativen Einbettung des Spielgeschehens kann ein Spiel wie *Space Invaders* für den Spieler allerdings semantisch schnell verflachen und an Fiktionalität einbüßen. Ein *Space Invaders*-Veteran, der das Spiel schon unzählige Male gespielt hat und allein auf einen neuen Highscore aus ist, wird vermutlich dazu tendieren, statt einer Weltraumschlacht mit Raumschiffen, Aliens und Lasergeschossen nur noch Figuren zu sehen, die auf eine bestimmte Art und Weise zu manipulieren sind. Kurz: Er wird die Pixelgestalten von *Space Invaders* so betrachten wie ein Schachspieler die Schachfiguren.

Neben semantisch flachen Computerspielen und solchen mit einer minimalen bis geringen Sinntiefe gibt es auch Games, die mittels verschiedener Erzähltechniken eine robuste fiktive Welt erschaffen. Solche erzählerisch aufgeladenen Spiele verlangen vom Spieler, dass er imaginativ an ihr teilnimmt. Wer etwa einen der beiden Teile von *The Last of Us* (2013, 2020) spielt, wird nicht umhinkommen, sich in die postapokalyptische Welt und die darin sich entspinnende Geschichte um Freundschaft, Opferbereitschaft und Verrat hineinzuversetzen. Ohne die Bereitschaft des Spielers, sich auf die Fiktion einzulassen, verliert dieses Spiel einen Großteil seines Reizes.

Erzählerisch aufgeladene Spiele, die damit interaktive fiktive Welten erschaffen, sind aus ethischer Perspektive besonders interessant. Wie wir in einem späteren Kapitel noch ausführlich sehen werden, können solche Computerspiele nämlich, ähnlich Filmen oder Romanen, durch die Geschichten, die sie erzählen, Stellung zur Wirklichkeit beziehen. Sie können mit den Mitteln der Fiktion reale Weltanschauungen propagieren, reflektieren oder kritisieren. Ja, sie können sogar ethische Probleme zum Thema machen. Um diese Spiele zu analysieren, bedarf es deshalb der Methoden der Narratologie. Allerdings ist es offenkundig eine Besonderheit des Mediums »Computerspiel«, dass der Spieler mit der fiktiven Welt interagieren kann, er also selbst zum Handelnden innerhalb der Geschichte wird. Auch das erzählende Computerspiel muss daher *als Spiel* in den Blick genommen werden.

Es bestätigt sich also, dass es falsch ist, an einem strikten Entweder-oder von Narratologie und Ludologie festzuhalten. Es gibt nicht *das* Computerspiel, sondern eine Vielheit verschiedener Computerspiele: Nicht alle sind fiktional und beinhalten Erzählungen. Aber es gibt viele, auf die das zutrifft. Und wie wir im nächsten Teil sehen werden, sind genau diese Games von einem besonderen ethischen Interesse.

Die Besonderheit von Games, die regelgeleitete Interaktionen mit Erzählungen und Fiktionen zusammenbringen, wird deutlich, wenn man sie mit klassischen fiktionalen Medien einerseits und klassischen Spielen andererseits kontrastiert. Romane und Filme können fiktive Welten erschaffen, in die der Rezipient zwar mithilfe seiner Fantasie eintauchen kann, ohne aber mit ihnen interagieren zu können. Klassische Spiele hingegen sind gemeinhin entweder – wie das Schachspiel – regelgeleitet, aber nicht fiktional, oder aber – wie die Fantasiespiele der Kinder – fiktional, jedoch ohne objektive Regeln. Die semantisch tiefen, narrativ angereicherten Computerspiele vereinen all diese Aspekte: Sie sind *auf Basis objektiver Regeln interaktiv und zugleich fiktional.* Der Spieleforscher Jesper Juul hat Computerspiele daher als »halb real« bezeichnet.[10] Sie sind real, was ihre Regeln und die Interaktionen des Spielers angeht, aber sie sind nicht real in Bezug auf die Fiktionen, die sie erschaffen. Zwar gibt es, wie bereits erwähnt, auch herkömmliche Spiele, insbesondere Pen-&-Paper-Rollenspiele, auf die das zutrifft. Die Fiktionen von Computerspielen verfügen jedoch über eine besondere Art von »Objektivität«, die sie der zugrunde liegenden Computertechnologie verdanken: Computerspielwelten entstehen nicht erst vor dem inneren Auge des Spielers, sondern sind als interaktive Umgebung tatsächlich sichtbar, hörbar und, ja, sogar fühlbar.

⸌

Sherry Turkle, die sich Anfang der 1980er-Jahre als eine der Ersten aus kulturwissenschaftlicher Sicht mit Computerspielen auseinandergesetzt hat, hat nicht nur damals schon die besondere synthetisierende Kraft der Games erkannt, sondern auch auf die entscheidende Rolle des Computers hingewiesen:

> *Wenn ein Computer eingesetzt wird, bricht die Polarisation zwischen Handlung und imaginativer Identifikation in sich zusammen: Mit seiner Hilfe liefern die Videospiele imaginative Welten, in die die Menschen als aktive Beteiligte eintreten.*[11]

Die Beobachtung, dass die einzigartige Syntheseleistung von Computerspielen auf der technologischen Grundlage des Computers beruht, ist eigentlich trivial: Computerspiele kann es schließlich nur geben, weil es Computer gibt. Und doch ist diese einfache Wahrheit für den Philosophen, der ja am liebsten mit Begriffen a priori arbeitet, eine wichtige Erinnerung, dass er es beim Computerspiel mit einem Phänomen zu tun hat, das eine ganz bestimmte Geschichte aufweist und auf bestimmten technischen Voraussetzungen beruht, die durchaus veränderlich sind.

Wie stark dieser historische Wandel ist, wird ersichtlich, wenn man noch einmal *Pong* betrachtet, das nach *Tennis for Two* (1958) und *Spacewar!* (1962) gemeinhin als eines der allerersten Computerspiele überhaupt gilt.[12] *Pong* wurde 1972 von dem Ingenieur Allan Alcorn für die Firma Atari entwickelt und kam zunächst in Form von Arcade-Automaten auf den Markt. Drei Jahre später erschien das Spiel dann unter dem Titel *Home Pong* auch für die heimischen Konsolen.

Beschäftigt man sich nun mit der technischen Grundlage dieser beiden ersten *Pong*-Spiele, dann stellt man erstaunt fest, dass überhaupt keine Computertechnologie zum Einsatz kam! Sowohl das Ur-*Pong* als auch *Home Pong* basierten auf einer fest verdrahteten Elektronik und verfügten somit weder über einen Programmcode noch über einen mit einer zentralen Prozessoreinheit (CPU) ausgestatteten Rechner. Die Geschichte der Computerspiele beginnt also mit einem Spiel, das eigentlich gar kein Computerspiel ist.

An diesem Beispiel zeigt sich auch, dass die heute – und auch in diesem Buch – im Grunde gleichbedeutend verwendeten Ausdrücke »Computerspiel« und »Videospiel« nicht zwangsläufig dasselbe meinen müssen. Denn *Pong* begann als ein elektronisches Videospiel, wurde später aber – mit seinem Erscheinen auf Atari-Konsolen, die auf Computertechnologie basierten (Atari VCS bzw. Atari 2600) – zu einem echten Computerspiel.

Unseren Begriffen fehlt es hier offenbar an Schärfe, was aber an der Sache selbst – nämlich dem Phänomen des Computer- beziehungsweise Videospiels – liegt. Man kann hier nicht für künstliche Eindeutigkeit sorgen, indem man die Computertechnologie für unwesentlich erklärt, stattdessen alles auf das Element des Bildschirms setzt und meint, mit dem Ausdruck »Videospiel« das eigentliche Wesen dieser Spiele einfangen zu können. Keine Frage: Für die überwältigende Mehrheit von Computerspielen ist die Ausgabe von Bildern über ein Display zentral. Aber *muss* das so sein? Die Antwort lautet offenkundig Nein. Auch wenn bisher noch kein derartiges Game entwickelt worden ist, könnte es doch durchaus irgendwann Computerspiele geben, in denen sich der Spieler allein mithilfe haptischer und akustischer Zeichen in einer fiktiven Welt zurechtfinden muss. Schließlich gibt es nicht nur blinde Gamer, sondern auch eine eigene kleine Subkultur, in der Spieler im Netz versuchen, Computerspiele wie den Jump-'n'-Run-Klassiker *Super Mario Bros.* (1985) mit verbundenen Augen durchzuspielen.

Im Übrigen findet man auch abseits von Musik- und Tanzcomputerspielen eine wachsende Anzahl an Games, bei denen die auditive Wahrnehmung nicht minder wichtig ist als die visuelle. Im Spiel *Alien: Isolation* (2014), das im fiktiven Universum der *Alien*-Filme angesiedelt ist, muss sich der Spieler vor dem titelgebenden außerirdischen Monster, das im offenen Kampf nicht zu schlagen ist, bei seiner Flucht von einer Raumstation versteckt halten. Nicht nur muss die eigene Spielfigur so geräuschlos wie möglich agieren, der Spieler muss auch ständig auf die Umgebungsgeräusche achten, die (War da nicht gerade ein seltsames Rumpeln in den Luftschächten?) auf die Nähe des todbringenden Aliens schließen lassen könnten.

Die Bedeutung auditiver Wahrnehmung ist im Falle des Spiels *Hellblade: Senua's Sacrifice* (2017) sogar noch größer. Ohne Ton ist es praktisch unspielbar. Denn der Spieler steuert in *Hellblade* die keltische Kriegerin Senua, die von halluzinierten Stimmen geplagt wird, die ihr aber zugleich unverzichtbare Hilfestellung bei ihrem Abenteuer geben. Der Spieler muss sich an vielen Stellen des Spiels nicht nach dem richten, was er sieht, sondern nach dem, was ihm die Stimmen in Senuas Kopf sagen.

Was diese Beispiele neben der medialen Vielfalt moderner Games verdeutlichen sollen, ist, dass sich der historisch gewachsene und sich stetig weiterentwickelnde Phänomenbereich der Computerspiele nicht mit einer endgültigen und ausnahmslos gültigen Definition auf den Punkt bringen lässt. Stattdessen müssen wir uns mit Aussagen zufriedengeben, die das heutzutage Normale und Typische von Computerspielen betreffen, wobei klar ist, dass es zum einen Ausnahmen geben kann und dass zum anderen die Möglichkeit besteht, dass sich mit der Zeit verändert, was als normal und typisch gilt.

Die genannten Unschärfen sollten uns aber nicht davon abhalten, in einem nächsten Schritt das Normale und Typische von Computerspielen herauszuarbeiten, denn eine solche Analyse wird sich für die weitere ethische Reflexion als entscheidend erweisen.

DIE ZWEI SEITEN DES COMPUTERSPIELS: ZEICHEN UND HANDLUNG

Computerspiele haben, wie auch viele herkömmliche Spiele, zwei Seiten. Zum einen sind sie Gegenstände, Spielzeug im weitesten Sinne. Das ist ihre objektive Seite. Zum anderen sind sie nur dann wirkliche Spiele, wenn sie auch gespielt werden. Ein Game, das nicht gespielt wird, ist in ontologischer Hinsicht – also im Hinblick auf sein Sein – unvollständig: Es handelt sich um eine bloße Möglichkeit, die erst durch den Spieler und seine Handlungen wirklich wird. Das ungespielte Computerspiel gleicht einem im Regal liegenden Dramentext, der – Lesedramen natürlich ausgenommen – erst zur vollen Wirklichkeit gelangt, wenn er aufgeführt wird. Der handelnde Computerspieler bildet die subjektive Seite des Phänomens »Computerspiel«. Es sind diese beiden Seiten, die wir für die ethische Untersuchung von Computerspielen, die im zweiten Teil dieses Buches ansteht, genauer verstehen müssen. Denn das Spiel als Gegenstand und die Handlungen des Spielers sind die beiden Aspekte, die für eine moralische und klugheitsethische Bewertung infrage kommen.

Von seiner objektiven Seite, also als Gegenstand betrachtet, ist jedes Computerspiel ein interaktives Zeichensystem. Ein Zeichen oder ein Symbol im weitesten Sinne ist etwas, das für etwas anderes – zum Beispiel einen Gegenstand, einen Sachverhalt, einen Wert, eine Regel oder Vorschrift - stehen kann. Mit einem Zeichen*system*, im Gegensatz zu einer bloßen Ansammlung von Zeichen, haben wir es dort zu tun, wo eine Vielzahl an Zeichen in einem inneren Zusammenhang steht und ein relativ geschlossenes Ganzes bildet. So sind etwa Romane Zeichensysteme, weil ja die Wörter und Sätze eines Romans nur in Verbindung und nicht isoliert voneinander auf rechte Weise begriffen werden können. Relativ und nicht absolut geschlossen sind Romane, weil es immer andere Romane und Texte geben kann, die sich auf sie beziehen und sie dadurch erweitern. Die *Harry Potter*-Romane sind beispielsweise jeweils in sich geschlossene Werke, stehen aber zugleich in einem Verhältnis zueinander und bilden daher auch als Reihe ein Ganzes.

Auch Computerspiele sind Zeichensysteme, insofern bei ihnen Zeichen in einem inneren Verhältnis zueinander stehen und ein relativ geschlossenes Ganzes bilden. Was im Vergleich zu Romanen aber sofort auffällt, ist die Vielseitigkeit der zum Zuge kommenden Zeichen, die sogar die von Filmen übertrifft. Computerspiele umfassen in der Regel Bilder, Texte, Töne und sogar Vibrationen. Zudem handelt es sich bei Computerspielen um *dynamische* Zeichensysteme, das heißt, sie haben - wie Filme, aber anders als Gemälde - eine zeitliche Dimension, in der sie sich verändern.

Ein augenfälliger Unterschied zu herkömmlichen Zeichensystemen liegt in der einzigartigen technischen Verfasstheit von Computerspielen. Zum einen ist da natürlich die Software, also das Computerprogramm. Dieses besteht aus einer Vielzahl an Regeln, die in einer bestimmten Programmiersprache verfasst sind. Diese Regeln, sogenannte Algorithmen, schreiben in eindeutigen und endlich vielen Schritten vor, wie ein bestimmtes Problem zu lösen ist.[1]

Die Software bedarf aber natürlich einer entsprechenden Hardware, die sie ausführen kann. Weil aber Mensch und Maschine - metaphorisch ausgedrückt - nicht dieselbe Sprache sprechen, muss die vom Menschen geschriebene Programmiersprache durch eine Art Übersetzungsprogramm, den sogenannten Compiler, in einen Maschinencode - letztlich den aus Nullen und Einsen bestehenden Binärcode - übersetzt werden, den die Rechenmaschine verarbeiten kann. Damit sind aber immer noch nicht alle technischen Elemente des Computerspiels vorhanden, denn neben dem Rechner selbst bedarf es natürlich der Eingabe- und Ausgabegeräte: Bildschirm und Lautsprecher einerseits und meist Controller beziehungsweise Maus und Tastatur andererseits.

Wer ein Faible für philosophische Identitätsrätsel hat - wie etwa die Frage, ab wie vielen nach und nach ausgetauschten Teilen das Schiff des Athener Heldenkönigs Theseus noch sein Schiff oder schon ein anderes war -, der wird beim Nachdenken über Computerspiele seine helle Freude haben. Denn aufgrund der Vielzahl technisch verschiedenartiger Komponenten ist alles andere als klar, welche dieser Komponenten zu welchem Grad verändert oder ausgetauscht werden dürfen, damit wir noch vom selben Spiel sprechen können - ein Problem, das wir hier allerdings nicht weiter verfolgen wollen.[2]

Abgesehen von diesen technischen Eigentümlichkeiten scheinen sich Computerspiele von herkömmlichen Zeichensystemen wie Filmen, Romanen, Gemälden und Skulpturen vor allem durch eine funktionale Besonderheit zu unterscheiden: ihre Interaktivität. Ein Computerspiel präsentiert nicht einfach nur von sich aus bestimmte Zeichen, sondern die Bilder und Töne, die der Spieler zu sehen bekommt, hängen von seinem Eingabeverhalten ab. Computerspiele sind also *interaktive* Zeichensysteme. Da der Spieler mit seiner Eingabe aber natürlich immer auch auf das reagiert, was er an Zeichen präsentiert bekommt, könnte man auch mit einem Kunstwort von *inter-reaktiven* Zeichensystemen sprechen.

Nun ist es fast schon ein Gemeinplatz der Kunstphilosophie und Literaturwissenschaft, dass auch die Künste entgegen dem ersten Anschein interaktiv sind. Noch vor allen nachträglichen Interpretationsbemühungen sind Bilder, Skulpturen, Filme und Texte nämlich darauf angewiesen, dass der Betrachter, Zuschauer und Leser sich aktiv zu ihnen verhält. Dazu gehört nicht nur eine bestimmte körperliche Tätigkeit – etwa seine Augen über ein Gemälde wandern zu lassen oder eine Skulptur zu umschreiten –, sondern vor allem auch eine imaginative Aktivität.

Der Philosoph Kendall L. Walton hat diese Aktivität ein So-tun-als-ob *(make-believe)* genannt. Das So-tun-als-ob spielt für alle Künste, die in irgendeiner Form Fiktives repräsentieren und daher als »repräsentationale Künste« bezeichnet werden können, eine entscheidende Rolle. Typische Vertreter solcher Künste sind Gemälde, Romane, Erzählungen, Theaterstücke und Filme.[3] Dass sie etwas repräsentieren, heißt nun nach Walton nichts anderes, als dass sie als »Requisiten« *(props)* für ein imaginatives Spiel des Rezipienten fungieren. Wer beispielsweise durch das Pariser Musée de l'Orangerie wandelt und die großen Seerosengemälde von Claude Monet bestaunt, der verwendet diese Bilder, um so zu tun, als ob er Seerosen in einem Teich sähe – wohl wissend, dass er nicht wirklich vor einem Seerosenteich steht.[4] Damit ähnelt der Museumsbesucher einem spielenden Kind, das so tut, als sei ein Ast ein Gewehr. Beide nutzen Dinge – der eine ein Monet-

Gemälde, der andere einen Stock – als Requisiten für ein imaginatives Spiel des So-tuns-als-ob. Nur durch diese spielerische Imagination des Rezipienten erwacht ein Bild, ein Roman, ein Film metaphorisch gesprochen zum Leben.[5] Ohne diese imaginative Tätigkeit führt ein Kunstwerk eine ähnlich schattenhafte Existenz wie das Computerspiel, das in Form einer Disk im Regal liegt, statt gespielt zu werden.

So gesehen sind also in der Tat alle repräsentationalen Kunstwerke interaktiv. Die spezifische Interaktivität von Computerspielen unterscheidet sich dann aber doch vom eben beschriebenen Einsatz der Einbildungskraft. Das Besondere an Games ist nämlich, dass der Spieler die Requisiten für sein So-tun-als-ob-Spiel selbst miterzeugt. Das heißt konkret: Von dem, was er eingibt (welche Knöpfe er auf seinem Controller drückt), hängt ab, was er als Nächstes zu hören, zu sehen und zu spüren bekommt. Schließlich spult das Computerspiel nicht einfach wie ein Film eine bestimmte Bild- und Tonfolge ab.

Dass es einen deutlichen Unterschied zwischen diesen beiden Formen der Interaktivität gibt, zeigt sich daran, dass sich der Rezipient klassischer Medien seiner eigenen Aktivität in der Regel gar nicht bewusst ist; aus seiner Perspektive verhält er sich, wie ja schon das Wort »Rezipient« (von lat. *recipere* = erhalten) anzeigt, passiv. Der Computerspieler hingegen versteht sich selbst als aktiv, eben als Spieler und nicht nur als Rezipient. Im Computerspiel tritt die Interaktivität, die bei herkömmlichen Kunstwerken gewissermaßen nur im Verborgenen wirkt, somit offen zutage.

Das soll aber nicht heißen, dass ausschließlich Computerspiele über diese explizite Form von Interaktivität verfügen. Schon die in den 1980er- und 1990er-Jahren beliebten Spielbücher - am bekanntesten war die *Choose Your Own Adventure*-Reihe - waren im starken Sinne interaktiv. Es bedurfte einer über das Übliche hinausgehenden Aktivität des Lesers, um durch diese Texte zu kommen.[6] Der Leser wurde dabei ganz direkt als Protagonist angesprochen und vor Handlungsalternativen gestellt. Je nachdem, wie seine Entscheidung ausfiel, musste er seine Lektüre auf einer bestimmten Seite des Buches fortsetzen, was jeweils zu einem anderen Verlauf des Abenteuers führte.

Es gibt aber noch weitere Beispiele für explizite Interaktivität außerhalb der Welt der Computerspiele. Auch die moderne Kunst kann reihenweise mit ausdrücklich interaktiven Kunstwerken aufwarten, die dafür nicht auf Computertechnologie basieren müssen.[7] Die im Millennium Park von Chicago aufgestellte Stahlskulptur *Cloud Gate* von Anish Kapoor etwa, die aufgrund ihrer bohnenartigen Form im Volksmund als »The Bean« bekannt ist, ist explizit interaktiv, weil sie wie ein riesiger Spiegel funktioniert: Was auf der Oberfläche der Bohne sichtbar wird, hängt von den Zuschauern ab.

Es wäre übrigens müßig, darüber zu diskutieren, ob ein interaktives Kunstwerk, zumal dann, wenn es auf Computertechnologie basierte, nicht auch ein Computerspiel sein könnte, oder umgekehrt, ob Computerspiele nicht auch als interaktive Kunstwerke gelten könnten. Es gibt keine zwingenden Gründe, die gegen das eine oder das andere sprächen. Dem jetzigen Sprachgebrauch nach scheint der Unterschied zwischen interaktiver Computerkunst und Computerspielen vor allem der zu sein, dass Erstere als Einzelstücke im Museum oder auf öffentlichen Plätzen zu finden sind, wohingegen Letztere als Massenprodukte für den Heimgebrauch produziert werden. Für wie wichtig man diesen Unterschied auch halten mag, auf keinen Fall handelt es sich um einen Wesensunterschied in Sachen »Interaktivität«.

Die Interaktivität des Zeichensystems »Computerspiel« ist das Scharnier zwischen seiner objektiven und seiner subjektiven Seite: Als interaktiver Zeichengegenstand verweist das Computerspiel auf den Spieler und seine Handlungen. Die Handlungen des Spielers wiederum führen zurück zum interaktiven Zeichengegenstand. Dieses Hin und Her zwischen Spieler und Computerspiel ist nicht völlig frei, sondern durch Regeln begrenzt, die von Game zu Game verschieden sind. Die geregelte Interaktion zwischen Spieler und Spiel nennt man »Gameplay«.

Die Regeln, die das Gameplay bestimmen, sind offenbar anderer, nämlich höherer Art als die algorithmischen Regeln auf der Ebene des Codes. Zwar würden die Gameplay-Regeln ohne Programmcode nicht existieren, sie sind mit diesem deshalb aber nicht einfach identisch. Das Verhältnis zwischen den algorithmischen Regeln und den Gameplay-Regeln ähnelt dem von Gehirnvorgängen und Gedanken. Gehirne sind für das menschliche Denken notwendig. Daraus folgt aber nicht, dass Gedanken Gehirnprozesse wären. Erstere können nämlich wahr oder falsch sein, Letztere dagegen nicht - diese laufen einfach nur ab oder nicht. Entsprechend sind algorithmische Regeln zwar notwendig für die Existenz von Gameplay-Regeln, ohne dass sich aber das Gameplay auf den Algorithmus reduzieren ließe.

Die Gameplay-Regeln sind selbst wiederum vielfältig und auf verschiedenen Ebenen angesiedelt. Zumindest idealtypisch lassen sich zwei Arten von Gameplay-Regeln unterscheiden. Erstens gibt es konstitutive Regeln, die bestimmen, welche Aktionen überhaupt zulässig, möglich und durchführbar beziehungsweise unzulässig, unmöglich und undurchführbar sind. Zweitens gibt es Gewinn-, Ziel- oder Erfolgsregeln, die vorgeben, wie man gewinnen, das Ziel des Spiels erreichen oder dieses erfolgreich spielen kann.

Im düsteren, ja albtraumhaften Action-Rollenspiel *Bloodborne* (2015) kann ich beispielsweise meinen aus der Perspektive der dritten Person gesteuerten Avatar mittels bestimmter Tasten dazu bringen, Gegnern auszuweichen, sie durch einen genau zum richtigen Zeitpunkt abgegebenen Schuss ins Taumeln zu bringen, sie mit diversen Hieb- und Stichwaffen anzugreifen und vieles mehr. Ich kann aber durch keinerlei Tastenkombination Bananenschalen werfen oder Fahrzeuge steuern. Das ist die Ebene der konstitutiven Regeln. Die Gewinn- oder Zielregeln von *Bloodborne* besagen dagegen, dass ich folgende Dinge tun muss, wenn ich das Spiel durchspielen möchte: Ich muss mir den Weg durch verwinkelte Areale bahnen, Abkürzungen und neue Gebiete freischalten, im Kampf mit Gegnern sogenannte Blutechos sammeln, mit denen ich die Fähigkeiten meines Charakters verbessern kann, riesige und monströse Bosse besiegen und – wenn ich ein alternatives Ende freischalten will – eine bestimmte Anzahl an Teilen einer Nabelschnur (!) sammeln und verzehren.

Es gibt jedoch Computerspiele *ohne* festes Ende, die man nicht im klassischen Sinne durchspielen kann. So etwa das Simulations- und Rollenspiel *Stardew Valley* (2016), in dem man endlos Zeit mit der Bewirtschaftung seines Bauernhofs verbringen kann. Aber auch solche Games haben üblicherweise mehr oder weniger explizite Erfolgsregeln, die vorgeben, was man für einen erfolgreichen Spieldurchgang tun sollte, nämlich zum Beispiel für gute Ernten zu sorgen. Allerdings können objektive Erfolgsregeln grundsätzlich auch von selbst ausgedachten Erfolgsregeln des Spielers überschrieben werden. So bestand für viele Spieler der Lebenssimulation *The Sims* (2000) eine selbst gesetzte, subversive Erfolgsregel darin, die eigenen Sims auf möglichst kreative Weise aus dem Leben zu befördern.

Schließlich gibt es noch strategische und taktische Regeln, die zwar nicht mehr zum Gameplay im engeren Sinne gehören, die der Spieler aber auf dessen Basis entwickeln kann, etwa indem er sich fragt: Ist es im Rahmen dieses Shooters besser, eher defensiv oder aggressiv vorzugehen? Sollte man eher aus einer sicheren Deckung heraus die Gegner aufs Korn nehmen, oder ist es doch zielführender, wild um sich ballernd durch den virtuellen Raum zu wirbeln? Gerade auch an dieser letzten Form von Regeln zeigt sich noch einmal, wie wichtig der Spieler ist. Seine Handlungen erwecken ein totes Stück Software gewissermaßen erst zum Leben.

Was also hat es mit den Handlungen des Computerspielers, die ja die subjektive Seite von Games ausmachen, auf sich? Wenn man sich fragt, was der Spieler von, sagen wir beispielsweise, *The Legend of Zelda: Breath of the Wild* (2017) tut, dann scheinen ganz verschiedene Antworten möglich. Zum einen könnte man lapidar feststellen: »Er spielt *Zelda: Breath of the Wild.*« Zum anderen könnte man aber auch sagen: »Er lümmelt auf der Couch herum und drückt Knöpfe auf einem Controller.« Eine weitere mögliche Beschreibung wäre: »Er steuert einen Helden namens Link durch die Fantasiewelt Hyrule mit der Absicht, die Prinzessin Zelda zu retten.« Oder noch mal anders, ein wenig situationsspezifischer: »Er kämpft gegen eine Horde Moblins.« Alle diese Beschreibungen – und noch weitere – könnten offenbar auf ein und dieselbe Handlung angewandt werden.

Die Vielfalt der Beschreibungsmöglichkeiten ein und derselben Handlung mag auf den ersten Blick überraschend sein, ist aber keine Besonderheit von Computerspielhandlungen. Wie die Philosophin Elizabeth Anscombe herausgearbeitet hat, kann jede Handlung auf verschiedene Arten beschrieben werden. Einem berühmten Beispiel Anscombes zufolge können etwa die vier folgenden Beschreibungen auf dieselbe Handlung zutreffen: 1. Ein Mann bewegt seinen Arm auf und ab; 2. Er bedient die an eine Zisterne angeschlossene Pumpe; 3. Er füllt den Wasservorrat des Hauses auf; 4. Er vergiftet die Hausbewohner mittels des ins Wasser gemischten Giftes.[8]

Wenn auch das Phänomen der multiplen Beschreibbarkeit auf alle Handlungen zutrifft, so zeigen Spielhandlungen doch einige Besonderheiten. Schon für semantisch flache Games wie *Tetris* gilt, dass manche Handlungsbeschreibungen »außerhalb«, andere dagegen »innerhalb« der Spielwelt zu verorten sind, zum Beispiel: »Ich drücke die linke Pfeiltaste auf der Tastatur« im Gegensatz zu »Ich bewege den länglichen Tetromino nach links«. Insofern die Spielwelt von *Tetris* keine Fiktionen beinhaltet, treffen aber beide Beschreibungen etwas gleichermaßen Reales. Der Spieler tut schließlich nicht nur so, als ob er den länglichen Tetromino nach links drehen würde, sondern er tut es wirklich.

Spannender wird es, wenn semantische Tiefe ins Spiel kommt: Wer beim *Microsoft Flight Simulator* (2020) mit einem Passagierflugzeug zum Landeanflug auf das nebelverhangene San Francisco ansetzt oder mit einer kleinen Propellermaschine einen karibischen Küstenstreifen abfliegt, der tut nicht mehr einfach nur das, was er tut. Vielmehr tut er zugleich so, als ob er etwas täte. Im Falle von Computerspielen, die eine fiktive Geschichte erzählen, wird das noch deutlicher als bei Flug-, Renn-, Sport- oder Simulationsspielen. Wer sich beispielsweise im Abenteuer-Entscheidungsspiel *The Walking Dead* (2012) dafür entscheidet, dem Protagonisten Lee Everett aufgrund eines infektiösen Zombie-Bisses den Arm zu amputieren, der verursacht keine wirkliche Amputation, sondern nimmt nur an einem computerbasierten interaktiven So-tun-als-ob-Spiel teil.

Wenn wir die verschiedenen Handlungsbeschreibungen, die in einem semantisch tiefen Spiel vorkommen, näher betrachten, dann fällt auf, dass manche in der Realität, andere hingegen in der Fiktion beheimatet sind: Eine bestimmte Taste auf dem Controller zu drücken, ist eine reale Handlung, mit einer Säge Lees Arm zu malträtieren, hingegen nicht. Letzteres ist zwar einerseits eine wirkliche Spielhandlung, vollzieht sich andererseits aber auch in der Fiktion. Eine solche Handlung, die außerhalb der Fiktion beginnt und innerhalb der Fiktion wirksam wird, können wir mit dem Philosophen Samuel Ulbricht als »fiktionale Handlung« bezeichnen.[9] Das Besondere von fiktionalen Computerspielehandlungen ist demnach, dass sie im Gegensatz zu gewöhnlichen Handlungen die Grenze zwischen Realität und Fiktion überschreiten können.

Eine solche Grenzüberschreitung ist zwar auch in manchen Brettspielen möglich; beispielsweise kann ein realer Würfelwurf in *Hero Quest* zugleich den fiktiven Axthieb eines Zwerges bedeuten. Computerspiele sind dank ihrer technischen Möglichkeiten allerdings auf deutlich vielfältigere und tiefergehende Weise in der Lage, die Beziehung zwischen realen und fiktiven Handlungsaspekten zu gestalten. Im Rahmen eines Brettspiels verbleibt ein Großteil meines fiktionalen Tuns in meiner Vorstellungswelt: Ich sehe nicht die Axt meiner Zwergenspielfigur auf den Gegner niedersausen und höre auch nicht, wie das herunterschnellende Metall die Luft zerschneidet oder wie mein getroffener Gegner aufheult. All das kann ich mir vorstellen, ich muss es aber nicht. Bei einem entsprechenden Computerspiel hingegen werde ich meine fiktionale Handlung mit meinen Sinnen und damit als etwas Objektives erleben.

An dieser Stelle liegt es nahe, die Metapher der Immersion, also des Eintauchens, zu verwenden: Computerspielehandlungen sind immersiv, weil wir uns durch sie als Teil einer fiktiven Welt erleben. Es ist dann so, als handelten wir wirklich in der Welt des Computerspiels. Und gewissermaßen tun wir das ja auch: So wie ein Kind, das sich wild auf dem Bürostuhl des Vaters dreht, wirklich so tut, als ob es Astronaut wäre, so tut auch der Computerspieler beim Spielen von *Zelda* wirklich so, als gelte es, in Gestalt von Link die titelgebende Prinzessin zu retten. Nur eben mit dem Unterschied, dass sich der Spieler seine beziehungsweise Links Heldentaten nicht vor dem inneren Auge ausmalen muss, sondern diese wirklich sieht, hört und teilweise auch spürt.

Der Vergleich mit dem Kleinkind macht jedoch deutlich, dass die Metapher der Immersion nicht nur auf den Computerspieler passt: Auch das Kleinkind taucht ein in die Welt seines Spiels ebenso wie der Bücherwurm in die Welt eines Romans und der Cineast in die Welt eines Films. Darüber hinaus legt das Bild eines vollständigen Eintauchens fälschlicherweise nahe, dass der Spieler völlig den Kontakt mit der außerspielerischen Realität verloren hat.[10] Wir haben aber schon bei den Kennzeichen des Spiels gesehen, dass zu jedem Spiel eine Art Doppelbewusstsein von Ernst und Unernst – eine Einstellung des ernsten Unernstes – gehört. Ein totales Ein- und Abtauchen in die fiktive Welt eines Computerspiels würde bedeuten, dass der Spieler den nötigen Unernst und damit seinen Wirklichkeitssinn verloren hätte. Er wäre zu einem pathologischen Fall geworden. Jede gesunde spielerische Immersion ist daher immer nur partiell.

Die Besonderheit von Computerspielhandlungen, das eigene fiktionale Tun als objektive Realität gespiegelt zu bekommen, lässt sich auch von einer anderen Seite noch einmal tiefer erörtern. Diese Seite zeigt sich, wenn wir die Frage nach dem Handlungssubjekt stellen, also fragen: Wer handelt da eigentlich? Je nachdem, ob es im Game einen Avatar gibt oder nicht, wird die Antwort anders ausfallen. Ein Avatar ist eine Spielfigur, die als Stellvertreter des Spielers innerhalb der Spielwelt fungiert, wie der gerade erwähnte Held Link in den *Zelda*-Spielen. Der Avatar kann je nach Spiel fest vorgegeben oder mehr oder weniger frei gestaltbar sein, und zwar sowohl in optischer Hinsicht als auch mit Blick auf bestimmte Fähigkeiten. Manchmal übernimmt der Spieler sogar die Steuerung einer ganzen Gruppe von Figuren, was zum Beispiel in rundenbasierten Rollenspielen des Öfteren vorkommt.

Aber nicht in allen Spielen gibt es einen Avatar. Die bereits mehrfach erwähnten Klassiker *Pong* und *Tetris* kommen etwa ganz ohne einen aus. Hier und in vergleichbaren Fällen ist die Frage nach dem Handlungssubjekt leicht zu beantworten: Es ist der Spieler. Er ist es, der, um bei *Tetris* zu bleiben, die fallenden Tetrominos manipuliert, sie zum Verschwinden bringt, sich einen neuen Highscore erspielt – oder zum x-ten Mal im ersten Level scheitert.

Neben Spielen, die keinerlei Avatar aufweisen, gibt es auch solche, die zumindest ohne Avatare im gewöhnlichen Sinne auskommen. Das Phänomen lässt sich gut anhand von Strategie- beziehungsweise Aufbauspielen aufzeigen. In den Games der *Civilization*-Reihe (1991–2016) kann der Spieler zwar verschiedenen Einheiten Befehle erteilen, aber er selbst *ist* nicht eine dieser Einheiten. Vielmehr ist er Herrscher über die gesamte – im Laufe des Spiels erst zu errichtende – Zivilisation. Die Sicht des Spielers auf die Spielwelt ist hier nicht von innen an den Blick einer Spielfigur gebunden, sondern schwebt, eine Vogelperspektive einnehmend, gleichsam körperlos über dem Geschehen. Wer handelt hier? Wer erkundet die Umgebung, gründet Städte, führt Krieg gegen fremde Völker? Natürlich ist auch hier die Antwort »Der Spieler handelt« nicht falsch. Allerdings ist es – wenn sich der Autor selbst als Beispiel nehmen darf – nicht einfach nur Sebastian Ostritsch, der eine Zivilisation gründet, sondern es ist Sebastian Ostritsch, der so tut, als ob er der Herrscher eines Volkes sei. Dabei ist es gar nicht so wichtig, ob er sich im Spiel selbst einen realen oder ausgedachten Namen gibt oder eine vom Spiel vorgegebene historische Figur aussucht. Mit anderen Worten: Der Spieler agiert hier zugleich als er selbst und als ein anderer.

Dieses Phänomen des gedoppelten Handlungssubjekts gilt noch mehr für Computerspiele mit einem eindeutigen Avatar, erst recht, wenn wir diesem aus der Perspektive der dritten Person über die Schultern schauen. Der Literatur- und Medienwissenschaftler Jochen Venus hat eine erhellende Parallele zwischen dem literarischen Erzählmodus der »erlebten Rede« und dem Handlungsmodus des »erlebten Handelns« in Computerspielen gezogen.[11] Statt von außen zu berichten, was jemand denkt oder fühlt, oder dies in direkter Form zu zitieren, verschwimmen in der erlebten Rede Außen- und Innenperspektive.[12] Ein ähnlicher Schwebezustand zwischen den Perspektiven der ersten und der dritten Person zeichnet das erlebte Handeln in vielen Computerspielen aus. In den *Uncharted*-Spielen (2007–2016) steuert man den modernen – irgendwo zwischen Indiana Jones und Lara Croft anzusiedelnden – Schatzsucher Nathan Drake. Als Spieler blicken wir leicht erhöht von hinten auf Nathan. Wir sehen *ihn* klettern, schwingen, schleichen und schießen – und gleichzeitig sind *wir* es, die all dies tun. Dass wir uns tatsächlich mit Handlungen identifizieren, die wir aus der Außenperspektive wahrnehmen, wird ganz deutlich, wenn noch eine andere Person anwesend ist, mit der wir uns über das Spielgeschehen austauschen:

> *»Ich klettere jetzt mal da hoch.«*
>
> *»Nein, geh doch noch mal zurück, da war noch ein Gang. Du musst das Seil benutzen, um dich rüberzuschwingen.«*
>
> *»Was muss ich noch mal drücken? Kreis oder X? – Verdammt! Jetzt bin ich runtergefallen. Ach Mensch, jetzt bin ich deinetwegen gestorben und muss alles noch mal machen!«*

Sich derart über das eigene Ableben beschweren zu können, dürfte nur in Computerspielen möglich sein. Der sonst hieb- und stichfeste Satz »Tote klagen nicht« ist hier außer Kraft gesetzt. An dieser Möglichkeit der besonderen Totenklage durch den Gestorbenen selbst sieht man im Übrigen erneut, dass die Vorstellung einer »totalen Immersion« an den Phänomenen vorbeigeht. Eine totale Immersion in ein Geschehen, das alle paar Minuten den eigenen Tod herbeiführt, wäre hochtraumatisch und daher gar nicht durch- und auszuhalten.

Das Bewusstsein, dass ich die Spielfigur, zu der ich während des Spielens »ich« sage, natürlich nicht wirklich bin, gehört zum erlebten Handeln ganz wesentlich dazu. Daher können Spieler ohne Weiteres von der ersten zur dritten Person springen, wenn sie über ihren Avatar sprechen. So können sie sich etwa über die Tatsache amüsieren, dass der als sympathischer Sonnyboy charakterisierte Nathan Drake – und nicht sie selbst – mehr als 2000 Opfer auf dem Kerbholz hat: Etwa so viele computergesteuerte Bösewichte muss man nämlich als Nathan im Laufe der vier *Uncharted*-Spiele erledigen.

Diese Spannung zwischen Identifikation und Distanz, zwischen eigenem und fremdem Handeln, die sich im Begriff »erlebtes Handeln« ausdrücken soll, ist auch für die anderen gängigen Außenperspektiven elementar, denen man in Computerspielen begegnen kann: die flache Seitenansicht (die »Side-scrolling«-Perspektive) und die isometrische Perspektive von schräg oben. Auch die meisten Games, die aus der Perspektive der ersten Person gespielt werden, allen voran die Ego- oder First-Person-Shooter, lösen diese Spannung nicht einseitig zugunsten der Handlungsperspektive der ersten Person auf. Der Avatar ist dabei in der Regel zwar nur partiell über seine Unterarme, seine Hände und vor allem die Waffen, die er darin hält, zu sehen – aber er ist eben doch zu sehen. Das Besondere an dieser Perspektive ist, dass der Eindruck erzeugt wird, der eigene Blick auf die Spielwelt sei identisch mit dem Blick des Avatars. Wir sehen, was er sieht, beziehungsweise er sieht, was wir sehen. »Der Spieler leiht«, wie es die Medienwissenschaftlerin Britta Neitzel formuliert hat, »dem Avatar seinen Blick«.[13] Damit wird auch ein Teil des eigenen Körpergefühls in die Welt des Spiels transportiert, was sich nach Neitzel unter anderem in dem gruselerregenden Gefühl niederschlagen kann, jemand - oder etwas! - befinde sich hinter dem eigenen Rücken.[14] Obwohl die Perspektive der ersten Person in Ego-Shootern dominiert, mischt sich auch hier die Perspektive der dritten Person dazu. In *Wolfenstein: The New Order* (2014) ballere ich mich etwa als amerikanischer Supersoldat B. J. Blazkowicz durch Horden von Nazisoldaten auf dem Mond, wobei das Handlungserleben trotz der Perspektive der ersten Person zwischen den beiden Polen von »ich« und »B. J. Blazkowicz« aufgespannt ist: Ich, der ich aber nicht ich, sondern eben B. J. Blazkowicz bin, werde hier zum Nazijäger in einem grotesken parahistorischen Szenario.

Der französische Dichter Arthur Rimbaud hat im Zuge einer Reflexion über die Frage, was es heißt, der Autor eines Werkes zu sein, den Satz geprägt: »*Je est un autre.*« - »Ich ist ein anderer.«[15] Rimbaud wollte damit zum Ausdruck bringen, dass das vermeintlich autonome Autoren-Ich gar nicht so autonom ist, wie es denkt. Vielmehr äußere sich beim Schreiben eine fremde, verborgene Stimme, die erst im Nachhinein, gewissermaßen rückwirkend, zum eigenen Ich deklariert wird. Wenn auch unter deutlich anderen Vorzeichen, so passt der Satz vom Ich als einem anderen doch erstaunlich gut auf das geradezu paradoxe Verhältnis von Ich und Avatar, in das der Gamer eingespannt ist. Wie wir nämlich gesehen haben, können wir uns in vielen Computerspielen auf objektive, das heißt auf sicht-, hör- und spürbare Weise als jemand anderen erleben – oder, umgekehrt betrachtet, wir erleben jemand anderen als uns. Und zwar ohne dass sich diese Spannung zwischen dem Ich und dem anderen während des Spielens je ganz auflösen ließe. Denn in dem Moment, indem sich der Spieler ganz und gar in sein alltägliches Selbst zurückgezogen hat, spielt er nicht mehr.

In Computerspielen ist es also möglich, das eigene Ich im Gewand eines anderen beim Handeln zu erleben. Das heißt, man kann jemand sein, der man nicht ist, und Dinge tun, die man nicht tut. In der Wendung »Dinge, die man nicht tut« schwingt eine für unsere Zwecke höchst produktive Doppeldeutigkeit zwischen Tatsachenbeschreibung und normativer Vorschrift mit: Zum einen vermögen wir in Videospielen Dinge zu tun, die wir außerhalb von ihnen faktisch nicht tun oder nicht tun können, wie zum Beispiel Monster besiegen, indem wir ihnen auf den Kopf hüpfen, oder auf die doppelte Größe anwachsen, indem wir einen Pilz verzehren. Zum anderen ist es im Rahmen von Computerspielen aber auch möglich, Dinge zu tun, die in Wirklichkeit nicht nur rechtlich, sondern auch moralisch verboten sind. Und just das – man muss es offen gestehen – macht für viele einen nicht zu unterschätzenden Reiz von Computerspielen aus.

Dieses Eingeständnis verlangt nun geradezu nach einer ethischen Reflexion, die sich einmal ganz grundsätzlich mit dem Verhältnis von Moral und Computerspielen beschäftigt. Gibt es überhaupt unmoralische Spiele? Wenn ja, dürfen wir sie spielen? An ihnen Freude haben? In ihnen Dinge tun, die in Wirklichkeit moralisch falsch wären? Auf diese und weitere moralischen Fragen, die sich hier unmittelbar aufdrängen, wollen wir im nächsten Teil nach Antworten suchen.

ZWEITER TEIL

MORAL

DIE HERAUSFORDERUNG DES AMORALISMUS

Eine neue Mission zu starten – es dürfte wieder ein aufwendiger Banküberfall werden –, ist mir gerade einfach zu viel. Stattdessen spaziere ich lieber auf dem Bürgersteig durch die Innenstadt von Los Santos, bis ich einen schnittigen Sportwagen an einer Ampel stehen sehe. Zeit für ein bisschen Action. Ich renne hin, reiße die Fahrertür auf und werfe die Fahrerin unsanft aus ihrem Auto. Dann springe ich hinein und gebe Vollgas. In halsbrecherischem Tempo jage ich durch die Straßen und erwische schon beim ersten Zebrastreifen frontal drei Passanten, die es wie Stoffpuppen durch die Lüfte schleudert. Nun wird die Polizei auf mich aufmerksam. Der erste von fünf möglichen Sternen leuchtet auf. An der Anzahl der Sterne kann ich ablesen, wie sehr ich ins Visier der Gesetzeshüter geraten bin. Mal sehen, wie lange ich es diesmal schaffe, bis die Bullen mich kriegen – tot oder lebendig. Verzeihung, das Wort »Bullen« ist mir so rausgerutscht. Ich spiele nun mal einen Verbrecher – und habe gerade ganz andere Sorgen: Ein Streifenwagen versucht, mich von der Fahrbahn zu drängen. Ich feuere mit meiner Uzi aus dem fahrenden Wagen, bis mein Verfolger tot aufs Lenkrad fällt. Nun sind es schon drei Sterne. Ab jetzt ist mit Straßensperren zu rechnen. Doch so weit kommt es diesmal gar nicht. Nach einigen Kollisionen, die ich auf meiner Flucht verursacht habe, ist nicht nur die Karosserie meines Wagens verbeult, inzwischen steigt auch schon Rauch aus der Motorhaube. Ein Streifenwagen knallt mit voller Wucht in meine Fahrerseite. Das Auto brennt lichterloh und fährt nicht mehr. Wie oft muss ich den Knopf mit dem grünen Dreieck denn noch drücken, damit dieser depperte Kriminelle endlich aussteigt? Zu spät. Eine Explosion, das Bild wechselt von Farbe zu Schwarz-Weiß, und ich sehe in Zeitlupe, wie das flammenumhüllte Wrack durch die Druckwelle emporgehoben wird. Das auf dem Bildschirm erscheinende *wasted* (»Außer Gefecht«) lässt keine Zweifel aufkommen: Das war's. Ich bin tot. Nun ja, was »tot« in *Grand Theft Auto V* eben heißt: Meine Figur ist um ein paar Hundert Dollar ärmer und erwacht vor dem nächstgelegenen Krankenhaus von Neuem zum Leben; sie »respawnt«, wie es im Gamerjargon heißt.

Raub, Sachbeschädigung, schwere Körperverletzung in mehreren Fällen und Mord an einem Polizisten – das sind die Untaten, die ich innerhalb weniger Minuten begangen habe und die typisch sind für Millionen von Spielern, die sich seit Jahrzehnten an der *GTA*-Reihe erfreuen. Wobei – was heißt hier »erfreuen«? Ist jemand, der so etwas spielt, nicht zwangsläufig ein Zyniker? Und ist das, war er im Spiel tut, nicht moralisch verwerflich?

Nun, der Spieler verfügt über eine einfach zu handhabende Allzweckwaffe, mit der sich anscheinend alle moralischen Angriffe parieren lassen. Er kann nämlich schlicht darauf verweisen, dass das moralisch inkriminierte Computerspiel eben bloß ein Spiel und daher nicht ernst gemeint sei. Auf den ersten Blick ist das durchaus einleuchtend. Schließlich haben wir ja bereits gesehen, dass eines der zentralen Merkmale des Spiels gerade sein Kontrast zu einer nicht-spielerischen Normalität ist. Und es scheint auch plausibel zu sein, dass die moralischen Standards, an denen wir Handlungen messen, nur für die nicht-spielerische Wirklichkeit gelten.

Im Alltag gelten etwa das Lügenverbot und das Verbot, anderen Menschen körperlichen Schaden zuzufügen. Sicher gibt es für beides auch Ausnahmen, nämlich wenn eine Notsituation herrscht, in der dann die Notlüge beziehungsweise die physische Notwehr zulässig ist. Generell aber gilt: Du sollst nicht lügen und du sollst niemanden verletzen. Beide Verbote werden nun im Rahmen bestimmter Spiele eingeschränkt - und zwar ohne dass eine Notlage vorläge. Beim Würfelspiel *Mäxle* steht das Lügen, neben dem Würfeln selbst, im Zentrum des Spiels. Das allgemeine Lügenverbot ist hier offensichtlich außer Kraft gesetzt. Beim Boxen wiederum ist es nicht nur erlaubt, sondern gefordert, den Gegner mit Faustschlägen zu bearbeiten, ihn idealerweise sogar so heftig zu treffen, dass er das Bewusstsein verliert. Für die Dauer des Boxkampfes ist also das allgemeine Verletzungsverbot aufgehoben. Schon Huizinga hat ganz im Sinne dieser Exempel davon gesprochen, dass »in der Sphäre eines Spiels [...] die Gesetze und Gebräuche des gewöhnlichen Lebens keine Geltung« haben.[1] Oder, wie er an anderer Stelle noch drastischer formuliert: »Das Spiel liegt außerhalb der Disjunktion [...] von Gut und Böse.«[2]

Eine solche Position kann man als *ludischen*, das heißt auf das Spiel bezogenen, *Amoralismus* bezeichnen. Amoralismus ist dabei streng von Immoralismus zu unterscheiden. Man kann sich den Unterschied, der in den Vorsilben »A-« und »Im-« liegt, gut anhand der Differenz zwischen Arationalität und Irrationalität klarmachen. Ein Stein ist arational, weil er gänzlich aus dem Bereich des rationalen, also an Gründen orientierten, Denkens und Handelns herausfällt. Der Mensch ist im Gegensatz zum Stein ein grundsätzlich rationales Wesen; er denkt und handelt aber manchmal irrational, zum Beispiel wenn er sich noch ein drittes Bier bestellt, obwohl es vernünftiger wäre, gleich nach Hause zu gehen. Irrational ist also, wer gegen die Forderungen der Rationalität verstößt. Arational ist dagegen, wer diese Forderungen gar nicht vernehmen kann. Analog verhält es sich auch mit Amoralismus und Immoralismus. Der Amoralismus besagt nicht, dass das, was ich etwa in meinem kleinen *GTA V*-Spielbericht geschildert habe, gegen die Moral verstößt, sondern dass alles, was man in *GTA V* oder sonst in einem Spiel tut, »jenseits von Gut und Böse« ist, sich also einer moralischen Beurteilung grundsätzlich entzieht.[3]

Auch wenn Huizinga aufgrund der eben zitierten Aussagen leicht als Gewährsmann des ludischen Amoralismus erscheinen könnte, ist er zumindest in einer Hinsicht das genaue Gegenteil. Das macht folgende Überlegung ganz am Ende seines Buches deutlich:

> *Das Spiel an sich, so sagten wir zu Anfang, liegt außerhalb der Sphäre der sittlichen Normen. Es ist an sich weder böse noch gut. Wenn aber der Mensch eine Entscheidung zu treffen hat, ob eine Tat, zu der sein Wille ihn treibt, ihm als Ernst vorgeschrieben oder als Spiel erlaubt ist, dann bietet ihm sein sittliches Gewissen einen Prüfstein.*[4]

Eine bemerkenswerte Passage, denn sie weist darauf hin, dass Spielen sehr wohl etwas mit Moral zu tun hat. Wenn es darum geht, ob eine bestimmte Tätigkeit überhaupt als Spiel infrage kommt, liegt das entscheidende Wort beim moralischen Gewissen. Nur diejenigen Tätigkeiten, die seinem strengen Prüfblick standhalten, erhalten überhaupt Einlass in das Reich des Spiels. Dem Mantra des Amoralisten »Das ist doch nur ein Spiel« wird der Moralist à la Huizinga daher zumindest in manchen Fällen entgegnen: »Nein, *so etwas* spielt man nicht!« Das wiederum ist im Grunde gleichbedeutend mit der Aussage, dass es sich im betreffenden Fall gar nicht um ein Spiel handelt, sondern um eine Tätigkeit, die sich unrechtmäßig mit dem Titel »Spiel« schmückt.

Betrachten wir dazu ein Beispiel aus der Welt der Fiktion. Der Film *The Most Dangerous Game* aus dem Jahr 1933 (der etwas alberne deutsche Titel lautet *Graf Zaroff – Genie des Bösen*) handelt von dem schiffbrüchigen Autor und Großwildjäger Bob Rainsford, der auf der Privatinsel des russischen Grafen Zaroff strandet. Dieser ist ebenfalls passionierter Jäger, wenn auch ein Jäger besonderer, teuflischer Art: Seine bevorzugte Beute sind Menschen. Nun wäre es jedoch absurd, wenn ein realer Zaroff sein mörderisches Tun mit dem Hinweis rechtfertigen würde, es sei doch »nur ein Spiel«. Der Menschenjagd verweigert das moralische Gewissen vielmehr völlig zu Recht den Zutritt in das Universum der Spiele.[5]

Der Computerspieler, der sein Lieblingsmedium frei von jeglicher moralischen Beurteilung halten möchte, hat gleichwohl scheinbar noch ein amoralistisches Ass im Ärmel: die Virtualität. So kann er durchaus zugestehen, dass eine *reale* Menschenjagd moralisch zu verurteilen und somit kein wirkliches Spiel sei. Gänzlich anders liege die Sache jedoch, wenn das Spiel nur Teil einer Fiktion sei. Der Film *The Most Dangerous Game* selbst sei beispielsweise nicht unmoralisch, weil es sich nun einmal nicht um einen echten Fall von Menschenjagd handele. Ebenso wenig könne irgendein Computerspiel moralisch verurteilt werden, denn schließlich sei alles, was in seinem Rahmen geschehe, nur virtuell. Auch die besondere Interaktivität des Computerspiels – also der Umstand, dass man womöglich Figuren von der moralischen Verkommenheit eines Graf Zaroff nicht nur sieht und hört, sondern sogar selbst steuert – ändere nichts an dieser Tatsache.

Der Ausdruck »Virtualität« ist nun allerdings durchaus schillernd und bedarf der Klärung. Ohne näher auf seine lange und komplexe Begriffsgeschichte, die in der mittelalterlichen Scholastik beginnt, einzugehen, kann man, wie der australische Philosoph David Chalmers festgestellt hat, gegenwärtig zwei Verwendungsweisen des Ausdrucks unterscheiden: Zum einen bedeutet »virtuell« so viel wie »als ob« oder »Schein...« und zum anderen schlicht »computergeneriert«.[6]

Ein virtuelles X kann demnach ein Schein-X sein – also etwas, was bloß den Anschein erweckt, dass es ein X sei – oder aber auch eine computergenerierte Version von X. Je nachdem, was man für X einsetzt, kann beides zugleich oder aber nur eines von beidem der Fall sein. Ein Beispiel: Ein virtueller Taschenrechner kann etwas sein, das gar kein Taschenrechner, sondern bloß eine Attrappe in einem Film ist. Es könnte sich aber auch um eine computergenerierte Attrappe im Rahmen eines Computerspiels handeln, also um eine bildhafte Repräsentation eines Taschenrechners, mit der sich freilich gar nicht interagieren, sprich: rechnen, lässt. Außerdem gibt es computergenerierte Versionen von Taschenrechnern, die wie *wirkliche* Taschenrechner funktionieren und daher auch solche *sind*.[7] Man findet sie als App auf fast jedem Smartphone.

Da Computerspiele nun einmal besondere technische, nämlich computerbasierte Artefakte sind, ist es sinnvoll, die Rede von »Virtualität«, »virtueller Realität« oder »virtuellen Welten« in ihrem Zusammenhang zunächst im Sinne von »durch Computertechnologie erzeugt« zu verstehen. Das entspricht auch der von Chalmers vorgeschlagenen Bedeutung des Begriffs der virtuellen Welt als einer »interaktiven computergenerierten Umgebung«.[8] Eine Definition, die zeigt, wie wohltuend es sein kann, die überflüssige semantische Luft aus einem mit Bedeutung überladenen Begriff herauszulassen. Davon abgesehen sind aber natürlich die meisten Games, wie wir bereits gesehen haben, auch in dem Sinne virtuell, dass sie eine Scheinwelt erzeugen, eine fiktive Welt, an der der Spieler im Modus des Als-ob teilhat.

Was folgt nun aus diesen Überlegungen für die moralische Bewertung der virtuellen Untaten aus *GTA V*, die ich dem Leser zu Beginn dieses Kapitels gestanden habe? Immerhin, es sieht so aus, als könnte ich mich damit entschuldigen, dass alles, was ich getan habe, eine *computergenerierte Fiktion* und damit im doppelten Sinne virtuell war: Niemand wurde wirklich beraubt, niemand wirklich überfahren und niemand wirklich erschossen. Ganz anders also als beim Boxen oder beim Würfelspiel *Mäxle*, wo ja wirklich Menschen geschlagen beziehungsweise belogen werden. Sollte sich angesichts meines *GTA V*-Spielberichts – oder auch sonst irgendeines Games – dennoch das sittliche Gewissen melden, müsste es sich dem Amoralismus zufolge um einen Fehlalarm handeln, der durch eine Verwechslung von virtueller Fiktion und nichtvirtueller Wirklichkeit ausgelöst wurde.

Aus der Sicht des Amoralisten ist es daher auch nicht weiter überraschend, dass Spieler von *GTA V*, die ähnliche Spielerlebnisse wie die oben berichteten teilen, sich in aller Regel nicht als Übeltäter empfinden. Zu unrealistisch, zu überzeichnet ist das alles. Die computergesteuerten Figuren, sogenannte *non-player characters* (kurz: NPC), sind beispielsweise trotz der beeindruckenden Grafik eindeutig als seelenlose Figuren ohne jede Individualität zu erkennen. Unter diesen Voraussetzungen wird das erlebte Handeln der Spieler von keinerlei moralischen Empfindungen begleitet.[9] Dementsprechend gibt es auch unter Ethikern Stimmen, die Computerspiele grundsätzlich nicht als unmoralisch, sondern allenfalls unter bestimmten Bedingungen als geschmacklos oder anstößig bezeichnen würden.[10]

Für den geschilderten Fall aus *GTA V* mag das alles gelten. Es lassen sich jedoch andere Beispiele finden, bei denen der Spieler entgegen allen amoralistischen Tendenzen ein gewisses moralisches Unbehagen oder womöglich sogar eine tiefe moralische Ablehnung verspüren wird. Beides kann sogar dazu führen, dass er das Spiel abbricht. Was die folgenden konkreten Beispiele angeht, so ist es gut möglich, dass jemand eine andere Spielerfahrung gemacht hat, als ich sie gleich beschreiben werde. Bekanntlich widerlegen Ausnahmen keine Regeln, sondern bestätigen sie. So geht es im Folgenden um reguläre, typische Reaktionen, die in der Summe plausibel machen sollen, dass der ludische Amoralist nicht ganz recht haben kann. Insbesondere Leser mit fein ausgeprägten moralischen Sensibilitäten mögen dem Autor die folgende Darstellung von Grenzverletzungen verzeihen. Sie ist notwendig, um deutlich zu machen, dass das Motto des Amoralisten – »Es ist doch nur ein Spiel!« – manchmal einfach ins Leere läuft.

Für das erste Beispiel können wir bei *Grand Theft Auto V* bleiben. Allerdings geht es nun nicht um die bereits diskutierten virtuellen Straftaten, die man abseits der Missionen begehen kann, sondern um eine Szene, die der Spieler spielen *muss*, wenn er in der Geschichte von *GTA V* vorankommen und sie durchspielen möchte.

Im Rahmen der Mission »By the Books« (»Streng nach Vorschrift«) muss der Spieler auf Geheiß eines Beamten der Bundespolizei FIB (Federal Investigation Bureau) einen Mann foltern, um an Informationen über eine dritte Person zu kommen. Insgesamt dreimal muss der Spieler den Mann misshandeln, indem er ihm entweder mit einer Zange einen Zahn zieht, ihm Elektroschocks verpasst, ihn einem Waterboarding unterzieht oder ihn mit einem Schraubenschlüssel malträtiert. Vom Gameplay her laufen diese Folterungen über eine Art spielinternes Minispiel ab, während dessen die sonst übliche Bewegungs- und Handlungsfreiheit des Spielers stark eingeschränkt ist. Nur das Drücken einer ganz bestimmten Tastenkombination lässt das Spiel in Form einer vorgefertigten Foltersequenz, die das Geschehen einschließlich der Schreie des wehrlosen Opfers in seiner ganzen Grausamkeit wiedergibt, weiterlaufen.

Auch wenn es zum Spielprinzip von *GTA V* gehört, schwere Verbrechen zu begehen, hebt sich die Folterszene doch stark vom Rest des Spiels ab. Sie besitzt in moralischer Hinsicht eine andere, grenzüberschreitende Qualität. Als Spieler fragt man sich, ob einem das Spiel *das* gerade wirklich zumutet? Die veränderte Wahrnehmung hat vor allem damit zu tun, dass das Spiel anders als beim freien Spiel hier an narrativer Tiefe gewinnt. Ich überfahre nicht etwa offensichtliche Computerfiguren ohne Innenleben und Persönlichkeit wie bei meiner oben geschilderten Amokfahrt. Stattdessen präsentiert uns das Spiel nun eine echte Person – das heißt natürlich »echt« im Rahmen der Fiktion, aber das spielt keine Rolle. Sofern wir nämlich spielen, sind wir aufgefordert, uns auf diese Fiktion imaginativ einzulassen und so zu tun, als ob sie Wirklichkeit wäre. Der Name unseres Opfers ist Ferdinand Kerimov. Er ist Heimkinotechniker und Familienvater. Er scheint Christ zu sein. Zumindest trägt er ein Kreuz um seinen Hals. Während wir ihn foltern, bettelt er um Gnade, schreit vor Schmerzen und weint bitterlich.

Diese Szene macht definitiv keinen Spaß, und es spricht viel dafür, dass sie auch keinen Spaß machen soll. Die grotesk überzeichnete Leichtigkeit, die *GTA V* ansonsten auszeichnet, verblasst hier fast vollständig. Wem das Geschehen aber sehr wohl Freude bereitet, ist unsere Spielfigur Trevor Philipps. Dadurch entsteht eine Spannung auf der Ebene des erlebten Handelns: Ich als Spieler handele als jemand, der ich gar nicht sein will, und tue Dinge, die mir moralisch zuwider sind. Bezeichnend ist die Reaktion des YouTubers Gronkh, der mit fast fünf Millionen Abonnenten zu den bekanntesten professionellen Gamern Deutschlands zählt. Im Rahmen seines »Let's Play« von *GTA V* spielte Gronkh auch die obligatorische Foltermission seinem Publikum vor. Bei der entsprechenden Stelle angekommen, ruft er entsetzt: »Boah, Alter! Waswaswaswaswas!? ... Alter, Alter, Nein! Hör auf! Trevor!«[11] Offenkundig kommt es hier zu einer moralisch bedingten Dissoziation im erlebten Handeln: Gronkh nimmt sofort Distanz ein zu dem, was Trevor da im Spiel tut, obwohl ja er es ist, der die Figur steuert. Diese Entfremdung vom eigenen Avatar kann sogar dazu führen, dass der Spieler den Controller erst mal beiseitelegt und wartet. Vielleicht muss man nur lange genug nichts tun, und das Spiel nimmt dann einen anderen Verlauf? Sobald klar wird, dass das nicht der Fall ist, kann sich auch die Frage aufdrängen, ob man nicht besser ganz ausschalten sollte.

Da die narrative Einbettung der Folterszene offenbar den entscheidenden Unterschied zu den »normalen« Übeltaten beim Freispiel von *GTA V* ausmacht, ist es für die richtige Einordnung dieser Szene unerlässlich, mehr zur Spielfigur und zum Ausgang dieser Mission zu sagen.

Trevor ist einer von drei Gangstern, die der Spieler im Verlauf des Games steuert. Trevor ist durchgeknallt, gewaltvernarrt und unberechenbar. Seine extreme soziale Unangepasstheit hat aber auch eine humoristische Seite. Dazu muss man wissen, dass *GTA V* in erster Linie kein hartes, düsteres Gangsterspiel ist, sondern eine Satire auf eine narzisstische US-Gesellschaft, die von materialistischer Oberflächlichkeit, Ruhmsucht, Hedonismus und korrupten staatlichen Behörden geprägt ist. In der Welt von *GTA V* kommt der Psychopath Trevor somit paradoxerweise zuweilen als verquerer Sympathieträger rüber, weil er im Gegensatz zu den meisten anderen Figuren in seinem grenzüberschreitenden Wahnsinn immer unverstellt und authentisch ist und außerdem hin und wieder überraschende Tugenden wie Loyalität und Solidarität an den Tag legt. Das gilt insbesondere auch für die Foltermission. Denn Trevor ist zwar einerseits ein dem Sadismus nicht abgeneigter Folterknecht, andererseits fährt er sein Opfer nach der Tortur auf eigene Faust zum Flughafen, damit Kerimov schnellstmöglich das Land verlassen und sein Leben retten kann. Der FIB-Beamte hatte eigentlich seine Tötung angeordnet. Während der Fahrt zum Flughafen, die die Mission abschließt, hört der Spieler Trevor Folgendes sagen:

> *Die Medien und die Regierung wollen uns glauben machen, dass Folter etwas Notwendiges ist. Wir brauchen sie, um Informationen zu sammeln, um uns durchzusetzen. Haben wir aus dir Informationen rausbekommen? [...] Folter ist für den Folterknecht da ... oder für den Typen, der dem Folterknecht die Befehle gibt. Man foltert aus Spaß an der Freude – wir sollten das alle zugeben. Als Mittel zur Informationsbeschaffung ist Folter nutzlos.*

Hier wird nicht nur konkret Kritik am US-amerikanischen Einsatz von Folter im »Krieg gegen den Terror« geübt, sondern auch eine allgemeine Gesellschafts- und Medienkritik formuliert, die nicht zuletzt das Medium Computerspiel und *GTA V* selbst mit einschließt. *GTA V* macht also die eigene moralische Grenzüberschreitung zum Thema der Kritik und hält damit auch dem Spieler den Spiegel vor: Hattest du nicht vielleicht doch irgendwie Spaß daran, so zu tun, als ob du ein wehrloses Opfer foltern würdest?[12] Man kann hier durchaus von einer moralischen Selbstreflexion des Spiels sprechen. Ob das ausreicht, um die Folterszene ethisch zu rechtfertigen, oder ob es aus Sicht der Entwickler moralisch nicht besser gewesen wäre, sie nicht zu programmieren, beziehungsweise ob der Spieler sie gar nicht erst spielen sollte, sind Fragen, die hier offenbleiben dürfen. Der springende Punkt ist: Wenn der Amoralismus recht hätte, könnte es eine moralische Selbstreflexion eines Computerspiels ebenso wenig geben wie sinnvolle moralische Skrupel aufseiten des Spielers. Wie die Foltermission aus *GTA V* jedoch zeigt, findet man sehr wohl für beides Belege.

Im Jahr 2003 erschien von dem schottischen Entwickler Rockstar North, der auch für die neueren *GTA*-Spiele verantwortlich ist, das Spiel *Manhunt*. Darin steuert der Spieler den zum Tode verurteilten Sträfling James Earl Cash aus der Perspektive der dritten Person. Cash erwacht nach seiner vermeintlichen Hinrichtung erneut in Gefangenschaft. Er befindet sich in der Gewalt einer ihm unbekannten Person, die sich selbst nur »the Director«, also der Regisseur, nennt und die mit ihm über Funk kommuniziert. Cash wird die Freiheit versprochen, wenn er den Befehlen des Regisseurs Folge leistet. Er soll in einem tödlichen »Spiel« gegen Gangmitglieder antreten, die auf ihn angesetzt wurden. Cash soll sie töten, bevor sie ihn erwischen. Wie sich im Laufe von *Manhunt* herausstellt, dreht der Regisseur mit Cash in Wahrheit einen sogenannten Snuff-Film, der reale Tötungen und Morde zur Befriedigung perverser – insbesondere sexueller – Gelüste zeigt.

Das Gameplay besteht hauptsächlich darin, sich durch die verschiedenen Areale des Spiels zu bewegen und sich unbemerkt an die Gegner heranzuschleichen, um sie hinterrücks auszulöschen. Dem Spieler beziehungsweise Cash steht zu diesem Zweck eine Reihe von Waffen zur Verfügung, darunter Plastiktüten, Messer, Baseballschläger, Glasscherben und Brechstangen. Führt der Spieler eine Tötung erfolgreich aus, bekommt er eine Exekutionsszene zu sehen, die als Aufzeichnung einer Überwachungskamera präsentiert wird. Wie brutal die Exekution ausfällt, hängt davon ab, wie lange es dem Spieler vor seinem Angriff gelungen ist, unbemerkt hinter seinem Opfer zu verweilen. Eine hastig ausgeführte Exekution ist weniger brutal als eine, die in Ruhe vorbereitet wurde. Je brutaler ein Mord, umso mehr Punkte bekommt der Spieler.

Am Ende eines jeden Levels erhält der Spieler eine Wertung von bis zu fünf Sternen.

In einer klugen Rezension für das Magazin *Telepolis* schrieb Thomas Willmann, *Manhunt* sei »Gewaltpornografie« und stehe dazu.[13] In der Tat gleicht, wie Willmann feststellt, die Inszenierung der Exekutionssequenzen, auf die der Spieler wieder und wieder als Belohnung und Höhepunkt seiner spielerischen Bemühungen hinarbeitet, der in der Pornobranche als *cum shot* bekannten filmischen Zurschaustellung der Ejakulation. Zugleich ist die Art und Weise der Gewaltdarstellung roh und direkt, ohne jegliche ironische Brechung und ohne jede Überziehung ins Komisch-Lächerliche, wie sie etwa in vielen Splatter-Filmen zu finden ist. Wie anders als vernichtend könnte daher das moralische Urteil über *Manhunt* ausfallen? Kein Wunder, möchte man meinen, dass das Spiel in Deutschland zunächst von der Bundesprüfstelle für jugendgefährdende Medien indiziert und wenig später aufgrund eines Urteils des Amtsgerichts München, das einen Verstoß gegen §131 StGB (Gewaltdarstellung) feststellte, beschlagnahmt wurde.[14]

Und doch ist es möglich, auch an *Manhunt* gewisse Aspekte zu entdecken, die dieses eindeutig negative moralische Urteil unter Umständen infrage stellen. Nicht von der Hand zu weisen ist nämlich, dass das Spiel es geschickt versteht, den Spieler gewissermaßen in dieselbe Situation zu bringen, in der sich seine Spielfigur innerhalb der fiktiven Geschichte befindet: Wenn er das Spiel durchspielen möchte, bleibt ihm nichts anderes übrig, als auf die Anweisungen des Regisseurs zu hören und seine Spielfigur meucheln zu lassen. Zugleich gerät er dadurch aber selbst in eine Rolle, die der des Produzenten eines Snuff-Films ähnelt: Er selbst lässt ja durch die

Tatsache, dass er das Spiel nicht einfach ausschaltet, sondern weiterspielt, das gewaltpornografische Ereignis namens *Manhunt* zu einer medialen Wirklichkeit werden. Die Identifikation des Spielers changiert daher zwischen Cash, den er steuert, und dem Regisseur, dessen Stimme ihn durch das Spiel leitet. Thomas Willmann sieht in dieser verstörenden Dopplung der Identifikation eine »Bewusstmachung sowohl der eigenen Spielmechanik – die eben auch den Spieler zu einer bestimmten Handlungsabfolge zu nötigen versucht – als auch unserer (von uns vielleicht sonst gern stumm gehaltenen) ›inneren Stimme‹ beim Spielen, die auf den nächsten virtuellen Mord giert«.[15]

Bei den meisten Spielern von *Manhunt* dürfte sich daher trotz des Bewusstseins, dass es sich um ein Computerspiel handelt, das Gefühl einer moralischen Grenzüberschreitung einstellen.[16] Genau darin aber liegt ein möglicher Ansatz zu seiner moralischen Legitimation. Denn die eben beschriebene und vom Spiel provozierte Selbsterkenntnis, dass in uns die Lust an Gewalt und Vernichtung schlummert, besitzt durchaus einen moralischen Wert. Es ist schließlich gut, über die eigenen moralischen Abgründe Bescheid zu wissen, um nicht in sie hinabzustürzen.

Ähnliche Argumentationsmuster sind aus der Diskussion von Skandalfilmen wie etwa Michael Hanekes *Funny Games* (1997) bekannt. Wo das eine Lager Gewaltverherrlichung erkennt, sieht das andere eine reflexive Kritik an der medial inszenierten Lust an Gewalt. In Hanekes Film kommt es mehrmals zur Durchbrechung der sogenannten vierten Wand, die die Welt der Fiktion von der realen Welt des Zuschauers trennt. So blickt etwa an einer Stelle des Films einer der beiden Mörder direkt in die Kamera, zwinkert dem Zuschauer zu und macht ihn so zum Mitwisser und Mittäter. Ein ähnlich bewusstes Verfahren, um den Spieler zum moralischen Nachdenken anzuregen, findet sich – anders als in *GTA V* – in *Manhunt* jedoch nicht. Insofern bleiben zumindest starke Zweifel, ob dieses Spiel moralisch zu rechtfertigen ist.

Der polnische Entwickler Destructive Creations brachte 2015 das Spiel *Hatred* auf den Markt. Schon im Vorfeld der Veröffentlichung lösten die entsprechenden Werbetrailer Empörung aus, was natürlich der Nachfrage nach dem Spiel eher nützte als schadete. Die Rahmengeschichte von *Hatred* ist ebenso plump wie dünn: Das Spiel beginnt mit einer in Schwarz-Weiß gehaltenen Videosequenz, in der wir einen langhaarigen, muskulösen Kerl in schwarzem Ledermantel sehen, der sich mit Handgranaten, Schusswaffen, Munition und einem großen Jagdmesser ausrüstet. Dabei hören wir folgenden inneren Monolog, der von einer Bassstimme in gekünstelt-theatralischem Ton vorgetragen wird:

> *Mein Name ist nicht wichtig. Wichtig ist, was ich gleich tun werde … Verdammt noch mal, ich hasse diese Welt. Und die menschlichen Würmer, die sich an ihrem Kadaver laben. Mein ganzes Leben ist nur kalter, bitterer Hass. Und ich wollte immer gewaltsam sterben. Jetzt ist die Zeit der Rache, und kein Leben ist es wert, gerettet zu werden. Und ich werde so viele ins Grab bringen, wie ich nur kann. Es ist Zeit für mich zu töten. Und es ist Zeit für mich zu sterben.*

Die Figur tritt daraufhin aus dem Haus, die Filmszene endet, und die Kamera schwenkt um in eine isometrische Ansicht von schräg oben. Damit übernimmt der Spieler die Steuerung des Amokläufers. Das Spielprinzip besteht nun schlicht darin, die Ankündigung aus der Eingangssequenz wahr zu machen, indem man so viele wehrlose Zivilisten und ihnen zu Hilfe eilende Polizisten ermordet wie nur möglich. Die Schwarz-Weiß-Ästhetik wird das gesamte Spiel über beibehalten, nur die Blutspritzer der Opfer sowie einige Licht- und Feuereffekte heben sich in Farbe ab. Es findet also eine recht simpel gehaltene Ästhetisierung der Gewalt statt, die aber nicht ins Lächerliche überzogen wird.

Um wieder an Lebensenergie zu kommen, muss der Spieler an auf dem Boden liegende, um Gnade flehende Opfer herantreten und per Knopfdruck eine brutale Exekutionsszene auslösen. Ab und zu kommentiert die Spielfigur ihr mörderisches Tun mit einem zynischen, menschenverachtenden Spruch (etwa »Wie Lämmer zur Schlachtbank. Das gefällt mir« oder »Erbärmlich«). Auf diese Weise mordet sich die Spielfigur so lange durch verschiedene Areale, bis in einer weiteren *cutscence* – einer filmartigen Sequenz ohne Gameplay – das Endziel ausgegeben wird: Eine nahe liegende Atomkraftanlage soll gesprengt werden. In der filmischen Schlusssequenz wird die Spielfigur von Soldaten im Kontrollraum der Anlage gestellt und erschossen. Im Sterben liegend gelingt es ihr aber noch, die zuvor angebrachte Sprengladung zu zünden und für eine gewaltige Explosion zu sorgen, deren Feuersbrunst die Gebäude und Menschen im gesamten Umkreis vernichtet.

Anders als *Manhunt* (im Ansatz) und *GTA V* (in aller Deutlichkeit) bietet *Hatred* keinerlei Reflexion oder ironische Brechung des eigenen Spielgeschehens. Die narrative Rahmung, die Spielmechaniken und die ästhetische Inszenierung lassen keinen anderen Schluss zu, als dass es sich bei *Hatred* schlicht um eine Verherrlichung des Massenmordes in Form eines Computerspiels handelt, was wiederum die moralische Abscheu erklärt, die das Game auslöst.

Das vielleicht widerwärtigste Beispiel für ein Computerspiel, das eine starke moralische Abwehrreaktion hervorruft, ist das japanische *RapeLay* aus dem Jahr 2009, bei dem es sich im Grunde um einen Vergewaltigungssimulator handelt. Zum Glück ist das Spiel nicht repräsentativ für die Spielindustrie und dürfte insbesondere in westlichen Gefilden den allermeisten Spielern nicht einmal vom Namen her bekannt sein. In der japanischen Gamingszene, in der pornografische Genres durchaus verbreitet sind, dürfte dies aber anders aussehen. Das Ziel von *RapeLay* besteht darin, als verurteilter Sexualstraftäter eine Mutter und ihre beiden minderjährigen Töchter (17 und 12 Jahre) wieder und wieder zu vergewaltigen. Wird eines der Opfer schwanger, gibt es die Option, es zur Abtreibung zu zwingen. Die Verbrechen sind durch und durch interaktiv gestaltet und werden in pornografischer Ausdrücklichkeit zur Schau gestellt. Der Ekel, der einen allein schon beim Lesen dieser kurzen Spielbeschreibung überkommt, ist zweifellos moralischer Natur. Vor solcher Perversion erschaudert das sittliche Gewissen.

Im Lichte der eben geschilderten Beispiele erscheint die amoralistische These, Computerspiele seien in jedem Fall jenseits von Gut und Böse, als hohle Phrase, ja, als faule Ausrede zu dem Zweck, bloß keine moralische Verantwortung übernehmen zu müssen. Während *Manhunt* und *GTA V* zeigen, dass Computerspiele zumindest in der Lage sind, unser moralisches Urteilsvermögen auf den Plan zu rufen, müssen *Hatred* und *RapeLay* als Belege dafür gelten, dass manche Games die moralistische Reaktion »So etwas spielt man nicht!« verdienen. Unabhängig davon, ob der eine oder andere Spieler den einen oder anderen Fall im Detail anders bewerten würde, zwingen diese Beispiele in der Summe doch zu der Einsicht, dass es zumindest manche Computerspiele gibt, bei denen moralisch etwas im Argen liegt. Beim einzelnen Gamer mag die gesunde sittliche Intuition ausreichen, um zu wissen, dass er bestimmte Spiele besser nicht spielt. Für den Philosophen ergibt sich jedoch eine entscheidende Anschlussfrage: Wie lässt sich zeigen, dass unsere sittliche Intuition in diesen Dingen nicht nur ein subjektives Gefühl ist, sondern eine objektive moralische Wahrheit kundtut – dass also der Einspruch unseres Gewissens bei bestimmten Games zu Recht erfolgt? Eine Begründung dafür wird benötigt, solange weiter die These des Amoralismus im Raum steht, wonach sich bei Computerspielen alles nur im Virtuellen abspiele und somit weder deren moralische Beurteilung noch die Zuschreibung moralischer Verantwortung an Spieler oder Entwickler möglich sei. Dieser philosophischen Aufgabe wollen wir uns in den nächsten Kapiteln stellen.

VIRTUELLE WELTEN, REALE WELTANSCHAUUNGEN

Wie die Überlegungen der vorangegangenen Kapitel gezeigt haben, stellen uns Computerspiele vor ein schwieriges ethisch-philosophisches Rätsel: Einerseits handelt es sich bei ihnen eindeutig um virtuelle, das heißt computergenerierte Welten. Die meisten Gamewelten verfügen zudem über eine fiktive Dimension. Computerspiele sind also oft computergenerierte Fiktionen. Alles, was an Unmoralischem und Verbrecherischem in solchen Welten vorkommt, scheint daher gleichfalls nur virtuelle Fiktion zu sein. Sofern also niemand in der Wirklichkeit unmoralisch handelt und auch niemand in der Wirklichkeit Opfer eines Verbrechens wird, scheinen Games jenseits von Gut und Böse zu stehen und sich folglich unseren moralischen Kategorien zu entziehen. Genau davon sind jedenfalls die Amoralisten überzeugt. Andererseits haben wir eben anhand einer Reihe von Beispielen gesehen, dass manche Computerspiele unser moralisches Gewissen auf den Plan rufen – obwohl wir wissen, dass es sich um virtuelle Fiktionen handelt. Wie sollen wir mit dieser widersprüchlichen Gemengelage umgehen?

Wenn wir die Dinge genauer betrachten, zeigt sich, dass wir gute Gründe haben, unsere moralische Intuition gegen den Amoralismus zu verteidigen. Denn dieser hat einen blinden Fleck. Um diesen zu entdecken, müssen wir uns in Erinnerung rufen, was wir beim Nachdenken über die typischen

Merkmale von Computerspielen herausgefunden haben: Computerspiele sind interaktive Zeichensysteme, die über eine objektive und eine subjektive Seite verfügen.[1] Von ihrer objektiven Seite her sind Spiele Zeichengegenstände, von ihrer subjektiven Seite her bestehen sie aus den Handlungen des Spielers. Wir wollen uns zunächst ganz auf die objektive Seite konzentrieren, also das Computerspiel als einen interaktiven Zeichengegenstand unter die Lupe nehmen. Um zu verstehen, wie sich Zeichen eigentlich zu Fiktion und Realität verhalten, greifen wir erst noch einmal kurz den Zeichenbegriff selbst auf. Wenn wir nämlich eingesehen haben, dass und wie sich Zeichen auf Fiktion und Realität *zugleich* beziehen können, ist der entscheidende Schritt zur Widerlegung des Amoralismus getan.

Ein Zeichen ist im allgemeinsten Sinne etwas, das für etwas anderes steht. Das Wort »Kartoffelsalat« etwa steht für Kartoffelsalat, und das Stoppschild an der Kreuzung steht für das Gebot, das Fahrzeug anzuhalten. Zeichen stehen aber nicht einfach so für etwas anderes, sondern tun dies immer nur innerhalb eines kommunikativen Aktes. Überall, wo wir Zeichen finden, ereignet sich also irgendeine Form von Kommunikation. Das Kind antwortet auf die Frage nach seinem Lieblingsessen mit »Kartoffelsalat«, und die Straßenverkehrsbehörde bedeutet dem Fahrer mittels des Stoppschilds, sein Gefährt zum Stehen zu bringen. Umgekehrt beruht auch jeder kommunikative Austausch auf dem Einsatz von Zeichen. Diese können dabei – wie schon die Beispiele von »Kartoffelsalat« und »Stoppschild« andeuten – ganz unterschiedliche Funktionen erfüllen: Wir gebrauchen Zeichen, um etwas als Tatsache zu behaupten, um Befehle zu geben, aber auch um eine fiktive Geschichte zu erzählen, um Emotionen und Gefühle auszudrücken, um Werturteile zu fällen, um unbemerkt Einfluss auf andere zu nehmen und vieles mehr.

Der Amoralist unterstellt eine strikte Trennung zwischen Fiktion und Realität und behauptet, dass nur Letztere moralischen Urteilen unterliege. Dabei können sich Zeichen sehr wohl zugleich auf Fiktives und Reales beziehen. In historischen Romanen etwa baut die Fiktion auf echten geschichtlichen Tatsachen auf. Daher kann man aus historischen Romanen auch viel über die reale Geschichte lernen, etwa aus Umberto Ecos *Der Name der Rose* über das Mittelalter des 14. Jahrhunderts. Für unsere Antwort auf die amoralistische Herausforderung ist aber entscheidend, dass sich Fiktion und Realität auch auf andere Weise zeichenhaft miteinander verknüpfen lassen: Man kann mit Zeichen nämlich eine fiktive Geschichte erzählen und damit zugleich eine bestimmte Sicht auf die Welt und das Leben im Ganzen zum Ausdruck bringen. Eine solche Weltsicht besteht nicht aus neutralen Beschreibungen der (fiktiven) Tatsachen, sondern im Kern aus den Haltungen, Einstellungen und Wertungen, die ein Werk zur Gesamtheit der von ihm präsentierten Personen, Ereignisse und Tatsachen einnimmt.[2]

Fiktionale Werke, die eine Einstellung, Haltung oder Weltanschauung zum Ausdruck bringen, laden ihre Rezipienten immer auch ein oder fordern sie geradezu auf, diese Perspektive auf die Welt zu übernehmen. Das geschieht in direkter und deswegen besonders sinnfälliger Weise bei vielen Märchen und Fabeln – man denke an die »Moral von der Geschicht'« – oder auch bei Propagandakunst, die in der Regel sehr plakativ eine Botschaft vermittelt. Bei solchen Werken ist der Fall klar: Insofern sie sich mit ihrer Botschaft auf die Wirklichkeit beziehen, können sie auch ohne Weiteres ethisch beurteilt werden.[3] Eine solche ethische Beurteilung beschränkt sich dabei nicht auf die Moral im engeren Sinne – also auf Ge- und Verbote, auf das Gute und Böse –, sondern betrifft auch Fragen danach, wie klug, gedeihlich, tugendhaft und sinnstiftend die betreffende Weltanschauung ist.

Fabeln und Propagandawerke sind aber nicht die einzigen Genres, die mithilfe von Fiktionen reale Weltanschauungen zum Ausdruck bringen. Im Grunde dürfte dies auf die überwältigende Mehrheit fiktionaler – und insbesondere erzählender – Werke zutreffen. Das geschieht in der Regel natürlich nicht durch plumpe Deklarationen, sondern erfolgt mehr oder weniger subtil durch die Art und Weise, *wie* bestimmte Personen, Handlungen und Ereignisse dargestellt werden, oder auch durch Dinge, die – wie etwa der Titel eines Werkes oder eine Widmung – zur Rahmung der Fiktion gehören und die man in der Literaturwissenschaft als »Paratext« bezeichnet.[4] Etwas überspitzt könnte man also sagen, dass alle fiktionalen Werke eine Form der »Propaganda« sind – auch wenn sie sich subtilerer Mittel bedienen, um ihrer jeweiligen Weltanschauung Ausdruck zu verleihen.[5]

Der Literaturwissenschaftler Peter von Matt hat im Einklang mit diesen Überlegungen und mit Blick auf Literatur von einem »moralischen Pakt« gesprochen, den der »Text mit dem Leser schließt«, oder sagen wir besser: den der Text dem Leser nahelegt.[6] Das heißt, dass literarische Texte immer auch eine bestimmte normative und wertende Sichtweise auf ihre fiktive Welt einnehmen. Es ist, als spräche der Text zum Leser: »Wenn du mich *in meinem Sinne* lesen und genießen möchtest, dann musst du Folgendes für gut und richtig halten, dieses befürchten und jenes erhoffen, dieses bewundern und jenes verachten.« Der Philosoph Berys Gaut hat denselben Grundgedanken für die Kunst im Allgemeinen vertreten: Kunstwerke können moralisch relevante Einstellungen dadurch zum Ausdruck bringen, dass sie dem Rezipienten bestimmte Reaktionen auf die im Werk beschriebenen oder dargestellten Ereignisse vorschreiben.[7] Da der »moralische Pakt«, den Matt beschreibt, offenkundig nicht nur Ideen über das moralisch Ge- und Verbotene, sondern auch Vorstellungen vom guten und sinnvollen Leben beinhaltet, wäre der Ausdruck »ethischer Pakt« wohl angemessener.

Es ist allzu leicht, die Ebenen, um die es hier geht, zu verwechseln. Beispielsweise gibt es in der Fernsehserie *Sopranos* mit dem Mafiaboss Tony Soprano eine Hauptfigur, die brutal und gewissenlos ist und deren abgründiges Seelenleben ausführlich thematisiert wird. Die Serie fordert den Zusschauer gewissermaßen auf, sich vorzustellen, wie es ist, ein solch verkommener Mensch zu sein. Das allein ist aber noch kein Grund, die Serie oder ihre Zuschauer moralisch zu verurteilen. Die entscheidende Frage ist eine andere: Bringt das Werk, das sich mit einer brutalen und gewissenlosen Figur auseinandersetzt, zugleich zum Ausdruck, dass diese Figur *im Recht* und ihr Lebenswandel *lobens- und nachahmenswert* ist?

Sollte das der Fall sein, wird ein hartgesottener Amoralist, so viel wissen wir inzwischen, behaupten, daran sei doch nichts auszusetzen, schließlich handele es sich ja immer noch um bloße Fiktionen, um Imaginiertes, nicht um Reales. Damit hätte er freilich unrecht. Denn die Weltanschauung, die ein fiktionales Werk kundtut und – wie unterschwellig auch immer – »propagiert«, ist durch und durch real. Folglich ist es auch legitim, sich ethisch mit diesen Werken auseinanderzusetzen und sie gegebenenfalls zu kritisieren.

Was bisher über fiktionale Werke gesagt wurde, gilt selbstverständlich genauso für Computerspiele, die eine fiktive Welt erschaffen.[8] Auch sie nehmen mal mehr und mal weniger subtil Stellung zu den Personen, Handlungen und Ereignissen der Welt, die sie darstellen. Die im vorangegangenen Kapitel dargebotenen Vignetten skandalträchtiger Computerspiele waren im Grunde nichts anderes als Beschreibungen der weltanschaulichen Einstellungen, die durch das jeweilige Zeichensystem »Computerspiel« zum Ausdruck gebracht wurden. Bei *Hatred* erwies sich diese Haltung als geradezu teuflisch, nämlich als nihilistische und menschenverachtende Verherrlichung von Massenmord. Im Fall von *GTA V* gestaltete sich die Sache deutlich komplexer, was nicht zuletzt daran liegt, dass das Spiel selbst dem Hedonismus, dem Materialismus und der Ruchlosigkeit, die seine fiktive Welt beherrschen, überwiegend mit satirischem Spott begegnet. Wie wir gesehen haben, bleibt es allerdings fraglich, ob es dem Spiel gelingt, diese satirische Haltung konsequent aufrechtzuerhalten, oder ob nicht etwa die diskutierte Foltersequenz in Zynismus umschlägt.

Mal ist es leichter, mal schwieriger zu bestimmen, welche weltanschauliche Haltung ein Game konkret einnimmt. Auch kann es vorkommen, dass ein Spiel mit seinen Wertungen bewusst im Vagen oder Mehrdeutigen verbleibt oder dass die vertretene Weltanschauung jegliche ernst zu nehmende Tiefe vermissen lässt. Entscheidend ist, dass es nicht bloß subjektiv und damit beliebig ist, wie ein Spiel zu deuten ist. Es gibt sehr wohl richtige und falsche Interpretationen, wobei jede Behauptung darüber, was für eine Weltsicht ein Computerspiel vertritt, anhand der konkreten Zeichen, die man sieht, hört und spürt, belegt werden muss.[9]

Das heißt letztlich nichts anderes, als dass wir auf die jeweilige ästhetische Beschaffenheit des Computerspiels zu achten haben. Das Ästhetische eines Games besteht in der sinnlich erfahrbaren Eigenart der Zeichen selbst, in ihrer »phänomenalen Fülle«, wie es der Philosoph Daniel M. Feige formuliert hat.[10] Gemeint ist damit das für jedes Game einzigartige Zusammenspiel von bildhaften, akustischen, textuellen und haptischen Zeichen.[11] Insbesondere muss auch die spezifische Art der Interaktivität, also das Gameplay, zu den ästhetischen Eigenheiten des Spiels gezählt werden.[12]

Um ein fundiertes Urteil über die Haltungen und Einstellungen, die das Game dem Spieler zur Übernahme nahelegt, fällen zu können, müssen wir also das konkrete Zusammenspiel der verschiedenartigen Zeichen einschließlich der Gameplay-Mechaniken analysieren. Keine Frage: Hinter jedem Computerspiel stehen Menschen mit bestimmten kommunikativen Absichten. Aber genauso wenig, wie man einen Autor befragen muss, um die Bedeutung seines Textes zu erfassen, muss man erst Interviews mit den Gamedesignern führen, um herauszufinden, welche weltanschauliche Haltung durch ihr Computerspiel zum Ausdruck kommt. Die Meinungen von Autoren und Entwicklern sind in beiden Fällen überflüssig, ja womöglich irreführend. Schließlich könnten sie behaupten, es »gar nicht so gemeint« zu haben, obwohl ihr Werk eine andere, eindeutige Sprache spricht.[13]

Das soll nicht heißen, dass Gamedesigner nicht doch moralisch in der Verantwortung stünden oder dass ethische Überlegungen für sie sinnlos wären. Im Gegenteil. Computerspiele sind bewusst hergestellte Artefakt, denen ein technisches Design zugrunde liegt, wobei jedes technische Design bestimmte Werte verkörpert.[14] Die entscheidende Frage dabei lautet natürlich, inwiefern den Designern bewusst ist, dass sie Werte in ein technisches System implementieren, welche Werte dies sind und wie sich die Einbettung von Werten konkret steuern lässt. Das alles trifft selbstredend auch auf Computerspiele zu. Die Frage, was Gamedesigner beachten müssen, um die von ihnen anvisierten Werte in ihre Werke zu integrieren, ist daher völlig legitim.[15] Doch zurück zu unserem eigentlichen Thema: der ethischen Bewertung von Games.

Wie sehr wir uns hier vor Pauschalurteilen hüten müssen, zeigt sich daran, dass selbst Computerspiele, die einem ähnlichen Genre angehören und über ein ähnliches Gameplay verfügen, ganz unterschiedliche Weltsichten zum Ausdruck bringen können und daher auch in moralischer Hinsicht unterschiedlich zu bewerten sind. Das lässt sich schön an den Beispielen *Call of Duty: Modern Warfare 2* (2009) einerseits und *Spec Ops: The Line* (2012) andererseits aufzeigen.

Die *Call of Duty*-Reihe zählt nicht nur zu den beliebtesten Ego-Shooter-Serien der Gaminggeschichte, sondern mit bislang insgesamt über 400 Millionen verkauften Einheiten auch zu den kommerziell erfolgreichsten Spielemarken überhaupt.[16] Dabei ist *Call of Duty* weniger für seine spielerische Freiheit als für seine blockbusterartig inszenierte Action bekannt. In *Modern Warfare 2* steuert der Spieler im Laufe des Games verschiedene britische und amerikanische Elitesoldaten im Kampf gegen sinistre russische Ultranationalisten unter der Führung von Vladimir Makarov. Die Geschichte unterscheidet damit ebenso simpel wie eindeutig zwischen den Guten und den Bösen. Sicher mag man die Story mit Blick auf reale politische Verhältnisse als platt und naiv ansehen, ja man könnte sogar gewisse ideologiekritische Bedenken anmelden und fragen, ob hier nicht eine globalistisch-imperialistische Perspektive propagiert wird, wie sie für amerikanische Neokonservative typisch ist. Von einer solchen, am ehesten »metapolitisch« zu nennenden Sichtweise auf Computerspiele wird noch die Rede sein. Wenn wir uns aber auf den Bereich der Moral fokussieren, dann scheint *Modern Warfare 2* in dieser Hinsicht erst einmal nicht weiter anstößig zu sein.

Das ändert sich allerdings mit der Mission »No Russian«. Der Spieler schlüpft hier in die Rolle des Soldaten und CIA-Agenten Joseph Allen, der in Makarovs engsten Zirkel eingeschleust wurde und nun Makarov sowie drei seiner Handlanger bei einem Terroranschlag auf einen Flughafen begleitet. Die Mission beginnt damit, dass die Terroristengruppe, einschließlich des Spieleravatars, aus einem Aufzug steigt und unmittelbar das Feuer auf die dort wartenden wehrlosen Zivilisten eröffnet. Die Tatsache, dass der Spieler dabei mitfeuern kann, wenn auch nicht muss, und seine Figur dabei keinerlei Regung zeigt, empfanden viele Gamer und Kritiker als verstörend. Noch verstörender und geradezu ärgerlich ist jedoch, dass der Spieler dem Treiben kein Ende setzen kann, indem er sich gegen Makarov und dessen Leute stellt. Gelegenheiten dazu gäbe es genug: Der Spieler kann beispielsweise in aller Ruhe hinter den vier Terroristen Stellung beziehen und abdrücken. Das Problem ist nur: Makarov und seine Leute erweisen sich als unverwundbar. Egal wie der Spieler den Terroristenführer und seine Männer angreift - sein Avatar wird erschossen, und es erscheint die Einblendung: »Du hast dich enttarnt ... Schieß nicht auf Makarovs Truppe!« Dass hier auf spielerischer Ebene unmöglich ist, was von der Geschichte her das einzig Naheliegende und moralisch Richtige wäre, kann als Paradebeispiel für eine sogenannte ludonarrative Dissonanz, also einen Missklang zwischen Gameplay und Erzählung, gelten. Das ist zweifellos ein spielerisch-ästhetischer Makel. Aber ist es auch ein moralisches Defizit?

Dafür spricht, dass die vermeintlich moralisch einwandfreie Weltanschauung, die das Spiel zu vertreten scheint – heldenhafte Soldaten führen einen gerechten Kampf gegen blutrünstige Terroristen –, sich durch die Mission »No Russian« als scheinheiliges Lippenbekenntnis entpuppt. Denn diese Mission möchte uns glauben machen, dass man sich als heldenhafter Elitesoldat an einem vermeidbaren Massenmord beteiligt oder ihm zumindest tatenlos zusieht, obwohl man ihn – zumindest nach der inneren Logik der Geschichte – leicht verhindern könnte, was aber das Gameplay unmöglich macht. In Wahrheit ist in *Modern Warfare 2* der Massenmord an Zivilisten kein schreckliches Verbrechen, das von einem Helden eigentlich unter Einsatz seines Lebens verhindert werden sollte, sondern bloß ein symbolisches Schockereignis, an dem sich zeigen soll, *wie böse* doch die Bösewichte sind. Aus *Modern Warfare 2* spricht zwar lange nicht eine so abgrundtiefe Menschenverachtung wie aus *Hatred*, aber sehr wohl ein moralisch bedenklicher Zynismus. Die Haltung, die das Computerspiel dem Spieler angesichts des terroristischen Massenmordes nahelegt – um nicht zu sagen: aufzwingt –, ist weder Mitleid gegenüber den Opfern noch gerechter Zorn gegenüber den Tätern, sondern ein effekthascherisches und plattes Staunen, wie es in einem pubertären »Boah, krass« seinen wohl passendsten Ausdruck fände.

Das in ethischer Hinsicht positiv zu bewertende Gegenstück zu *Modern Warfare 2* ist der Third-Person-Shooter *Spec Ops: The Line* vom deutschen Entwickler Yager. Der Spieler übernimmt im Game die Rolle des US-Elitesoldaten Martin

Walker, der als Captain eines kleinen Teams in das von Windstürmen zerstörte Dubai geschickt wird. Dort soll er Informationen über den desertierten Colonel John Konrad gewinnen, der als Anführer des 33. Bataillons die Kontrolle über die Stadt übernommen hat und für allerlei Kriegsverbrechen verantwortlich sein soll. Die Reminiszenzen an Joseph Conrads Roman *Herz der Finsternis* (1899) und Francis Ford Coppolas Spielfilm *Apocalypse Now* (1979) sind offensichtlich.

Statt an einer klaren und einfachen Aufteilung in Helden einerseits und Bösewichte andererseits festzuhalten, kommt es in *Spec Ops: The Line* mehrmals zur Veränderung der moralischen Bewertung des Geschehens wie auch der Handlungen des Spielers. Am deutlichsten wird dies in einer Szene, in der der Spieler Weißen Phosphor gegen eine mit schweren Geschützen und Panzern ausgestattete Stellung des 33. Bataillons einsetzen muss. Die Zielvorrichtung des Mörsers wird per Drohne gesteuert, die das Gelände von oben abfilmt. Das Gameplay des Angriffs gestaltet sich dementsprechend als höchst distanzierter, unpersönlicher Vorgang: Der Spieler steuert über die körnigen Schwarz-Weiß-Bilder der Drohne ein Fadenkreuz und feuert per Knopfdruck auf die ameisengroßen Gegner und ihre wie Spielzeug wirkenden Fahrzeuge. Eine wirkliche spielerische Herausforderung gibt es in dieser Szene, die so auch in einem *Call of Duty*-Spiel vorkommen könnte, nicht.

Das Überraschende ereignet sich direkt im Anschluss an diese Szene: Der Spieler wird nämlich auf schonungslose Weise mit den grausamen Folgen seines Tuns konfrontiert. Beim Durchqueren des Areals, das er gerade bombardiert hat, offenbart sich ihm ein Meer an verkohlten Leichen und verstümmelten, vor Schmerzen stöhnenden Opfern. Anders als sonst im Spiel kann er in dieser Situation mit seiner Figur nicht rennen. Er ist also gezwungen, den Horror langsam zu durchschreiten. In einer vorgefertigten Videosequenz am Ende des Levels offenbart ihm schließlich ein schwerverletzter Soldat in seinen letzten Atemzügen, dass sein Bataillon auf einer Hilfsmission war. Unser Angriff hat also offenbar nicht den Feind, sondern Unschuldige getroffen. Dieser Verdacht bewahrheitet sich wenige Sekunden später, als unser Avatar die Leichen von Zivilisten entdeckt, die durch den von ihm – und damit letztlich durch uns als Spieler – zu verantwortenden Phosphorangriff grausig entstellt worden sind.

Die Botschaft, die *Spec Ops: The Line* vermittelt, ist somit im Grunde eine moralische Kritik an der allzu simplen und vor allem selbstgerechten Einteilung in Gut und Böse, wie sie im Shooter-Genre an der Tagesordnung ist.[17] Das Game ruft dem Spieler gewissermaßen zu: »Sei bereit, herauszufinden, dass du am Ende selbst der Bösewicht sein könntest, gerade weil du es für selbstverständlich hieltest, der Held zu sein.« Damit steht es in wohltuendem Kontrast zum moralisch gänzlich unreflektierten *Call of Duty: Modern Warfare 2*.

Die gegensätzlichen Beispiele von *Call of Duty: Modern Warfare 2* und *Spec Ops: The Line* machen deutlich, dass es bei der Frage, welche Weltsicht ein Computerspiel vertritt, nicht so sehr um die dargestellten Ereignisse und Spielhandlungen geht – mögen sie nun heldenhaft oder verbrecherisch sein –, sondern darum, welche Haltung das Game zu seinem eigenen Inhalt einnimmt und zum Ausdruck bringt. Die ethische Analyse eines Computerspiels lässt sich dabei nicht von seiner ästhetischen Analyse, die auch das Gameplay umfasst, trennen. Eine andere, weiterführende Frage ist, ob die moralische Qualität eines Games auch Auswirkungen auf seine ästhetisch-spielerische Qualität hat. Konkreter gefragt: Ist ein unmoralisches Werk wie *Hatred* aufgrund seines moralischen Makels auch ein schlechtes Spiel? Wäre *Call of Duty: Modern Warfare 2* ohne die moralisch bedenkliche Mission »No Russian« ein besseres Spiel, oder liegt der ästhetische Qualitätsverlust nur an der von uns ebenfalls diagnostizierten Unstimmigkeit zwischen der spielerischen und der erzählerischen Ebene, die diese Mission beinhaltet?

Wir können hier auf die komplexe Debatte, die über die Auswirkung der moralischen Qualitäten auf die ästhetischen im Kontext herkömmlicher Kunstwerke geführt wird, nicht ausführlicher eingehen, um sie anschließend auf Computerspiele zu übertragen.[18] Es sei aber zumindest auf eine äußerst bedenkenswerte Einschätzung des Philosophen Karl Rosenkranz verwiesen, der 1853 als Erster eine Ästhetik des Hässlichen verfasst hat. Das Brutale und Verbrecherische sind bei ihm Ausprägungen des Hässlichen. Sie können aber, wie alles Hässliche, durchaus einen legitimen Platz innerhalb eines schönen Kunstwerks haben: Das wahrhaft Schöne schließt das Hässliche nämlich nicht einfach aus, sondern integriert es in sich. Das Hässliche muss jedoch ein untergeordnetes Moment, ein durch das Schöne überwundener und überstrahlter Aspekt bleiben. Das Hässliche, das, wie gesagt, auch das sittlich Verkommene umfasst, dient idealerweise nur als interne ästhetische Hürde, die das Kunstwerk überwindet, damit der Triumph des Schönen in umso herrlicherem Glanz erscheinen kann.[19] Rosenkranz verknüpft diese ästhetischen Überlegungen auch mit einer allgemeinen kulturkritischen Diagnose: Ein *gesundes* Wohlgefallen am Hässlichen könne es nur dort geben, wo das Hässliche vom Schönen einverleibt worden ist. Ein *krankhaftes* Wohlgefallen müsse hingegen attestiert werden, wenn das Hässliche unabhängig vom Schönen gerade deshalb genossen werde, weil es verstört, schockiert, die abgestumpften Nerven kitzelt und die lauen Gemüter erhitzt. Dies wiederum, so Rosenkranz, sei der Fall, »wenn ein Zeitalter physisch und moralisch verderbt ist, für die Erfassung des wahrhaften, aber einfachen Schönen der Kraft entbehrt und noch in der Kunst das Pikante der frivolen Korruption genießen will«.[20] Es ist schwer, sich als Medienkonsument des 20. und 21. Jahrhunderts – und insbesondere als Gamer – nicht zumindest ein bisschen von dieser Diagnose getroffen zu fühlen.

⸜

Doch kehren wir zurück zu unserer Antwort auf die Herausforderung des Amoralismus. Wenn der Amoralist behauptet, Computerspiele erzeugten nur virtuelle Welten, so lautet nun unsere Antwort, dass auch virtuelle Welten sehr wohl reale Weltanschauungen zum Ausdruck bringen können und folglich nicht von moralischer Kritik ausgenommen sind. Das gilt aber natürlich nicht für jedes Computerspiel. Man müsste sich schon in abstruse metaphorische Deutungen versteigen, um bei Videospielen wie *Pong*, *Tetris* oder auch *Pac-Man* (1980) überhaupt eine Weltanschauung, geschweige denn eine moralisch anstößige, entdecken zu wollen. *Pong* und *Tetris* besitzen – wie Schach – überhaupt keine fiktive Dimension. Das ist bei *Pac-Man* zwar anders – als titelgebender Pac-Man muss der Spieler schließlich vor Geistern fliehen oder sie fressen –, doch der fiktive Gehalt ist so dünn, dass er während der Spielerfahrung fast vollständig in den Hintergrund tritt.

Das liegt vor allem daran, dass das Spiel keine Geschichte erzählt, die den Repräsentationen von Pac-Man und den Geistern mehr Substanz verleihen würde. Worauf es bei *Pac-Man* in erster Linie ankommt und was auch den Spielspaß maßgeblich ausmacht, sind die spezifischen Herausforderungen, die das Game an die Geschicklichkeit des Spielers stellt.

Es ist allerdings nicht so, dass grundsätzlich nur Computerspiele, die das Erzählen einer Geschichte in den Mittelpunkt rücken, eine moralisch bedenkliche Weltsicht ausdrücken könnten. Narrativ ausgedünnte Geschicklichkeitsspiele sind dazu prinzipiell ebenso in der Lage wie Simulations- und Sportspiele.[21] Das Beispiel von *Carmageddon* aus dem Jahr 1997 möge dies verdeutlichen.

Carmageddon ist ein absonderliches Autorennspiel, in dem man nicht unbedingt der Schnellste sein muss, um zu gewinnen. Man kann auch Erster werden, indem man die Fahrzeuge der computergesteuerten Konkurrenten zu Schrott rammt oder alle im Level umherlaufenden Passanten überfährt, was vom Spiel in bluttriefender und effekthascherischer Ausdrücklichkeit dargestellt wird. Für jeden Fußgänger, den der Spieler mit seinem Gefährt ermordet, wird das schwindende Zeitkontingent erhöht, das ihm noch bis zum Erreichen des nächsten »Checkpoints« auf der Strecke zur Verfügung steht. *Carmageddon* erzählt also keine Geschichte, zelebriert aber sehr wohl mörderisches Chaos und Zerstörung.

Das Gameplay und die Präsentation sind dabei derart überzogen und geradezu grotesk (beispielsweise heißen die beiden wählbaren Fahrer »Max Damage« und »Die Anna«), dass man sich durchaus fragen kann, wie ernst das Spiel es mit seinem Szenario und seinem Gameplay meint. *Carmaged-*

don eine Satire zu nennen, wäre jedenfalls zu hoch gegriffen. Eher lässt sich im Spiel eine pseudocoole Lust an der Provokation erkennen, die sich schwerlich als seriöses Einstehen für eine gefestigte Weltanschauung auffassen lässt, sondern eher als Ausdruck eines pubertären Zynismus.

Ganz anders verhält es sich wiederum mit *Counter-Strike*, das moralisch immer wieder unter Beschuss geraten ist. Hier sei noch einmal kurz an dessen Spielprinzip erinnert: Zwei bewaffnete Gruppen – Terroristen und eine Antiterroreinheit – treten auf unterschiedlichen Karten *(maps)* in mehreren Runden gegeneinander an. Beide verfolgen das Ziel, entweder alle Gegner zu erschießen oder ein Missionsziel zu erreichen: Auf manchen Karten müssen die Terroristen an einem bestimmten Ort eine Bombe zünden und die Antiterroreinheit muss sie rechtzeitig entschärfen, auf anderen muss die Antiterroreinheit Geiseln befreien, das heißt, sie von einem bestimmten Punkt der Karte zu einem anderen führen. Die Mannschaft, die nach einer bestimmten Anzahl von Runden die meisten Siege davongetragen hat, hat gewonnen.

Aus dieser kurzen Spielbeschreibung geht hervor, dass *Counter-Strike* zwar über eine fiktive Dimension verfügt (»Terroristen kämpfen gegen eine Antiterroreinheit«), letztlich aber ein reines Wettkampfspiel ist. Tatsächlich bleibt das Spiel erzählerisch unterbelichtet. Es ist schlicht unwichtig, welcher politische Konflikt im Hintergrund der Auseinandersetzung steht oder was die Motive der Terroristen sind. *Counter-Strike* gleicht eher Räuber und Gendarm als einem elaborierten Rollenspiel, das seine Teilnehmer in eine ausgereifte Fantasiewelt eintauchen lässt. Es ist in diesem Game daher auch nicht anrüchiger, ein Terrorist zu sein, als ein Mitglied der Antiterroreinheit zu spielen. Beides sind vielmehr austauschbare Etiketten, die nur einen spielerisch-strategischen, aber keinen moralischen Unterschied markieren (»Geiseln retten« vs. »Bombe legen«). *Counter-Strike* glorifiziert darüber hinaus nicht die Tötung von Menschen. Denn »Töten« hat dort keine nennenswerte narrative oder fiktive Bedeutung, sondern im Grunde eine rein spielerische: Zu töten heißt in erster Linie, dafür zu sorgen, dass ein Gegner ausgeschaltet wird und bis zur nächsten Runde aussetzen muss. Angesichts seines kompetitiven Charakters, der spärlichen erzählerischen Rahmung und der unbedeutenden fiktiven Dimension ist es abwegig, *Counter-Strike* eine unmoralische Botschaft unterstellen zu wollen. Typischerweise wird sich daher bei *Counter-Strike* auch das oben bereits beschriebene Phänomen der semantischen Verflachung einstellen: Einen Gegner in *Counter-Strike* zu »töten«, ist insbesondere für einen routinierten Spieler in etwa so, als würde er beim Schach eine gegnerische Figur schlagen. Mit der lebendigen Vorstellung eines (fiktiven) Mordes im Rahmen eines Romans oder Films gibt es hingegen so gut wie keine Ähnlichkeit.[22] *Counter-Strike* ist damit im Gegensatz zu *Carmageddon* ein Beispiel für ein narrativ ausgedünntes Game, das entgegen dem ersten Anschein keine moralisch zu verurteilende Haltung zum Ausdruck bringt.

Alles, was wir bisher zur Widerlegung des Amoralismus vorgebracht haben, betrifft im Grunde nur die »objektive Seite« des Computerspiels, also das Game als interaktiven Zeichengegenstand. Auf dieser Basis sind wir immerhin in der Lage, *Hatred* als ein moralisch verkommenes Computerspiel, *Call of Duty: Modern Warfare 2* und *Carmageddon* als stellenweise respektive im Ganzen moralisch zweifelhafte Games, *Counter-Strike* als ein moralisch einwandfreies und *Spec Ops: The Line* als ein moralisch reflektiertes Werk zu bewerten. Diese Urteile beanspruchen im Übrigen ganz unabhängig davon Geltung, dass es sich bei den jeweiligen Spielwelten um virtuell erzeugte Fiktionen handelt, in denen niemand wirklich zu Schaden kommt. Die Frage, ob und inwiefern auch der Spieler selbst etwas Falsches tut, wenn er diese Spiele spielt, ist damit jedoch noch nicht beantwortet. Auf diese andere, die »subjektive Seite« des Computerspiels, wollen wir im nun folgenden Kapitel ausführlicher eingehen.

DER SPIELER UND DIE MORAL

Wie wir gesehen haben, kommt kein fiktionales Werk ohne den imaginativen Beitrag seines Rezipienten aus.[1] Das gilt für Filme, Romane und Games gleichermaßen. Die Fiktion wird erst lebendig, indem der Zuschauer, Leser oder Gamer sich auf ein imaginatives Spiel des So-tun-als-ob mit den ihm dargebotenen Zeichen einlässt. Erst indem er seine Vorstellungskraft einsetzt, kommt eine fiktive Welt zustande, die ihn in sich hineinzieht oder ihn »absorbiert«, wie es der amerikanische Kunstphilosoph Noël Carroll ausgedrückt hat.[2] Damit der Rezipient Personen, ihre Motivationen und Handlungen versteht, muss er auch seine moralischen Fähigkeiten aktivieren: seine moralischen Überzeugungen und Gefühle sowie überhaupt sein praktisches Urteilsvermögen.[3] Ohne sie könnte er einer Geschichte gar nicht folgen. Wie wollte man etwa ohne moralische Imagination einem Werk wie Dostojewskis *Verbrechen und Strafe* folgen, in dem uns das Seelenleben des Mörders Raskolnikow präsentiert wird? Wenn der Rezipient sich nun mit einem Werk konfrontiert sieht, das eine Weltsicht vertritt, die er für unmoralisch hält – und es sei nochmals betont: »vertreten« ist etwas anderes als »darstellen« –, dann wird er in der Regel auf imaginative Distanz zum Werk gehen. Das heißt, er wird innerlich Abstand nehmen von dem, was er sich vorstellen soll, oder er wird sogar den Gebrauch seiner Vorstellungskraft ganz einstellen, was im Endeffekt bedeutet, dass er das Buch zuklappen oder den Film ausschalten wird.

Sicher können wir uns beispielsweise vorstellen, dass jemand Antisemit ist. Wenn uns aber ein Werk wie der ästhetisch durchaus ansprechende NS-Propagandafilm *Jud Süß* (1940) zugleich davon überzeugen möchte, dass der Antisemit mit seiner Sicht recht habe, sträubt sich in uns etwas, uns darauf einzulassen.[4] Der schottische Aufklärungsphilosoph David Hume war sogar der Ansicht, dass es nicht einmal einer ausdrücklichen Billigung oder Befürwortung einer unmoralischen Weltsicht bedürfe, um unseren imaginativen Widerstand hervorzurufen. Es genüge bereits, wenn ein Werk von unmoralischen Handlungen oder Charakteren berichte, ohne sie angemessen zu verurteilen. Schon in diesem Fall müssten wir der Fiktion die gefühlsmäßige Zustimmung verweigern.[5]

Selbst wenn wir Humes stärkerer These nicht beipflichten wollten, ist nicht zu leugnen, dass wir in Fällen wie *Jud Süß* einen Widerwillen verspüren, unsere Vorstellungskraft einzusetzen. Woher aber rührt dieser Widerwille eigentlich genau? Nun, was wir uns vorstellen, muss nicht zwangsläufig im Reich der Einbildung verbleiben. Walton bringt in diesem Zusammenhang den schlagenden Vergleich mit der Hemmung, die wir verspüren, wenn wir (ohne dass gute Gründe vorlägen) Nadeln in ein Foto oder Gemälde unserer Liebsten stecken sollen, und das, obwohl wir genau wissen, dass es nur eine Darstellung ist und dass die abgebildeten Personen selbst nicht zu Schaden kommen können.[6] Wir schrecken dennoch davor zurück, so etwas zu tun, weil wir unmittelbar die symbolische Dimension begreifen, die *typischerweise* (wenn auch nicht unter allen Umständen) mit einer solchen Handlung verbunden ist: Demnach handelt es sich um einen symbolisch vollzogenen Ausdruck echter Böswilligkeit, echten Hasses, echter Verachtung. Das aber widerspricht unserer tatsächlichen Haltung unseren Liebsten gegenüber, und so sind wir nicht ohne Weiteres bereit, die Stecknadeln durch das Foto zu drücken, es zu zerkratzen oder gar zu verbrennen.

Beim Phänomen des imaginativen Widerwillens geht es gar nicht so sehr um die Sorge, dass sich durch imaginative oder symbolische Akte unsere tatsächliche Einstellung verändern oder dass unser Charakter auf irgendeine andere Weise Schaden nehmen könnte. Das sind zwar legitime Bedenken, die etwa Hume zu hegen schien und die wir später noch im Rahmen der kantischen Ethik und der Tugendethik diskutieren werden. Hier geht es aber erst einmal nur um den offensichtlichen Widerwillen, den wir empfinden, wenn wir mit Mitteln der Vorstellungskraft eine Haltung oder Weltsicht lebendig werden lassen sollen, die uns moralisch widerstrebt.

An den Beispielen von *Jud Süß* und des Zerstechens der Fotografie zeigt sich auch gut der Unterschied zwischen den imaginativen Akten, die wir im Rahmen von Fiktionen vollziehen, und einem bloß hypothetischen Sichvorstellen, wie es etwa bei philosophischen Gedankenexperimenten vorkommt. Letzteres ist meist eine rein kognitive Übung, bei der es auf ganz bestimmte theoretische Aspekte eines Szenarios ankommt (»Stell dir vor, es gäbe keine Staaten ...«). Das Imaginieren, wie wir es aus Romanen, Filmen und Computerspielen kennen, nimmt dagegen unser gesamtes Gemüt einschließlich unseres Gefühlslebens in Beschlag.[7] Es ist also ein Unterschied, ob man sich eine verkehrte moralische Welt im Rahmen eines fiktionalen Werks oder im Kontext einer philosophischen Debatte vorstellt.[8] Wir sind etwa möglicherweise bereit, in letzterem Fall hypothetisch zu erwägen, dass Sklaverei moralisch richtig ist, ohne jedoch willens zu sein, einer entsprechenden Weltanschauung imaginativ oder symbolisch Ausdruck zu verleihen.

Wir haben gerade die imaginativ vollzogene Zustimmung zur antisemitischen Haltung von *Jud Süß* mit dem Zerstechen oder Zerkratzen eines Familienfotos verglichen. Man könnte nun der Ansicht sein, dass der Vergleich hinkt, weil man nur bei Letzterem wirklich aktiv etwas tut. Wie wir aber schon in einem früheren Kapitel mit Blick auf den Begriff der Interaktion gesehen haben, sind wir auch im Fall der Rezeption von Film und Literatur alles andere als passiv, sondern nehmen sehr wohl aktiv an einem Spiel des So-tun-als-ob teil.[9] Doch selbst wenn man diesen Punkt beiseite lässt, ist der Vergleich mit dem Zerkratzen eines Fotos im Fall von Computerspielen überaus passend: Schließlich ist der Computerspieler nicht nur aufgrund des Einsatzes seiner imaginativen Kräfte aktiv, sondern auch dadurch, dass er einen Avatar kontrolliert und so in einer fiktiven Spielwelt handelt. Beides - die Imagination und das spielerische Handeln - gehören zusammen. Denn die Spielhandlung ist, wir erinnern uns, nur teilweise in der Realität beheimatet, zu einem anderen Teil gehört sie der Fiktion an. Wir drücken beispielsweise in der Realität Knöpfe, und in der spielerischen Fiktion geht ein Elitesoldat hinter einem Felsvorsprung in Deckung. Dieses fiktionale Geschehen manifestiert sich aber nicht von selbst, sondern nur dann, wenn wir auch unsere Vorstellungkraft entsprechend einsetzen.

Unzweifelhaft ist, dass es das Phänomen des imaginativen Widerstands oder Widerwillens bei Computerspielen gibt. Viele Spieler - zumindest die sittlich reifen - werden einen solchen bei *Hatred*, der Mission »No Russian« in *Modern Warfare*, bei *Carmageddon* und in gewissem Maße auch bei der

Foltermission in *GTA V* empfinden. Dieser Widerwille ist in ethischer Hinsicht durchaus berechtigt, ja sogar geboten, denn er zeugt vom Unwillen des Spielers, durch seine Spielhandlungen und seine Vorstellungskraft eine fiktive Welt lebendig werden zu lassen, welche zugleich eine reale Botschaft, Haltung oder Weltanschauung zum Ausdruck bringt, die er für moralisch anstößig hält. Mit dem Vokabular Matts gesprochen: Der Spieler wird sich zu Recht weigern, einen »moralischen Pakt« einzugehen, den er in Wahrheit für einen *unmoralischen* hält.

In der Regel wird der Spieler durch seinen imaginativen Widerwillen dazu gebracht, solche Computerspiele links liegen zu lassen. Das heißt aber nicht, dass es nicht auch Umstände gibt, unter denen es durchaus legitim und vorstellbar erscheint, dass er sie dennoch spielt. Ein Spieletester, Journalist oder Wissenschaftler wird sich auch – oder vielleicht sogar gerade – für solche Computerspiele interessieren, die in ihm ein moralisch bedingtes Gefühl der Ablehnung wecken. Ein solcher Spieler wird dabei aber eine andere, distanziertere innere Haltung dem Spielgeschehen und insbesondere seinen eigenen Spielhandlungen gegenüber einnehmen, als es üblicherweise der Fall ist.

Erinnern wir uns an das Phänomen des erlebten Handelns, also an die eigentümliche Erfahrung in Computerspielen, dass sich die Perspektiven der ersten und dritten Person – die Perspektive des Spielers und die des Avatars – überlagern. Der imaginative Widerstand, den ein moralisch fragwürdiges Game bei einem moralisch integren Spieler erzeugt, führt dazu, dass Letzterer die sich überlagernden Perspektiven des erlebten Handelns auseinanderdividieren wird. Er wird sich bemühen, eine imaginative Identifikation zwischen sich und der Figur, die er steuert, zu vermeiden. Damit verlässt er gewissermaßen die Innenperspektive des fiktiven Geschehens und nimmt eine Außenposition ein, von der aus er sich darauf konzentrieren kann, eine ästhetisch-spielerische oder moralische Analyse des Games vorzunehmen, das er gerade »spielt«.[10] Die Anführungszeichen sind hier unerlässlich, um anzuzeigen, dass keine Spielsituation im eigentlichen Sinne mehr vorliegt: Wer nur aus der Beobachter-, nicht aber aus der Teilnehmerperspektive »spielt«, der spielt eben nicht wirklich.

Eine weitere Möglichkeit, mit dem Widerwillen umzugehen, den ein moralisch zweifelhaftes Computerspiel hervorruft, besteht darin, dieses Gefühl schlichtweg zu verdrängen. Das wird in der Regel aber nur möglich sein, wenn der Spieler generell die moralische Dimension des Games leugnet und sich auf einen amoralistischen Standpunkt stellt. Er wird sich dann selbst weismachen wollen, dass es sich ja »nur um ein Spiel« handle und sein Tun daher nichts mit der Wirklichkeit zu tun habe. Wie wir inzwischen jedoch wissen, ist diese Aussage im Falle vieler Computerspiele falsch: Sie haben sehr wohl mit der Wirklichkeit zu tun, insofern sie eine bestimmte Sichtweise auf sie vertreten und dem Spieler nahelegen. Der Spieler bringt durch seine Aktionen also nicht nur eine fiktive Welt zum Vorschein, sondern unter Umständen auch eine reale Weltanschauung zur Geltung. Der Rückzug des Spielers in den Amoralismus ist darum ähnlich unglaubwürdig, ja lächerlich wie die Behauptung eines gekränkten Angestellten, es habe nichts zu bedeuten, dass er die Augen seines Chefs auf dem Foto zerkratzt hat, denn schließlich sei es ja nur ein Bild.[11] Ein solcher Spieler wird sich zumindest den Vorwurf gefallen lassen müssen, in moralisch relevanten Dingen sich selbst gegenüber unaufrichtig zu sein.

Was aber, wenn der imaginative Widerstand überhaupt nicht beseitigt werden muss, weil er gar nicht erst vorliegt? Konkreter gefragt: Begeht ein Spieler, der *Hatred, Carmageddon* oder die Mission »No Russian« aus *Modern Warfare* 2 ohne jede innere Distanz spielt, wirklich eine unmoralische Tat? Nun, der Umstand, dass keine solche Abstandnahme vorliegt, kann zweierlei bedeuten.

Die erste Möglichkeit ist, dass der Spieler begreift, welche Weltanschauung ihm nahegelegt wird, und dass er diese bewusst als die seinige anerkennt. Er wird also etwa *Hatred* spielen, weil die Botschaft des Spiels mit seiner eigenen Lebensauffassung übereinstimmt. In dem Fall liegt der Grund für einen moralischen Tadel auf der Hand: Nicht nur das Computerspiel, sondern auch der Spieler gibt sich als Menschenhasser zu erkennen. Das moralische Problem liegt dabei nicht in einer möglichen schlechten Wirkung, die das Computerspiel auf den Spieler haben könnte. Vielmehr lässt dieser erkennen, dass mit seinem moralischen Charakter von Anfang an etwas nicht in Ordnung war.[12]

Die zweite und wohl deutlich häufiger anzutreffende Möglichkeit besteht darin, dass wir es mit einem sittlich unreifen Spieler zu tun haben, der sich in erster Linie an symbolischen Grenzüberschreitungen und der damit verbundenen Provokation ergötzt.[13] Jochen Venus hat diese meist adoleszente Lust an der Provokation treffend beschrieben:

> *Der Jugendliche weiß, dass der Inhalt dieser Darstellung für besorgte Eltern und Lehrer, die keine Spielerfahrung haben, eine ungeheure Zumutung darstellt – eine Zumutung, die im Modus des Spielens ausgeblendet ist. Nicht das moralische Einverständnis mit brutalsten Metzeleien prägt den*

> *perzeptiven Akt im Spiel, sondern die pubertäre Identifikation mit einer »krassen« Ästhetik und das Souveränitätsgefühl, mediale Formen zu beherrschen, die Eltern und Lehrern das Blut gefrieren lassen.*[14]

Gerade deshalb aber braucht es dringend medienkompetente Eltern und Lehrer, die den Unterschied zwischen krassen Darstellungen und dem ernst zu nehmenden Wirklichkeitsbezug, den das Symbolische haben kann, begreifen und Jugendlichen vermitteln können. Dazu gehören dann aber auch klare moralische Urteile. Ein Jugendlicher, der es »cool« findet, *Hatred* zu spielen, sollte von seinen Eltern ruhig den Kopf gewaschen bekommen. Sie müssen ihm deutlich machen, dass es hier nicht einfach nur um »krasse Darstellungen« geht, sondern um eine Menschenverachtung, die durch diese Darstellungen und das Gameplay transportiert und propagiert wird. Überhaupt gilt es die noch nicht voll ausgebildete moralische Urteilskraft von Jugendlichen zu bedenken. So ist es nicht unüblich, dass junge Teenager, die entgegen der Altersfreigabe *GTA V* »zocken«, den satirischen Charakter des Spiels übersehen und die bitterböse Kritik am amerikanischen Traum als Glorifizierung von Gier und Gewalt missverstehen.[15]

Man kann ein Computerspiel also auf verschiedene Weisen spielen, sprich, gegenüber der vom Spiel vertretenen Weltsicht unterschiedliche innere Haltungen und Einstellungen einnehmen. Mit dieser Erkenntnis wiederum können wir nun auch auf die moralische Verantwortung des Spielers zu sprechen kommen. Diese besteht letztlich darin, jedem Computerspiel – oder genauer: dem normativen und wertenden Blick, den das Game der Wirklichkeit gegenüber einnimmt –

mit der ihm angemessenen Haltung zu begegnen. Allerdings kann man aus der bloßen Tatsache, dass jemand vor dem Bildschirm sitzt und mit einem moralisch fragwürdigen Videospiel interagiert, nicht unmittelbar auf eine moralisch fragwürdige Gesinnung des Spielers schließen. Immerhin wäre es ja möglich, dass er bewusst eine kritische innere Distanz zum Spielgeschehen eingenommen hat und nur aus einem theoretischen Interesse heraus weiterspielt oder dass er bloß von einer pubertären Neugier am Verbotenen angetrieben wird. Die berechtigte moralische Verurteilung eines Computerspiels lässt sich also nicht ohne Weiteres auf den Spieler übertragen.

Übrigens kann man auch in umgekehrter Richtung nicht von einem moralisch verderbten Spieler auf die moralische Qualität eines Spiels schließen: So ist vor allem bei Computerspielen ohne große erzählerische Tiefe zumindest denkbar, dass ein Spieler eine eigene innere Erzählung entwirft und sie auf das Spielgeschehen projiziert. Ein frustrierter Jugendlicher könnte sich beispielsweise beim Spielen von *Counter-Strike* vorstellen, dass er gerade seine Mitschüler, die ihn tagein, tagaus mobben, oder die Lehrerin, die ihn unfair benotet hat, erschießt.[16] Der Spieler müsste dazu aber mit seiner Fantasie einen enormen Aufwand betreiben. Denn die Geschichte, die er sich in diesem Fall vorstellt, entspringt ja nicht dem Spiel selbst, sondern wird diesem gewissermaßen übergestülpt.

Ein Spieler mit entsprechenden Absichten könnte es sich außerdem einfacher machen. Schließlich gibt es Computerspiele, die von sich aus einen »(un)moralischen Pakt« offerieren, der zum Ausleben persönlicher Hass- und Rachefantasien geradezu einlädt. Neben dem bereits diskutierten *Hatred* wäre etwa auch dessen Vorgänger im Ungeiste, das Amokläuferspiel *Postal* (1997), ein naheliegender Kandidat dafür. Aber auch *GTA V* wäre für solche Zwecke passender als *Counter-Strike*. Schließlich finden sich in *GTA V* nicht nur massenhaft wehrlose Passanten, an denen ein gekränkter Spieler seine verderbten Fantasien ausleben könnte. *GTA V* bietet dem Spieler außerdem die Möglichkeit, erst die Dienste von Prostituierten in Anspruch zu nehmen und sie dann anschließend auszurauben und zu ermorden. Das Spiel drängt den Spieler zwar zu keinem Zeitpunkt zu einer solchen Handlung, aber es ermöglicht sie eben – übrigens ohne dass eine satirische Kritik daran unmittelbar deutlich würde.

Deutet ein Spieler mithilfe seiner Vorstellungskraft Computerspielhandlungen um, handelt es sich streng genommen sogar um *andere* Handlungen. Denn der Spieler führt ja neue, persönliche Absichten in das Spiel ein, und es sind schließlich die Absichten, die aus einem bloßen Tun eine Handlung machen, was man etwa daran erkennt, dass wir ein unbeabsichtigtes Magengrummeln keine Handlung nennen. Indem also ein Spieler die Absicht verfolgt, sich imaginativ an der Lehrerin zu rächen und reale Rachegelüste auszuleben, führt er eine Handlung aus, die vom Spiel eigentlich nicht vorgesehen ist.[17] Der Gamer kann auf diese Weise Computerspiele in moralisch relevanter Hinsicht kapern. Seine dem Spiel aufgepfropften Absichten offenbaren dann womöglich etwas von seinen realen Wünschen und Affekten, seinen tatsächlichen Einstellungen und Haltungen. Was an solchen Wünschen, Affekten, Einstellungen und Haltungen aus ethischer Sicht zu kritisieren ist, werden wir später noch mit den Mitteln der Tugendethik genauer unter die Lupe nehmen. An dieser Stelle sollte aber bereits deutlich geworden sein, dass die

Taten eines Gamers keineswegs in jeder Hinsicht »bloß virtuell« sind und er deshalb auch nicht automatisch immun gegenüber moralischer Kritik ist.

Die provokante These des Amoralisten, Computerspiele stünden jenseits moralischer Bewertbarkeit, lässt sich so gesehen nicht nur mit Blick auf das Game, sondern auch mit Blick auf den Gamer zurückweisen. Neben der Botschaft oder Weltsicht, die ein Computerspiel vertritt, ist die Attitüde, mit der der Gamer spielt, der zweite relevante Punkt, an dem sich der Amoralismus als falsch erweist. Selbst wenn niemand wirklich zu Schaden kommt und sich alles nur im Rahmen virtueller Fiktionen ereignet, kann es demnach legitim sein, sowohl Computerspiele als auch diejenigen, die sie spielen, moralischer Kritik zu unterziehen. Durch die Spiele, die jemand spielt, und vor allem durch die Art und Weise, wie er sie spielt, kann er Stellung zum Guten und zum Bösen nehmen, und für diese Stellungnahme kann er gelobt oder getadelt werden.

Die Tatsache, dass Computerspiele nicht grundsätzlich von einer moralischen Beurteilung ausgeschlossen sind, sollte allerdings nicht als Plädoyer für einen moralinsauren Umgang mit Games im Allgemeinen missverstanden werden. Ein großer Teil der Videospiele, man denke nur an die Games der *Super Mario*-Reihe, sind schließlich unschuldiger Spaß. Außerdem haben wir am Beispiel von *Spec Ops: The Line* gesehen, dass selbst Games, in denen der Spieler gezwungen ist, seinen Avatar moralisch Falsches tun zu lassen, gerade dadurch moralisch wertvoll sein können. Diesem letzten Gedanken wollen wir nun noch etwas genauer auf den Grund gehen.

ERKENNE DICH SELBST!

Gnôthi seauton!, »Erkenne dich selbst!« – diese Aufforderung zur Selbsterkenntnis, die der Besucher des Apollon-Tempels im antiken Delphi zu lesen bekam, ergeht im Grunde an alle Menschen. Der Mensch *ist* nicht nur, sondern er *denkt* und *erkennt*. Er ist daher in der Lage, auch darüber nachzudenken und zu erkennen, warum er ist und was er ist. Da die Fähigkeit der Selbsterkenntnis etwas spezifisch Menschliches ist, ist er auch aufgefordert, sie einzusetzen, wenn er sein volles Menschsein verwirklichen, sein Leben ganz als Mensch führen möchte.

Zur eigenen Natur, die zu begreifen dem Menschen aufgegeben ist, gehört fraglos auch die Fähigkeit, sein Handeln aus freien Stücken am Guten oder eben am Bösen auszurichten. Das Böse hat dabei seinen eigenen Reiz; es ist verführerisch. Sonst wäre es schließlich ein Leichtes, immer das Gute zu tun. Theologisch gesehen sind wir gefallene Wesen, vertrieben aus dem Paradies. Wir haben, mit Kant gesprochen, zwar keinen Zwang und vielleicht nicht einmal einen Drang, aber durchaus einen Hang zum Bösen.[1] Wenn wir uns ernsthaft selbst erkennen wollen, dürfen wir unseren Hang zum Bösen nicht ausblenden. Es wäre moralisch sogar gefährlich, wenn wir naiv glaubten, wir selbst seien nicht anfällig für die Lockrufe des Bösen und könnten uns die Beschäftigung mit ihm daher ersparen. Nirgends kann das Laster leichter Fuß fassen als in der Seele, die in Verkennung des Feindes keinerlei Wehranlagen errichtet hat.

Gelegenheit, sich der Realität des Bösen bewusst zu werden, bietet schon das Studium der Geschichte. Nur blickt der Geschichtsinteressierte in der Regel von außen auf die Gräuel der Vergangenheit und sagt sich: »Wie schrecklich, was die Leute damals getan haben!« Der Gedanke aber, dass er selbst, hätte er damals gelebt, nicht nur Opfer, sondern auch Täter hätte sein können, und womöglich einer, der beim Erniedrigen, Foltern und Morden sogar Freude empfand – dieser Gedanke wird ihn kaum beschäftigen. Literatur ist da schon eher in der Lage, dem Leser auch die Innenperspektive eines Täters zu vermitteln und damit zugleich den Reiz des Bösen in einem geschützten Rahmen erfahrbar zu machen.[2] Das Potenzial von Computerspielen übersteigt jedoch in dieser Hinsicht das der Literatur noch einmal. Denn statt bloß vom Handeln anderer erzählt zu bekommen, handelt der Spieler in Games auch selbst. Computerspiele sind daher in der Lage, dem Gamer das Wesen menschlichen Handelns – einschließlich des Hangs zum Bösen – anhand seines eigenen Tuns vorzuführen.[3]

Kaum einem Computerspiel dürfte es besser gelungen sein, den Spieler erleben zu lassen, wie es ist, böse zu sein, als *Fallout 3* aus dem Jahr 2008. Das Game wartet mit einer riesigen offenen Spielwelt in einem postapokalyptischen Szenario auf: Die Erde wurde durch einen nuklearen Weltkrieg zerstört und verstrahlt. Wer dem Tod entronnen ist, hat sich im Kampf um Ressourcen zu verschiedenen Fraktionen zusammengeschlossen oder kämpft allein ums Überleben. *Fallout 3* lässt dem Spieler enorme spielerische Freiheiten. Abseits der Geschichte, die sich anhand von Haupt- und Nebenmissionen entfaltet, kann der Spieler die Welt auch auf eigene Faust erkunden. Darüber hinaus kann er entscheiden, wie er das Spiel spielen möchte: als friedliebender Menschenfreund, als brutaler Psychopath oder als jemand, der sich auf einer der zahllosen moralischen Graustufen dazwischen befindet. Es liegt am Spieler, ob und wann seine Figur stiehlt oder tötet oder ob sie doch lieber, zumindest solange es geht, auf Dialog und Konfliktvermeidung setzt.

Fallout 3 bleibt aber nicht einfach neutral gegenüber diesen verschiedenen Möglichkeiten, das Spiel zu spielen, es nimmt über ein eigenes moralisches Bewertungssystem auch Stellung zu den Handlungen des Spielers. Für moralische Handlungen erhält der Charakter gutes, für unmoralische Handlungen hingegen schlechtes »Karma«. Die Anzahl an Karmapunkten, die man gewinnt oder verliert, richtet sich nach der Güte der Tat beziehungsweise der Schwere des Verbrechens. Wer sich dafür entscheidet, den Auftrag eines äußerst zwielichtigen Auftraggebers anzunehmen und die Stadt Megaton mit der in ihrem Zentrum befindlichen Atombombe in die Luft zu jagen, der erhält schon relativ früh im Spiel den maximalen negativen Karmawert und gilt von da an bis auf Weiteres als »sehr böse«.

Der Autor bekennt hier, dass er selbst besagte Explosion in seinem ersten Spieldurchlauf herbeigeführt hat – wobei er betonen möchte, dass dies nur aus der ungläubigen Neugier heraus geschehen ist, ob das denn in diesem Spiel wirklich möglich sei. Im Nachhinein erwies sich diese Entscheidung aber gewissermaßen als ethischer Glücksfall. Denn das Besondere an *Fallout 3* ist, dass das Karmasystem konkrete und spürbare Auswirkungen auf das Spielerlebnis hat: Der Karmastatus der eigenen Figur wirkt sich sowohl auf die Interaktionsmöglichkeiten des Spielers als auch auf das Verhalten aus, das die computergesteuerten Figuren dem Avatar gegenüber zeigen. Wer, wie ich, als Bösewicht durch das Ödland von *Fallout 3* streift, muss etwa damit rechnen, von einer Vereinigung selbst ernannter Gesetzeshüter, den sogenannten Regulatoren, gejagt zu werden. Setzt der Spieler sich gegen diese zur Wehr und tötet sie, dann erhält er nur noch mehr schlechtes Karma. Dementsprechend scheiterten meine Versuche, das Böse hinter mir zu lassen, kläglich. Die Fliehkräfte des Bösen, deren Wirkungsweise *Fallout 3* auf spielerische Weise erlebbar macht, waren schlicht zu groß. *Fallout 3* ist also in der Lage, dem Spieler an seinem eigenen Handeln vorzuführen, was es heißt, auf die schiefe Bahn zu geraten. Die Redewendung ist inzwischen so abgenutzt, dass wir das Sprachbild dahinter nur noch selten sehen. *Fallout 3* macht die Metapher wieder lebendig: Wer auf die schiefe Bahn gerät, rutscht unweigerlich nach unten, auch wenn er es eigentlich gar nicht möchte.[4]

Man könnte einwenden, wenn man spielerisch erfahren wolle, wie es ist, böse zu sein, dann seien Amokläuferspiele wie *Hatred* oder *Postal* doch viel geeigneter. Dieser Einwand übersieht jedoch den entscheidenden Unterschied zwischen dem, was in einem Computerspiel dargestellt wird, und dem, was dadurch ausgedrückt oder vertreten wird. Die beiden genannten Mordsimulationen laden den Spieler nämlich zugleich dazu ein, gegenüber dem Bösen eine zustimmende Haltung einzunehmen. Das Böse wird dort als Gutes präsentiert. Davon kann in *Fallout 3* keine Rede sein. Hier wird das Böse einerseits als solches bezeichnet und bewertet, andererseits werden aber auch sein eigentümlicher Reiz und seine Tücken erlebbar gemacht. Der Unterschied ist also, dass *Fall-*

out 3 keine Verherrlichung des Bösen darstellt, sondern dem Spieler ermöglicht zu erfahren, wie es ist, in den Strudel des Bösen zu geraten.

⸜

Computerspiele können aber nicht nur die Eigenarten des Bösen aufzeigen. Sie können auch andere ethisch relevante Charakteristika menschlichen Handelns auf besondere Weise erfahrbar machen, wie etwa das in Episoden gegliederte Abenteuerspiel *The Walking Dead* zeigt.

Auch bei *The Walking Dead* ist der Ausgangspunkt ein zivilisatorischer Kollaps, der allerdings nicht durch eine Nuklearkatastrophe, sondern durch eine Zombieseuche verursacht worden ist. Spielerisch ist *The Walking Dead* viel simpler als *Fallout* 3. Das Spiel hat keine offene Welt zu bieten, sondern besteht aus einer Abfolge eng begrenzter Areale. Auch die Interaktionsmöglichkeiten sind im Vergleich zu *Fallout* 3 geradezu minimalistisch. Vom Gameplay her ähnelt *The Walking Dead* den Point-and-Click-Adventures, die Ende der 1980er- und Anfang der 1990er-Jahre ihre Hochzeit hatten. Deren zentrale Spielmechanik besteht darin, dass man einen Cursor bewegt und Objekte, Figuren oder Handlungsbefehle für den eigenen Avatar anklickt. Bei *The Walking Dead* verschmilzt dieses Gameplay mit einer Art interaktivem Film, in dessen Rahmen der Spieler immer wieder durch sogenannte Quick-Time-Events – durch das Drücken einer bestimmten Taste oder Tastenfolge innerhalb eines vorgegebenen Zeitfensters – in das Geschehen eingreifen muss. Im Kern geht es bei dem Spiel aber darum, den Avatar durch Gespräche mit anderen Figuren zu navigieren und dabei zwischen verschiedenen Dialogoptionen sowie zwischen verschiedenen, sich wechselseitig ausschließenden Handlungsalternativen zu wählen. Das mag sich zunächst wenig spektakulär anhören, entpuppt sich aber als eine enorm spannende Angelegenheit. Denn nicht selten geht es darum, unter Zeitdruck in einer lebensgefährlichen und moralisch unklaren oder mehrdeutigen Situation zu agieren – oder zumindest zu reagieren.

In der zweiten Folge der ersten Staffel von *The Walking Dead* ist die Gruppe von Überlebenden um unsere Spielfigur namens Lee Everett von Kannibalen in einen Raum eingesperrt worden. Die Gruppe beratschlagt über ihre Fluchtmöglichkeiten, als Larry, ein älterer Mann, vor Aufregung einen Herzinfarkt erleidet. Während seine erwachsene Tochter Lilly versucht, ihn wiederzubeleben, spricht Kenny, der ebenfalls ein fester Bestandteil der Gruppe ist, aus, was sowohl der Spieler als auch sein Avatar schon weiß: Auch wer nicht an einem Zombiebiss stirbt, kann sich innerhalb kürzester Zeit in einen Untoten verwandeln. Nur die Zerstörung des Gehirns kann diese unheilvolle Transformation verhindern. Wir stehen also mit unserem Protagonisten Lee vor der schrecklichen Wahl: Helfen wir Lilly, ihren Vater Larry ins Leben zurückzuholen, oder sorgen wir dafür, dass Larry definitiv tot und damit ungefährlich bleibt? So oder so fehlen uns Informationen. Ist Larry wirklich schon tot? Wie wahrscheinlich ist es, dass die Wiederbelebungsmaßnahmen Erfolg haben werden? Stimmt es wirklich, dass jeder Tote – ob gebissen oder nicht – zum Zombie wird? Und während uns all diese Gedanken und Fragen durch den Kopf schießen, erinnert uns ein abnehmender grauer Balken auf dem Bildschirm daran, dass die Zeit unerbittlich schwindet …

Nicht selten wird der Spieler in *The Walking Dead* in derlei

Situationen eine Entscheidung treffen und sie schon kurz darauf bereuen. Sogar wenn er die vom Spiel zur Verfügung gestellte Option des Zurückspulens nutzt, die es ihm ermöglicht, eine Szene erneut zu spielen und diesmal anders zu handeln, bleibt meist das Gefühl, in ein auswegloses Dilemma verstrickt zu sein, aus dem es keinen perfekten Ausweg gibt. Das Zurückspulen führt nämlich deutlich vor Augen, dass die eigenen Entscheidungen nur marginal etwas am Lauf der Dinge ändern. So auch bei unserer Beispielszene: Im Falle, dass wir uns für Larrys Rettung entscheiden, schlägt Kenny ihm den Schädel ein, noch bevor wir wissen, ob wir ihn hätten ins Leben zurückholen können.

Die Tatsache, dass sich die Entscheidungen des Spielers kaum auf die Story auswirken, hat Kritik hervorgerufen. Philosophisch gesehen lässt sich daraus aber eine interessante Pointe gewinnen: Selbst wenn der Lauf der Dinge vorherbestimmt ist, wie es etwa schon die Stoiker in der Antike glaubten, so gibt es doch eine untilgbare Freiheit im Inneren des Menschen. Sie besteht darin, sich zu seinem Schicksal innerlich verhalten zu können, sich ihm zu fügen oder ihm zu trotzen – sogar dann, wenn das äußerliche Ergebnis am Ende dasselbe ist; oder wie es Seneca formuliert hat: *Ducunt volentem fata, nolentem trahunt* – »Den Willigen führt das Schicksal, den Unwilligen zerrt es hinter sich her.«[5]

The Walking Dead macht auf spielerische Weise erlebbar, wie es ist, in ausweglosen Situationen entscheiden zu *müssen*, und zwar ungeachtet der Konsequenzen, die man eben nie ganz und oft genug gar nicht unter Kontrolle hat. Dabei geht es dem Game nicht um die konkrete moralische Botschaft, dass dieses gut oder jenes böse sei, sondern darum, den Gamer am eigenen spielerischen Tun erfahren zu lassen, wie es ist, in moralisch prekären Situationen unter Zeitdruck zum Handeln verdammt zu sein.

Ein letztes Beispiel soll das Bild abrunden und nochmals deutlich machen, inwiefern Computerspiele über ein besonderes Potenzial verfügen, eine ethisch relevante Selbsterkenntnis des Spielers herbeizuführen.

In *This War of Mine* (2014) geht es wie in so vielen Computerspielen um Krieg, allerdings aus einem ganz anderen Blickwinkel. Man übernimmt in dieser strategischen Überlebenssimulation nämlich aus einer seitlichen Außenansicht heraus die Verantwortung für eine Gruppe von Zivilisten, die man sicher durch die von Hunger, Kälte, Krankheit und Gewalt beherrschte Zeit eines Bürgerkriegs bringen muss.

Das Gameplay besteht im Kern darin, den Figuren, die zusammen ein verlassenes Haus bewohnen, Aufgaben zu erteilen, die für das Überleben der Einzelnen sowie der Gemeinschaft notwendig sind. Die Figuren haben alle eine eigene Hintergrundgeschichte, die über Texteinblendungen erzählt wird, sowie besondere Fähigkeiten und Einschränkungen, die mit ihrer Biografie zusammenhängen. Ein wesentlicher Aspekt des Gameplays besteht darin, Ressourcen – allen voran Nahrung, Heizmaterialien und Medikamente – aufzutreiben. Zu diesem Zweck können Figuren auf Erkundungstour durch eine kriegsgeplagte Stadt geschickt werden. Mal wird der Spieler mit einer Figur beim nächtlichen Durchsuchen verlassener Gebäude fündig, mal kann er mit computergesteuerten Charakteren Waren tauschen. Die Situation der Figuren, für die der Spieler verantwortlich ist, bleibt aber stets prekär und verschlimmert sich sogar, unter anderem weil fast unvermeidlich Krankheiten auftreten. Dadurch sieht sich der Spieler mit fortschreitender Spielzeit dazu gezwungen, zum Wohle seiner Figuren auch unmoralische Taten in Erwägung zu ziehen; diese können von Diebstahl über Raub bis hin zu Mord reichen.

Die Inszenierung des Gameplays vermeidet Bombast ebenso wie billige Schockeffekte. Stattdessen erzeugt das Spiel durch seine Bilder, die Soundkulisse und die Musik eine bedrückende, geradezu deprimierende Atmosphäre. Das ungute Gefühl, das den Spieler typischerweise überkommen wird, wenn er seine Avatare Verbrechen begehen lässt, wird auf der Ebene der Fiktion gespiegelt und schlägt sich auch direkt im Gameplay nieder. Ein wichtiger Aspekt davon besteht nämlich darin, sich um die psychischen Befindlichkeiten der Figuren zu kümmern. Raub und Mord gehen auch an den Tätern nicht spurlos vorbei, die infolge ihrer Schuldgefühle sogar depressiv werden können. Depressive Figuren bewegen sich aufgrund ihrer mentalen Erschöpfung und Niedergeschlagenheit langsamer als gesunde und bewältigen auch die Aufgaben, die ihnen der Spieler gegeben hat, deutlich ineffizienter. Eine Depression kann letztlich zu einem völligen psychischen Zusammenbruch der Figur führen, was sich dadurch äußert, dass der betroffene Charakter die Gruppe verlässt oder sogar Selbstmord begeht. Das wirkt sich wiederum negativ auf die Psyche der anderen Figuren aus. Damit wächst der Druck sowohl auf der fiktiven Ebene auf die Zivilisten als auch auf der spielerisch-fiktionalen Ebene auf den Spieler, der nun mit weniger Figuren das Überleben der Gruppe sichern muss.

This War of Mine ist ein Spiel, das keinen Spaß im engeren Sinne des Wortes macht und auch nicht machen will, und doch vermag es den Spieler in seinen Bann zu ziehen. Dabei ist es nicht zuletzt seine ethische Dimension, die fasziniert: Hier wird nicht nur von der Spannung zwischen Not und Moral erzählt, sondern diese Spannung wird mitsamt ihren Konsequenzen auf der Ebene spielerischen Handelns auch unmittelbar erlebbar gemacht.

Natürlich soll nicht behauptet werden, die Erfahrungen, die echte Zivilisten in echten Kriegen machten, seien identisch mit denen, die *This War of Mine* seinen Spielern ermöglicht. Alles, was in *This War of Mine* getan und erlebt werden kann, ist schließlich durch das spielerische Als-ob vermittelt. Dem Game gelingt es aber sehr wohl, einen strukturellen Zusammenhang zwischen Not und Schuld im Medium spielerischen Handelns vorzuführen. Der tiefergehende ethische Erkenntnisgewinn ergibt sich hier daraus, dass der Spieler am Beispiel des eigenen Handelns erfährt, wie es ist, wenn Not zu Schuld und Schuld wiederum zu Not führt.

Die vorangegangenen Analysen zu *Fallout 3*, *The Walking Dead* und *This War of Mine* zeugen, nebenbei gesagt, auch vom potenziellen Kunstcharakter mancher Computerspiele. Wie wir gesehen haben, verfügen alle Computerspiele über eine ästhetische Dimension. Deswegen sind sie aber nicht alle automatisch Kunstwerke. Schließlich hat auch jeder Film, jedes Gemälde und jeder literarische Text eine ästhetische Dimension, ohne deshalb notwendigerweise Kunst zu sein; manches ist Kunst, manches bloß Unterhaltung. Das gilt auch für Computerspiele.[6] Was aber macht Kunst zu Kunst? Ein naheliegender Vorschlag lautet, dass das spezifisch Künstlerische sich an einer eigentümlichen Übereinstimmung von

Form und Inhalt erkennen lässt. Mit Blick auf Computerspiele sieht Daniel M. Feige diese Übereinstimmung darin, »dass das, was das entsprechende Computerspiel verhandelt, etwas ist, was nur in und durch die Form seiner Verhandlung zu haben ist«.[7]

Wenn wir uns also fragen, ob ein Computerspiel als Kunstwerk gelten kann, dann fragen wir im Grunde, ob die inhaltliche Pointe dieses Spiels untrennbar mit der Art und Weise ihrer spielerischen Darstellung verknüpft ist. Genau das scheint bei den drei diskutierten Games, zumindest im Hinblick auf die von uns gewählten ethischen Themen, der Fall zu sein: Sie alle zeigen auf je einzigartige Weise, wie es ist, auf die schiefe Bahn zu geraten, unter Zeitdruck zwischen schlechten Handlungsmöglichkeiten wählen zu müssen oder in einen Teufelskreis von Not und Schuld zu geraten.[8] Die dabei auf spielerische Weise zu gewinnenden Erkenntnisse lassen sich aus prinzipiellen Gründen nicht in ein anderes Medium wie etwa Film oder Literatur übertragen, weil der konkrete Inhalt (das Was) untrennbar mit der Art und Weise (dem Wie) dieser Erkenntnis verknüpft ist. Natürlich mag es auch andere Aspekte dieser Spiele geben, die künstlerisch nicht derart gelungen sind. Das hieße aber bloß, dass es sich nicht um vollständig gelungene Kunstwerke handelte. Ihr grundsätzlicher Kunstcharakter ließe sich dennoch nur schwer leugnen.

VIRTUAL BORN KILLERS?

Mancher Leser mag überrascht sein, dass in diesem Buch, das ja eine Ethik der Computerspiele verspricht, die Gefahr sogenannter Killerspiele bisher noch nicht näher erörtert worden ist. Dass wir uns diesem Thema erst jetzt zuwenden, hat aber gute Gründe. Zunächst mussten wir auf die These des Amoralisten, Computerspiele seien grundsätzlich jenseits von Gut und Böse, eine belastbare Antwort finden. Sie lautete, dass Computerspiele sehr wohl moralisch beurteilt werden können, insofern sie moralisch relevante Weltanschauungen zum Ausdruck bringen und dem Spieler nahelegen. Dabei zeigte sich, dass auch der Spieler eine moralische Verantwortung im Umgang mit Computerspielen hat. Sie besteht darin, den Einstellungen, die ein Game befördert, innerlich auf moralisch angemessene Weise zu begegnen – was im Fall eines unmoralischen Spiels in erster Linie heißt, sich der vom Game anempfohlenen Haltung zu verweigern.

Die zentrale These derjenigen, die vor »Killerspielen« warnen, ist nun eine ganz andere. Sie lautet: Computerspiele, bei denen Gewalt, Mord und Raub im Mittelpunkt stehen, führen zu realen Verbrechen; sie sind deshalb moralisch zu verurteilen und unter Umständen auch juristisch zu verbieten. Ein prominenter Vertreter dieser Position ist der deutsche Psychiater und Bestsellerautor Manfred Spitzer. In seinem Buch *Vorsicht Bildschirm!* behauptet er, »dass Videospiele verheerende Folgen haben können«, und bezieht sich dabei ausdrücklich auf die »furchtbare Bluttat« des Massenmordes an der Columbine High School in den Vereinigten Staaten im Jahr 1999 sowie auf ähnliche mörderische Gewalttaten durch Schüler an deutschen Schulen.[1] »Virtuell spielen, real morden« – so eine Zwischenüberschrift in seinem Buch – ist für Spitzer nicht nur Ausdruck einer Korrelation, also eines gemeinsamen Auftretens zweier Phänomene, sondern es verweist auf ein kausales Verhältnis von Ursache und Wirkung: Das virtuelle Töten im Rahmen von Computerspielen führe zu wirklichem Mord. Nach dieser Logik müsste also auch der Amokläufer von Winnenden zum Täter geworden sein, *weil* er *Counter-Strike* gespielt hat.

Es gibt gleich zwei schwerwiegende Probleme mit der Killerspiele-These. Das erste ist philosophischer, das zweite empirischer Natur. Das philosophische Problem betrifft die ethische Theorie, die mit der Killerspiele-These verbunden ist: den Utilitarismus. Dieser ist, wie die Philosophin Elizabeth Anscombe einmal polemisch, aber treffend gesagt hat, eine »seichte Philosophie«.[2] Das empirische Problem besteht demgegenüber schlicht darin, dass sich die Kausalverknüpfung zwischen Gewalt in Computerspielen und realer Gewalt, wie sie Spitzer behauptet, schlicht nicht belegen lässt. Wir wollen diese beiden Probleme der Reihe nach etwas genauer betrachten.

⑊

Der Grundgedanke des Utilitarismus besteht darin, dass es in Sachen Moral nicht auf die Beweggründe oder die Gesinnung eines Menschen ankommt, sondern allein auf die Folgen seiner Handlungen. Genauer gesagt, geht es dem Utilitaristen um den Nutzen (lateinisch: *utilitas*) beziehungsweise den Schaden, der sich aus den Folgen einer Handlung ergibt.

Der relevante Nutzen ist allerdings kein bloß individueller, sondern ein kollektiver oder sozialer. Kurz: Es geht um den größtmöglichen Nutzen für die größtmögliche Zahl von Individuen.

Dass der Utilitarismus vornehmlich in der angelsächsischen Welt verbreitet ist, dürfte nicht nur daran liegen, dass seine beiden Väter, Jeremy Bentham (1748–1832) und John Stuart Mill (1806–1873), Engländer waren. Ein tieferer Grund darf in dem vermutet werden, was der Autor und Diplomat Salvador de Madariaga einmal als den »unheilbaren Empirismus des Engländers« bezeichnet hat: Nicht Gott, der Geist oder das Denken, sondern die sinnliche Erfahrung ist demnach der zentrale Begriff der englischen Philosophie.[3] Auf die Erfahrung zu hören, heißt aber im Grunde, sich auf die wahrnehmbaren Folgen einer Sache zu fokussieren – und das wiederum ebnet ganz selbstverständlich dem Utilitarismus den Weg.

Der Utilitarist ist davon überzeugt, dass sich die Frage, ob eine Handlung moralisch gut oder schlecht sei, im Grunde immer in die Frage übersetzen lässt, ob die betreffende Handlung für die Allgemeinheit eher nützlich oder schädlich sei. Nun muss man natürlich weiterfragen: nützlich oder schädlich *in welcher Hinsicht* oder *wofür*? Die ursprüngliche Antwort Benthams lautete: nützlich oder schädlich für die Vermehrung des Glücks. Dabei verwendete er im Englischen das Wort *happiness*, was jedoch nicht mit der viel komplexeren Auffassung von Glückseligkeit zu verwechseln ist, die etwa Aristoteles in der Antike entwickelte und von der später noch die Rede sein wird.[4] »Glück« meinte bei den frühen Utilitaristen vielmehr schlicht so viel wie Lust oder Freude (engl. *pleasure*), wobei es das Verdienst von John Stuart Mill war, Benthams rein quantitatives Verständnis von Lust in eine qualitative Auffassung zu überführen. Demnach gibt es verschiedene Arten von Freuden, von denen manche grundsätzlich höher stehen als andere; geistige Freuden etwa sind laut Mill stärker zu gewichten als einfache Sinnesfreuden. Ihren vielleicht prägnantesten Ausdruck findet diese Überzeugung in Mills berühmtem Satz, es sei »besser, ein unzufriedener Mensch zu sein als ein zufriedenes Schwein; besser ein unzufriedener Sokrates als ein zufriedener Narr«.[5]

Im 20. Jahrhundert schließlich hat der Begriff »Präferenz« die Begriffe »Lust« und »Freude« im Utilitarismus weitgehend verdrängt. Diese Entwicklung ist vor allem mit dem Namen des Australiers Peter Singer verbunden. Der Präferenzbegriff soll deutlich machen, dass es im Utilitarismus nicht nur um Lust im engeren Sinne geht, sondern um die Förderung des allgemeinen Wohlergehens, also um die verschiedensten »Bedürfnisse, Wünsche und Interessen« aller, die von den Folgen einer Handlung betroffen sind.[6]

Das utilitaristische Urteil über Computerspiele hängt demnach ganz davon ab, wie nützlich oder schädlich die Folgen des Game-Konsums für das allgemeine Wohlergehen sind. Mit »Game-Konsum« können Computerspiele im Allgemeinen, bloß bestimmte Genres wie Shooter oder auch nur einzelne Videospiele gemeint sein. Die Betroffenen, um deren Wohlergehen es geht, sind im Fall von Computerspielen die Entwickler, die Angestellten in Vertrieb und Marketing, die Händler, natürlich die Gamer selbst sowie alle, die die positiven oder negativen Folgen dieses Hobbys in irgendeiner Weise zu spüren bekommen.

Was Medien, Politik und Öffentlichkeit besorgt und teilweise sogar in Angst und Schrecken versetzt, ist die Vorstellung, dass gewalthaltige Games ihre Spieler zu Gewaltverbrechern oder gar Massenmördern machen könnten. Selbst hartgesottene Vertreter der Killerspiele-These würden nicht so weit gehen und diesen Zusammenhang zu einem naturgesetzartigen Automatismus erklären. Ansonsten müsste es Abermillionen Amokläufer und Schwerverbrecher infolge von Computerspielen geben. Die Mahner vertreten aber immerhin die These, dass Computerspiele das Risiko, zum Gewalttäter zu werden, deutlich erhöhen.[7] Auch das wäre ja schon eine katastrophale Folge des Computerspielens, die im Rahmen einer utilitaristischen Kosten-Nutzen-Rechnung kaum durch etwaige positive wirtschaftliche oder psychische Folgen (wie Freude am Spielen oder Entspannung) aufzuwiegen wäre.

Doch auch unabhängig von der empirischen Frage, ob die Sorge über die schlimmen Auswirkungen des Computerspielens wirklich berechtigt ist, gibt es ein grundsätzliches Problem mit dem utilitaristischen Grundgedanken, Moral sei eine Frage des Nutzens. Der christliche Philosoph C. S. Lewis, der vielen als Autor der *Chroniken von Narnia* bekannt sein dürfte, hat den fatalen Fehler am Nützlichkeitsdenken in der Moral mit einer einfachen Beobachtung auf den Punkt gebracht:

> *Manchmal ist mir ein Verhalten, das ich als schlecht bezeichne, gar nicht unliebsam, ganz im Gegenteil. Im Krieg kann jede Seite einen Verräter von der andern Seite sehr nützlich finden. Man bedient sich seiner und bezahlt ihn, aber man betrachtet ihn doch als Auswurf der Menschheit. Also kann man nicht sagen, was wir bei anderen anständiges Verhalten nennen, sei lediglich ein Verhalten, das uns gerade zu Paß kommt.*[8]

Das Beispiel des nützlichen Verräters zeigt, dass die Begriffe »gut« und »schlecht«, wenn sie in einem moralischen Sinne gebraucht werden, nicht mit »nützlich« und »schädlich« gleichbedeutend sein können, und zwar nicht einmal dann, wenn man vom kollektiven Nutzen oder Schaden einer Mehrheit spricht. Die Moral verlangt bestimmte Dinge von uns und verbietet andere - ganz unabhängig davon, ob man selbst oder irgendein anderer dadurch einen Vorteil hat. Das bedeutet natürlich nicht, dass die Folgen einer Handlung grundsätzlich keine Rolle bei ihrer Bewertung spielen sollten. Gerade in der christlichen Ethik gilt schließlich der zentrale Satz »An ihren Früchten werdet ihr sie erkennen« (Mt 7, 16). Das aber hat mit Utilitarismus nichts zu tun. Denn die »Frucht«, sprich, die Folge einer Tat, ist hier nicht das eigentlich Gute oder Schlechte, sondern nur das äußere Anzeichen einer *inneren* Güte oder Verderbnis.

Ein Anhänger des Utilitarismus könnte auf all das erwidern, dass *er* einen Vaterlandsverräter gar nicht grundsätzlich für verachtenswert halte und dass die gewöhnliche Reaktion der Menschen eben fehlgeleitet sei. Damit begäbe sich der Utilitarist aber auf den Kriegspfad mit dem gesunden Menschenverstand und mit dem Begriff der Moral selbst. Ja, seine Theorie liefe letztlich auf eine fragwürdige Neudefinition von Moral hinaus. Wir brauchen diesen Streit an dieser Stelle aber gar nicht weiterzuverfolgen. Wir können die soeben vorgebrachte Grundlagenkritik sogar gänzlich ausklammern und so tun, als sei der Utilitarismus eine überzeugende ethische Theorie. Selbst dann ist die Killerspiele-These nämlich zum Scheitern verurteilt, und zwar aus empirischen Gründen.

⸜

Wie wir gesehen haben, behauptet der Psychologe Manfred Spitzer, ein entschiedener Vertreter der Killerspiele-These, dass das Spielen von Computerspielen mit Gewaltdarstellungen »verheerende Folgen« haben und sogar zu realem Mord führen kann. Entspricht diese These aber überhaupt den Tatsachen? Als Beleg für seine Behauptung verweist Spitzer insbesondere auf drei Studien aus den Jahren 2000, 2001 und 2004.[9] Schaut man sich diese Untersuchungen genauer an, so fällt auf, dass keine von ihnen eine derartige Kausalbeziehung, wie Spitzer sie freimütig als den Stand der Forschung hinstellt, vertritt. Spitzers These am nächsten kommt die Aussage von Craig Anderson und Karen Dill, es gebe »wahrscheinlich mehrere Faktoren« für die Erklärung des Attentats von Columbine, wobei ein »möglicher solcher Faktor« eben gewalthaltige Videospiele seien.[10] Allerdings verwenden die beiden Forscher im Gegensatz zu Spitzer nicht zufällig eine betont hypothetische Formulierung. Es handelt sich nämlich um eine bloße Mutmaßung, die auch durch ihre eigene Forschung nicht bewiesen wird.

In Wahrheit besteht der gemeinsame Nenner der drei von Spitzer zitierten Studien in der viel weniger spektakulären These, dass es eine Korrelation zwischen dem Spielen gewalthaltiger Games und erhöhter Aggression gebe. Aber selbst das ist mehr als zweifelhaft, insofern nämlich alle drei Studien nachweislich an groben Mängeln leiden. Es lohnt sich, insbesondere das Experiment von Anderson und Dill etwas genauer zu betrachten, weil es typisch ist für die methodischen und begrifflichen Probleme, mit denen viele Laborexperimente, die sich mit Computerspielen, Aggression und Gewalt beschäftigen, zu kämpfen haben.

Den Probanden des Experiments wurde nach dem Zufallsprinzip eines von zwei Spielen zugeteilt. Entweder ließ man sie das ursprünglich für Macintosh entwickelte Erkundungs- und Rätselspiel *Myst* (1993) spielen, das nicht nur ganz ohne Gewaltdarstellungen auskommt, sondern sich auch durch ein sehr langsames Spieltempo auszeichnet. Oder aber sie mussten den Großvater des Ego-Shooter-Genres *Wolfenstein 3D* (1993) spielen, bei dem man als amerikanischer Superspion B. J. Blazkowicz reihenweise Nazischergen über den Haufen schießen muss. Bereits diese Auswahl ist höchst fragwürdig, wenn es darum gehen soll, den Einfluss von fiktiven Gewalthandlungen auf die Psyche des Spielers herauszufinden. Dazu hätten die beiden ausgewählten Games, unabhängig vom Unterschied in puncto Gewalt, zumindest ähnlich aufregend und actionreich sein müssen.[11] Statt *Myst* hätte sich beispielsweise ein harmloses, aber aufregendes Rennspiel wie *Mario Kart 64* (1996) angeboten.

Nach fünfzehn Minuten Spielzeit wurde das Game beendet und der Testperson mitgeteilt, sie müsse nun in einem Reaktionswettbewerb gegen einen anderen Probanden, der sich im Raum nebenan befinde, antreten. Der angebliche Wettbewerb bestand darin, schneller als der Kontrahent einen bestimmten Knopf zu drücken. Der Verlierer werde dann einer Lärmattacke ausgesetzt. Es würden insgesamt 25 Runden gespielt, und vor jeder neuen Runde seien Dauer und Intensität der nächsten Lärmattacke festzulegen. In Wahrheit gab es aber gar keinen Kontrahenten. Jeder Proband gewann in diesem abgekarteten Spiel dreizehnmal und verlor zwölfmal. Die eigentliche Pointe bestand darin zu erfahren, wie der Proband mit seiner jeweiligen Computerspielerfahrung seine Geräuschangriffe – auch in Reaktion auf die selbst erlittenen Lärmbelästigungen – bestimmen würde.

Für die Auswertung des Verhaltens der Probanden legten die Forscher die folgenden vier Indikatoren für Aggression fest: 1. die Dauer der Lärmattacke nach einer gewonnenen Runde, 2. die Dauer der Lärmattacke nach einer verlorenen Runde, 3. die Intensität der Lärmattacke nach einer gewonnenen Runde, 4. die Intensität der Lärmattacke nach einer verlorenen Runde.[12] Erstaunlicherweise gab es nur in Bezug auf einen der vier Indikatoren - nämlich die Dauer der Lärmattacke nach einer verlorenen Runde - überhaupt ein Ergebnis, das sich hinreichend von bloßem Zufall unterschied und damit als »statistisch signifikant« gelten konnte: Im Durchschnitt setzten die Probanden, die *Wolfenstein 3D* zugeteilt worden waren, die Dauer ihrer Lärmattacke nach einer Niederlage länger an als die *Myst*-Spieler. Sie zeigten sich also gewissermaßen rachsüchtiger. In anderer Hinsicht ließ sich kein Unterschied zwischen *Myst*- und *Wolfenstein 3D*-Spielern feststellen.

Statt auf die Tatsache einzugehen, dass sich drei der vier gewählten Indikatoren als bedeutungslos erwiesen, kaprizierten sich die Autoren im Weiteren auf die *eine* signifikante Korrelation. Oder zumindest auf das, was sie selbst für eine solche hielten. Denn wie der auf Computerspiele spezialisierte Psychologe Christopher J. Ferguson aufgezeigt hat, weist die Studie von Anderson und Dill einen gravierenden statistischen Fehler auf. Unterzieht man nämlich ein und denselben Datensatz verschiedenen Analysen, muss eine statische Angleichung, eine sogenannte Bonferroni-Korrektur, vorgenommen werden, um nicht-signifikante Zufallstreffer auszuschließen. Hätte man die Bonferroni-Korrektur im Rahmen der Studie von Anderson und Dill richtig angewendet, wären Ferguson zufolge alle vier Ergebnisse als nicht-signifikant erkannt worden.[13]

Neben diesen methodischen Schwächen krankt die Studie von Anderson und Dill aber auch noch an einem begrifflichen Problem. Es stellt sich nämlich die Frage, was der Studie zufolge überhaupt als »Aggression« oder »aggressives Verhalten« gilt. Die Antwort der beiden Wissenschaftler lautete: »Aggressives Verhalten ist operational definiert als die Intensität und Dauer der Lärmattacken, die der Proband seinem Gegner zukommen lassen möchte.«[14] Das aber heißt nichts anderes, als dass im Experiment ausschließlich die Bereitschaft der Probanden untersucht wurde, nach dem Konsum von Computerspielen in einem separaten Reaktionsspiel harmlose Lärmattacken gegen den Gegner einzusetzen. Das Problem ist offensichtlich: *Dieser* Begriff von aggressivem Verhalten hat nichts mit der realen Gewalt zu tun, um die sich Eltern, Lehrer und Politiker im Rahmen der Killerspiele-Debatte Sorgen machen. Stattdessen geht es um die kurzfristigen Auswirkungen, die ein Computerspiel auf das Verhalten des Gamers in *einem anderen Spiel* hat. Auf dieses Problem haben auch die Psychologen Lawrence Kutner und Cheryl K. Olson aufmerksam gemacht, die ein groß angelegtes und vom US-Justizministerium finanziertes Forschungsprojekt zur Auswirkung von Computerspielen durchgeführt haben. Zu Recht beklagen sie, dass man einem Probanden, der im Rahmen eines Spiels eine kurze Lärmattacke auslöse, wohl kaum dieselbe böswillige Absicht unterstellen könne wie jemandem, der einen Mitarbeiter eines Gemischtwarenladens erschießt oder seinen Mitmenschen im Zuge einer Barschlägerei niedersticht.[15]

Auch die beiden anderen von Spitzer zitierten Studien haben dem kritischen Blick der Fachkollegen nicht standgehalten. Für die Studie von Gentile konnte Ferguson nachweisen, dass die Korrelation zwischen »Aggression« und dem Konsum gewalthaltiger Computerspiele so gut wie verschwindet, wenn man die Ergebnisse auf den Unterschied der Geschlechter hin kontrolliert.[16] Das heißt: Die Korrelation bestand im Grunde nicht zwischen erhöhter Aggression – was auch immer das genau heißen mag – und gewalthaltigen Computerspielen, sondern zwischen erhöhter Aggression und dem männlichen Geschlecht.

Schließlich ist auch die Studie von Anderson und Bushman, eine Meta-Analyse der psychologischen Forschung zu gewalthaltigen Computerspielen und aggressivem Verhalten, methodisch unsauber. Meta-Analysen oder Meta-Studien fassen eine Vielzahl bereits vorhandener Einzelstudien zusammen und werten diese mit statistischen Mitteln aus. Für die Qualität einer Meta-Analyse ist deshalb die Qualität und die Auswahl der von ihr untersuchten Studien entscheidend.[17] Im Rahmen eines Gerichtsverfahrens, das der US-Computerspieleverband Entertainment Software Association im Jahr 2005 gegen die Regierung des Bundesstaates Illinois bestritt, wiesen Sachverständige darauf hin, dass Studien, die keine oder gar eine negative Korrelation zwischen dem Konsum gewalthaltiger Computerspiele und aggressivem Verhalten zeigten, überhaupt nicht in der Meta-Analyse berücksichtigt worden seien.[18] Das Gericht entschied letztlich zugunsten des Klägers und verbot der Regierung von Illinois, ein geplantes gesetzliches Verbot gewalthaltiger Computerspiele durchzusetzen.

Zur Wahrheit gehört aber auch, dass es sehr wohl Studien gibt, die statistisch signifikante Korrelationen zwischen Computerspielen mit gewalttätigem Inhalt und »Aggressionen« nachgewiesen haben. Solche Zusammenhänge konnten sowohl in Laborkontexten als auch in Langzeitstudien sowie in

Querschnittsstudien, die das Verhalten der Studienteilnehmer zu einem bestimmten Zeitpunkt mithilfe von Fragebögen analysieren, aufgezeigt werden.[19] Allerdings gilt es zu bedenken, dass, erstens, Korrelation und Kausalität nicht dasselbe sind, dass, zweitens, »Aggression« in keiner dieser Studien gefährliche oder gar mörderischer Gewalt bedeutete und dass, drittens, selbst dort, wo Korrelationen gefunden wurden, diese nicht besonders ausgeprägt waren. Je höher übrigens die methodische Qualität einer Studie, desto geringer die Stärke der gemessenen Effekte.[20]

Es mag also vielleicht keinen strikten Konsens unter Psychologen zum Thema »Computerspiele und Gewalt« geben, aber ein nüchterner und ausgewogener Blick auf die empirische Forschungslage zeigt, dass der Dissens im Grunde nur darüber besteht, ob »Videospielgewalt keine ... oder fast keine Auswirkungen hat«.[21] Die für den Killerspiele-Alarmismus exemplarische Behauptung Spitzers – »Gewalt im Videospiel führt zu mehr Gewalt in der realen Welt« – ist auf alle Fälle durch nichts belegt.[22] Der weltweit größte Psychologenverband, die American Psychological Association, hat daher in einer Erklärung aus dem Jahr 2020 die These, gewalthaltige Videospiele seien für reale Gewalt verantwortlich, als unwissenschaftlich zurückgewiesen.[23]

Ungeachtet dessen bleibt es selbstverständlich eine legitime Frage, ob es nicht andere negative Auswirkungen von Computerspielen auf die Seele und das Verhalten der Spieler – und damit indirekt auch auf die Gesellschaft – geben könnte. Wir werden uns die einschlägige Forschung dazu in den folgenden Kapiteln noch näher anschauen. Die utilitaristisch motivierte Killerspiele-These gehört aber sowohl aus philosophischen als auch aus empirischen Gründen begraben.

DER KATEGORISCHE IMPERATIV UND DIE WÜRDE DES GAMERS

Wir haben herausgefunden, dass Computerspiele eine moralische Dimension haben können. Das ist der Fall, wenn sie eine moralisch relevante Einstellung oder Weltanschauung zum Ausdruck bringen und sich damit in normativer und wertender Weise auf die Wirklichkeit beziehen. Daher kann auch dem Spieler zuweilen eine moralische Verantwortung zukommen, die darin besteht, dass er gegenüber der Weltsicht, die ein Game ihm nahelegt, auf angemessene Weise innerlich Stellung bezieht. Damit haben wir die moralische Dimension des Computerspielens, also des Spielers und seiner Handlungen, aber noch nicht erschöpfend erforscht. Zwar führt, wie wir gesehen haben, die utilitaristisch geprägte Killerspiele-Diskussion in die Sackgasse, aber es gibt durchaus noch andere, besser fundierte ethische Theorien als den Utilitarismus.

An erster Stelle ist dabei an die bis heute enorm einflussreiche Moralphilosophie des Königsberger Aufklärungsphilosophen Immanuel Kant zu denken. Die beiden zentralen Begriffe von Kants Ethik sind »Pflicht« und – das Grundgesetz der Bundesrepublik Deutschland nennt es an erster Stelle – »Würde«. Wenn man diese beiden Begriffe und damit den Grundgedanken der kantischen Ethik verstehen möchte, kommt man nicht um eine gewisse denkerische Anstrengung herum, die aber, das zur Beruhigung, kein Hexenwerk ist. Wohlan denn!

Eine Pflicht im moralischen Sinne ist etwas, was allen Menschen - unabhängig von ihren Neigungen und ihrer jeweiligen Situation oder Herkunft - zu tun geboten ist. Moralische Pflichten gelten also bedingungslos und für alle. »Ich habe aber gerade keine Lust« oder »Ich bin doch kein Deutscher« sind keine gültigen Ausreden, wenn wir uns mit einer moralischen Pflicht konfrontiert sehen. Moralische Pflichten bei Kant gleichen daher strukturell den biblischen Zehn Geboten. Die Zehn Gebote sind keine Tipps oder Empfehlungen, sondern Aussagen darüber, was jeder, normativ gesehen, tun *muss*. Es gibt allerdings einen entscheidenden Unterschied zwischen Kant und der traditionellen christlichen Moralauffassung: Die moralischen Pflichten sollen Kant zufolge unabhängig von Gott als moralischem Gesetzgeber gelten. Stattdessen sollen sie gewissermaßen dem Menschen selbst entspringen. Das ist der kantische Gedanke der moralischen Autonomie, der Selbstgesetzgebung.

Wie aber ist menschliche Autonomie im Bereich der Moral möglich, ohne dass dadurch Relativismus und Beliebigkeit Einzug halten, also ohne dass jeder seine eigene private »Moral« entwickelt? Das würde schließlich darauf hinauslaufen, dass es überhaupt keine verbindliche Moral gibt. Nun, nach Kant ist die Möglichkeit einer autonomen und zugleich verbindlichen menschlichen Moral allein in der Vernunft begründet. Vernunft ist nämlich das menschliche Vermögen, das sich auf das Allgemeingültige richtet. Dass der Mensch vernünftig ist, heißt daher unter anderem, dass er sein Handeln nicht nur am Gefühl von Lust und Unlust, an seinen privaten Neigungen und Aversionen, sondern auch an objektiven Gründen ausrichten kann. Objektive Gründe sind solche, die zumindest prinzipiell von allen Menschen als verbindlich eingesehen werden können. Eine moralische Pflicht ist daher etwas, von dem vernünftige Wesen sagen: Das *muss* ich tun, *weil* ich ein *vernünftiges* Wesen bin.

Woher aber wissen wir, ob vernünftige Gründe für oder gegen eine Handlung vorliegen? Ganz einfach: Wir müssen uns fragen, ob der jeweilige Grundsatz (Kant verwendet den Ausdruck »Maxime«), mit dem wir eine Handlung begründen wollen, verallgemeinerungsfähig ist. Das wiederum ist eine rein logische Frage. Wir müssen uns bloß vergewissern, dass sich keine inneren Widersprüche ergeben, wenn wir uns vorstellen, alle würden ausnahmslos immer nach unserem Grundsatz handeln. Nur wenn das der Fall ist, taugt *unser* Grundsatz als Grundsatz für *alle* und damit als moralisches Gesetz. Das ist die Quintessenz von Kants berühmtem kategorischen Imperativ: »Handle nur nach derjenigen Maxime, durch die du zugleich wollen kannst, daß sie ein allgemeines Gesetz werde.«[1]

Ein Grundsatz, der sich nach Kant beispielsweise nicht verallgemeinern lässt, ist das Lügen zum eigenen Vorteil. Denn was wäre, wenn jedermann stets diesem Grundsatz folgte? Nun, jede erfolgreiche Lüge setzt voraus, dass mein Gegenüber meine Aussage für wahr hält. Wenn er schon im Vorfeld weiß, dass ich ihm gleich ein Märchen auftischen werde, kann ich ihn auch nicht belügen. Die Lüge ist, mit anderen Worten, ein Parasit der Wahrheit. Wenn aber immer alle zu ihrem eigenen Vorteil lügen würden, dann würde keiner die Aussagen des anderen für wahr halten. Ohne Wahrheit kann es freilich auch keine Lüge geben. Wenn der Parasit seinen Wirt tötet, ist er selbst dem Untergang geweiht. Hier sehen wir jetzt den inneren Widerspruch: Die verallgemeinerte Lüge würde die Wahrheit zerstören und sich damit der eigenen Existenzgrundlage berauben. Wegen dieses logischen Widerspruchs, und nicht etwa wegen irgendwelcher negativen gesellschaftlichen Konsequenzen, ist die Lüge für Kant ein moralisches Übel und die Wahrheit zu sagen stets Pflicht.[2]

Kants Begriff der Würde hängt aufs Engste mit der moralischen Autonomie des Menschen und seiner Vernunftbegabung zusammen. Als Vernunftwesen ist der Mensch weder eine bloße Sache noch ein Lebewesen unter vielen, sondern Person. Sachen und auch vernunftlose Lebewesen haben dagegen immer nur einen bedingten, das heißt einen relativen Wert oder Preis. Man kann sie folglich kaufen, tauschen und miteinander verrechnen. Das ist bei Personen nicht zulässig. Menschenleben lassen sich aus moralischen Gründen nicht gegeneinander aufrechnen. Als autonome Vernunftwesen dienen Personen nämlich nicht fremden Zwecken, sondern sind Selbstzwecke.[3] Ihnen kommt daher ein absoluter Wert zu: die bereits erwähnte Würde. Der kategorische Imperativ lässt sich daher auch als die Aufforderung begreifen, jeden Menschen als ein Wesen zu behandeln, das über einen absoluten Wert, eine Würde, verfügt. Das wiederum heißt, dass kein Mensch einen anderen – und auch sich selbst nicht! – als ein bloßes Mittel zum Zweck behandeln darf.

Mit dieser Skizze des Zusammenhangs von Moral, Vernunft, Autonomie und Würde sind wir gerüstet, einen kantischen Blick auf das Computerspielen zu werfen.

\

Es dürfte unmittelbar einleuchten, dass wir gegenüber den computergenerierten Figuren, die die virtuellen Welten von Computerspielen bevölkern, keine Pflichten haben. Schließlich handelt es sich nicht um echte Personen.[4] Wenn wir zunächst von Multiplayer-Spielen absehen und nur über Einzelspieler-Games nachdenken, so kommen dort aus kantischer Perspektive nur Pflichten in Betracht, die der Spieler gegenüber sich selbst hat.

Eine Pflicht gegen sich selbst, die Kant diskutiert und die zur Übertragung auf die Situation des Gamers geradezu einlädt, besteht darin, die eigenen Talente und Begabungen nicht verkümmern zu lassen. Kant hat folgenden Faulpelz im Visier:

> *[Jemand] findet in sich ein Talent, welches vermittelst einiger Kultur ihn zu einem in allerlei Absicht brauchbaren Menschen machen könnte. Er sieht sich aber in bequemen Umständen und zieht vor, lieber dem Vergnügen nachzuhängen, als sich mit Erweiterung und Verbesserung seiner glücklichen Naturanlagen zu bemühen.*[5]

Es geht hier also um eine Person, die sich aus Faulheit und Bequemlichkeit ganz dem Vergnügen hingibt, anstatt ihre körperlichen und kognitiven Begabungen zu kultivieren. Ist so etwas durch den kategorischen Imperativ zu rechtfertigen? Kant selbst sagt »nein« und verweist uns zur Begründung auf die Natur unseres Willens. Etwas wirklich zu wollen heißt, dass wir die Mittel, die uns zur Verfügung stehen, auch einsetzen, um unsere Absicht in die Realität umzusetzen.[6] Alles andere wäre bloßes Wunschdenken, aber kein Wollen. Ich kann mir etwa wünschen, reich zu sein, ohne es wirklich zu wollen. Denn ein echter Wille bemisst sich daran, ob ich auch bereit bin, etwas für meinen Erfolg zu tun. Die wichtigsten Mittel, die uns zur Verwirklichung unseres Willens zur

Verfügung stehen, sind unsere leiblichen und geistigen Fähigkeiten. Wer es sich also zum Grundsatz machte, als hedonistische Couch-Potato vor sich hin zu gammeln, der würde die grundlegendsten Mittel verlieren, die er zur Verwirklichung seines Willens benötigt. Der von Kant beschriebene Faulenzer will also etwas, was der Natur des Willens widerspricht – und was daher auch mit dem kategorischen Imperativ unvereinbar ist.

Damit wäre aus kantischer Perspektive zumindest aufgezeigt, warum exzessives Computerspielen aus moralischer Sicht verwerflich ist, zumindest wenn es auf Kosten der körperlichen und geistigen Fähigkeiten des Spielers geht.

Ein solcher Grundsatz dürfte aber für die allermeisten Gamer keine allzu hohe Hürde darstellen. Denn anders, als manche alarmistischen Stimmen meinen, besteht kein innerer Zusammenhang zwischen der Tätigkeit des Computerspielens und der Verwahrlosung grundlegender menschlicher Fähigkeiten. In der psychologischen Forschungsliteratur finden sich, im Gegenteil, deutliche Hinweise, dass Computerspiele sogar dabei helfen können, wichtige körperliche und kognitive Fähigkeiten zu schulen. Shooter etwa eignen sich besonders dazu, das räumliche Vorstellungsvermögen und die Hand-Augen-Koordination der Spieler zu verbessern. Manche Forscher sehen außerdem einen positiven Zusammenhang zwischen Videospielen und der Fähigkeit, Entscheidungen zu fällen, Strategien zu entwickeln und Folgen abzuschätzen.[7] Auch Kreativität wird immer wieder mit dem Spielen von Computerspielen in Verbindung gebracht.[8]

All das bedeutet natürlich nicht, dass das Spielen von Games für den Einzelnen aus kantischer Sicht nie zu einem Problem werden könnte. Gerade bei Onlinespielen scheint ein reales Risiko zu existieren, dass ein Spieler unter bestimmten Umständen eine krankhafte Abhängigkeit ausbildet. Auch wenn manche Forscher dafür plädieren, exzessives Gaming vor allem als Symptom eines tieferliegenden psychischen Leidens, wie zum Beispiel einer Depression, zu sehen, hat die *American Psychological Association* eine entsprechende Störung namens *Internet Gaming Disorder* in die aktuelle, fünfte Auflage ihres Diagnostikhandbuchs (DSM-5) aufgenommen.[9] Der Name dieser Störung, die übrigens unmittelbar nach der *Caffeine Use Disorder* zu finden ist, ist aber irreführend. Denn zu ihr soll ausdrücklich auch die Sucht nach Offline-Spielen zählen. Wie verbreitet die *Internet Gaming Disorder* weltweit wirklich ist, ist selbst nach Auskunft des DSM-5 unklar.[10] Vor allem in Südkorea und China gilt sie aber als eine große Bedrohung für Heranwachsende. Diese Einschätzung hat in China dazu geführt, dass die kommunistische Führung Ende August 2021 ein Gesetz erlassen hat, das es Minderjährigen verbietet, mehr als drei Stunden pro Woche Online-Games zu spielen.[11] Zumindest im Westen ist eine solche Störung, sofern es sie denn als eigenständige Krankheit wirklich gibt, jedoch alles andere als die Regel.

Selbst wenn bei uns kein massenhaftes Suchtproblem vorliegt – könnten Computerspiele nicht dennoch die Ursache für viele psychische und soziale Probleme unter Kindern sein? Dass auch das nicht der Fall ist, zeigen etwa die Forschungen von Andrew Przybylski, Psychologieprofessor an der Universität Oxford und Leiter des dortigen »Internet Institute«. In einer 2014 publizierten großen Querschnittsstudie hat Przybylski den Computerspielekonsum von rund 5000 britischen Kindern im Alter von zehn bis fünfzehn Jahren analysiert und den Zusammenhang mit ihrer »psychosozialen Anpassung« untersucht. Der Begriff der psychosozialen Anpassung umfasste dabei Lebenszufriedenheit, sozialverträgliches Verhalten und psychische Gesundheit. Es stellte sich heraus, dass Kinder, die zwischen einer Stunde und drei Stunden pro Tag mit Computerspielen verbrachten, in diesen Punkten überhaupt nicht von den Altersgenossen abwichen, die gar keine Games spielten. Geringe Unterschiede zu den Nichtspielern zeigten sich nur bei Kindern, die weniger als eine Stunde am Tag Videospiele spielten, und bei denjenigen, die dies mehr als drei Stunden pro Tag taten: Die Wenigspieler wiesen bessere Werte bei der psychosozialen Anpassung auf als Nichtspieler, die Vielspieler dagegen schlechtere.[12] Selbst aus einer deutlich pessimistischeren psychologischen Einschätzung würde sich nach kantischer Sicht noch kein allgemeines Abstinenzgebot für Games ergeben. Allerdings gilt mit Kant stets die Pflicht, unsere Autonomiefähigkeit und damit unsere Würde zu schützen, indem wir uns gegen körperliche oder seelische Abhängigkeiten wappnen. Auch übermäßiges Computerspielen dürfen wir daher nicht leichtfertig als potenziellen Gefahrenherd ausschließen.

Interessanterweise kommt es bei der gerade diskutierten Pflicht sich selbst gegenüber gar nicht auf den Inhalt eines Videospiels an. Ob ich das Puzzlespiel *Candy Crush* oder einen Titel der hyperbrutalen *Mortal Kombat*-Reihe (1992–2019) spiele, ist egal, solange ich dem Grundsatz gerecht werde, dadurch meine Talente nicht verrosten zu lassen. Es gibt allerdings auch eine Stelle bei Kant, die sich hervorragend dazu eignet, über die Moralität von Computerspielen mit brutalem Inhalt nachzudenken.

Es geht um Kants Überlegungen zum moralisch richtigen Umgang mit Tieren. Anders als Menschen sind Tiere keine

Vernunftwesen und gelten daher auch nicht als Personen. Tiere haben demnach zwar einen Wert, aber keine Würde. Heißt das dann aber nicht, dass wir aus moralischer Sicht mit Tieren verfahren dürfen, wie es uns beliebt? Mit welcher Begründung ließe sich dann etwa Tierquälerei, gegen die ja sowohl das Gewissen des Vegetariers als auch das des Karnivoren protestiert, moralisch verurteilen? Der Mensch hat, so Kants Lösung, zwar keine direkten Pflichten gegenüber Tieren, aber er hat beim Umgang mit ihnen sehr wohl Pflichten gegenüber sich selbst. Grausamkeit gegenüber Tieren ist nach Kant verwerflich, »weil dadurch das Mitgefühl an ihrem Leiden im Menschen abgestumpft und dadurch eine der Moralität, im Verhältnisse zu anderen Menschen, sehr diensame natürliche Anlage geschwächt und nach und nach ausgetilgt wird«.[13]

Es geht Kant hier wohlgemerkt nicht darum, jedwede Form von Gewalt moralisch anzuprangern. Gewalt kann, wie zum Beispiel im Fall der Notwehr, unter Umständen sehr wohl moralisch gerechtfertigt, ja sogar geboten sein. Kants Kritik richtet sich allein gegen Grausamkeit oder Brutalität. Während es also durchaus legitim sei, ein Tier zu schlachten, ohne es zu quälen, sei Tierquälerei verwerflich, weil der Mensch dadurch dermaßen emotional abzustumpfen drohe, dass auch das natürliche Mitgefühl gegenüber seinen Mitmenschen erodiere. Dieses Mitgefühl wiederum sei von Wert, wenn es darum gehe, unser Verhalten gegenüber unseren Mitmenschen auf eine verallgemeinerungsfähige, das heißt vernünftige, und somit moralische Basis zu stellen.

Die Übertragung dieses Gedankengangs auf Computerspiele, die gespickt sind mit brutalen Gewaltdarstellungen, liegt auf der Hand: Auch wenn wir keine Pflichten gegenüber computergenerierten Repräsentationen haben, haben wir doch die Pflicht, Tätigkeiten zu vermeiden, durch die unsere Sensibilität gegenüber realem Leiden abstumpfen könnte. Zu diesen Tätigkeiten gehört, so der naheliegende Verdacht, auch der Konsum medialer Gewaltdarstellungen.

Im Unterschied zum utilitaristischen Killerspiele-Argument sagt das kantische Argument gegen brutale Computerspiele nicht, dass Menschen, die derartige Games konsumieren, selbst zu Gewaltverbrechern würden. Der behauptete Zusammenhang ist viel subtiler. Der moralische Wert einer Handlung ergibt sich nach Kant nicht aus bestimmten Gefühlen, sondern nur daraus, ob unser Wille den Forderungen der Vernunft gerecht wird. Gleichwohl gibt es Gefühle, die der Sache der Moral dienen, insofern sie – wie zum Beispiel das Mitgefühl – ein natürliches Gegengewicht zu unseren rein egoistischen Neigungen bilden. Durch bloßes Mitgefühl ist moralisches Handeln zwar noch nicht garantiert, aber zumindest erleichtert. Ebenso ist fehlendes oder vermindertes Mitgefühl aus kantischer Sicht nicht per se unmoralisch, es kann jedoch eine zusätzliche Hürde darstellen, wenn es darum geht, das eigene Handeln an vernünftigen Grundsätzen auszurichten.

Am Ende ist es freilich wieder eine empirische Frage, ob das Computerspielen wirklich mit der Gefahr des Abstumpfens einhergeht. Dagegen spricht, dass es einen enormen Unterschied zwischen der Misshandlung eines empfindungsfähigen Lebewesens und der fiktiven Grausamkeit gegen eine virtuelle Figur gibt, und zwar selbst dann, wenn diese Figur ein Lebewesen repräsentiert. Was bei der Grausamkeit gegenüber Tieren auf der Hand liegt, muss nicht unbedingt auch im Fall des Computerspielens gelten. Der entscheidende Punkt ist das Bewusstsein des Gamers, dass seine Handlungen nicht echt, sondern bloß Teil eines Spiels sind. Dadurch unterscheidet sich der Computerspieler nicht nur vom Tierquäler, sondern auch vom durchschnittlichen Nachrichtenzuschauer, der die ihm präsentierten Bilder für »die Realität« hält.[14]

Wie aber sieht es mit konkreten empirischen Belegen dafür aus, dass das Spielen brutaler Videospiele eine Abstumpfung gegenüber realer Grausamkeit bewirkt? Einige Querschnittsstudien, die mithilfe von Fragebögen die Einstellungen von Kindern und Jugendlichen gegenüber Gewalt ermittelt haben, stellten eine leichte Korrelation – die aber natürlich noch keine Kausalität verbürgt! – zwischen dem Konsum gewalthaltiger Videospiele einerseits und verminderter Empathie beziehungsweise einer positiveren Einstellung gegenüber Gewalt andererseits fest.[15] Andere, methodisch ähnliche Studien haben dagegen keinen derartigen Zusammenhang gefunden.[16] Außerdem haben manche Forscher darauf hingewiesen, dass bei der Reaktion auf Gewaltdarstellungen zwischen ästhetischen und repräsentativen Emotionen unterschieden werden sollte: Während repräsentative Emotionen auf den dargestellten Inhalt bezogen seien, richteten sich ästhetische Emotionen auf die Inszenierung. Die ästhetische Freude an einer überzogenen Zurschaustellung blutspritzender Brutalität allein dürfe daher nicht als Zeichen der Abstumpfung gegenüber Gewalt gewertet werden.[17] Wie auch immer man zu dieser Unterscheidung steht, die These, wonach brutale Gewaltdarstellungen in Computerspielen einen negativen Effekt auf unsere Empathiefähigkeit hätten, ist jedenfalls nicht hinreichend belegt.

Ungeachtet dieses empirischen Befunds lässt sich noch ein weiterer kantianischer Punkt machen, der aber nicht mit der bloßen Darstellung von Gewalt zusammenhängt, sondern mit der zentralen Einsicht dieses Buches, dass Computerspiele moralisch verwerfliche Einstellungen zum Ausdruck bringen können: Bei Computerspielen, die uns Haltungen oder Überzeugungen nahelegen, die der Würde des Menschen widersprechen, sind wir angehalten, unsere Zustimmung zu verweigern – indem wir ein solches Spiel abbrechen oder, noch besser, gar nicht erst starten; und wenn wir gute Gründe haben, es doch zu spielen, dann nur mit einer kritischen inneren Distanz. Auch in Fällen, in denen die moralische Güte eines Computerspiels nicht ganz eindeutig ist, sind wir verpflichtet, darauf zu achten, dass unsere moralischen Grundsätze nicht unter der Hand korrumpiert werden.

Als wir oben über die Verantwortung des Spielers nachdachten, kam zum Schluss noch die Möglichkeit zur Sprache, dass ein Spieler ein Game für seine eigenen unmoralischen Zwecke kapert, indem er seine persönlichen Gefühle und Absichten auf die Spielhandlungen projiziert und dadurch einen an sich harmlosen Shooter zu einer interaktiven Mordfantasie werden lässt. Das kantische Urteil in einem solchen Fall ist eindeutig: Wer sich etwa beim Computerspielen an der Vorstellung ergötzt, er würde gerade diejenigen ermorden, von denen er sich missachtet fühlt, der läuft zweifellos Gefahr, damit eine Maxime in seinem Inneren zu nähren, die nicht mit der Würde der Person vereinbar ist.[18] Ein solches »Spielen« aus niederen Beweggründen kann gänzlich folgenlos bleiben, ist aus kantischer – nicht jedoch aus utilitaristischer – Sicht aber trotzdem unmoralisch.

⸜

Das Computerspielen ist keineswegs immer eine solitäre Angelegenheit. In vielen Fällen konkurrieren oder kooperieren Gamer miteinander. Dank Internet müssen diese dazu nicht einmal im selben Raum sitzen, sondern können sich über den Globus verteilt zum Spielen zusammenfinden. Wo aber mehrere Personen interagieren, greift auch Kants kategorischer Imperativ. Für den zwischenmenschlichen Bereich lassen sich die Forderungen der Moral am einfachsten mit Verweis auf den Begriff der Würde erläutern. Danach habe ich meine Mitmenschen stets als freie, vernünftige und mit unveräußerlicher Würde ausgestattete Personen zu respektieren. Das heißt insbesondere, dass ich mein Gegenüber – auch wenn es nur virtuell präsent ist – unter keinen Umständen zu einem bloßen Mittel zum Zweck herabwürdigen darf.

Wie bei vielen herkömmlichen Mannschaftssportarten gehört auch bei zahlreichen kompetitiven Computerspielen ein rauer Umgangston zur Spielkultur. Die durchaus abwertend gemeinte Bezeichnung »Noob« ist bei Weitem nicht das Schlimmste, was ein blutiger Anfänger im Netz zu hören bekommen wird. Aber selbst derbste Kraftausdrücke sind aus kantischer Sicht nicht zwingend unmoralisch. Entscheidend ist vielmehr ausschließlich die zugrundeliegende Maxime des Spielers. Wer die Erniedrigung oder die psychische Verletzung seiner Mitspieler beabsichtigt, handelt eindeutig unmoralisch. Wo es sich aber nur um Frotzeleien im Rahmen der sozialen Konventionen des jeweiligen Spiels handelt, braucht man das schwere Geschütz der Moral nicht aufzufahren.

So weit, so trivial, möchte man meinen. Es gibt bei Mehrspieler-Games nun aber auch ein spannenderes Szenario. Manchmal kann man nämlich den Eindruck gewinnen, als wären der Avatar und die Person, die ihn steuert, miteinander verschmolzen. Eine solche Identifikation kann wiederum dazu führen, dass eine spielerische Entwürdigung des Avatars zugleich als eine reale Entwürdigung der spielenden Person aufgefasst wird. Ein klassisches Beispiel dafür ist die »virtuelle Vergewaltigung«, die sich 1993 im Rahmen des textbasierten Online-Multispieler-Games *LambdaMOO* ereignet hat und die durch den Erfahrungsbericht des Journalisten Julian Dibell bekannt geworden ist.[19]

Man muss sich *LambdaMOO* wie eine computerbasierte Version der bereits erwähnten *Choose Your Own Adventure*-Spielbücher vorstellen. Startet der Nutzer das Programm, bekommt er auf seinem Bildschirm die Beschreibung eines Zimmers und der darin befindlichen Gegenstände und Personen zu lesen. Die Spielwelt von *LambdaMOO* besteht aus einem Anwesen mit einer Vielzahl solcher Zimmer. Der Spieler kann über seine Tastatur Eingaben tätigen und bekommt, je nach Input, einen neuen Text eingeblendet. Die Spieler können dabei nicht nur ihren eigenen Charakter beschreiben, sondern auch selbst Gegenstände »herstellen« (das heißt programmieren), mit denen alle anderen ebenfalls interagieren können.

Diese Möglichkeit machte sich eines Abends ein User namens Mr. Bungle zunutze, um eine Reihe virtueller Verbrechen zu begehen. Er erstellte ein Unterprogramm, das den Charakteren anderer Spieler ohne deren Zutun Handlungen zuschrieb. Mithilfe dieser digitalen »Voodoo-Puppe«, wie er es nannte, ließ Mr. Bungle die Figuren seiner Mitspieler zunehmend brutale, sadomasochistische Sexualhandlungen vornehmen.[20]

Während eine virtuelle Tötung nur die computergenerierte

Repräsentation einer Tötung, aber keine wirkliche Tötung ist, lagen die Dinge hier anders. An den Reaktionen der Opfer offenbarte sich, dass sie die virtuellen Vergewaltigungen als wirkliche Übergriffe empfanden. Eine aus Seattle stammende Nutzerin mit dem Avatar-Namen exu, die ebenfalls zu den Opfern von Mr. Bungle zählte, berichtete später, sie sei zu ihrem eigenen Erstaunen in Tränen ausgebrochen, als sie sich am Abend nach der Tat über eine Mailingliste, die den Spielern als Forum diente, über die Vorfälle beklagte. Am liebsten, schrieb exu, würde sie den Täter einer »virtuellen Kastration« unterziehen, wenn sie nur wüsste, wie.[21] Die Community von *LambdaMOO* beratschlagte lange, wie sie mit Mr. Bungle umgehen sollte. Nachdem aus der Gruppe heraus kein Beschluss gefasst wurde, entschied sich ein Administrator dazu, eigenhändig die virtuelle Todesstrafe zu vollstrecken und Mr. Bungle aus dem Spiel zu löschen.

Ähnliche Vorfälle ereigneten sich unter moderneren technischen Bedingungen im Jahr 2014 im Online-Mehrspieler-Modus von *GTA V*. Einige Spieler hatten den Programmcode gehackt, sodass ihre Avatare die Figuren anderer festhalten und mit heruntergelassenen Hosen und eindeutigen Hüftbewegungen malträtieren konnten. Als wäre das nicht schlimm genug, mussten die belästigten Avatare anschließend auch noch an unsichtbaren Striptease-Stangen tanzen. Wie schon die betroffenen Nutzer von *LambdaMOO* fühlten sich auch die Spieler von *GTA V Online*, deren Avatare solchen virtuellen Übergriffen ausgesetzt waren, als Opfer eines realen Vergehens.[22]

Wie ist es möglich, dass etwas bloß Virtuelles, eine computergenerierte Fiktion, zugleich als etwas Wirkliches empfunden wird? Nun, das Verhältnis zwischen einem Spieler und seinem Avatar ist durchaus komplex, um nicht zu sagen paradox: Einerseits ist der Avatar nur eine Spielfigur, andererseits kann er unter Umständen auch eine Erweiterung der Person darstellen. Das Wort »Person« leitet sich nicht von ungefähr vom lateinischen *persona* = »Maske« ab. Als Personen sind wir stets Masken- beziehungsweise Rollenträger, und unsere konkrete Identität ergibt sich daraus, dass wir eine Vielzahl an Rollen – zum Beispiel Ehemann, Vater, Katholik, Deutscher, Philosoph, Gamer – zu einer Einheit zusammenführen. Offenbar können auch die Avatare, die wir in virtuellen Welten steuern, zumindest temporär zu Facetten unseres vielgesichtigen Selbst werden.

Außerdem müssen wir uns klarmachen, dass sich Sexualität ebenso wie Erniedrigung immer auch im Symbolischen vollzieht. Selbstverständlich ist weder in *GTA V Online* noch in *LambdaMOO* wirklich jemand vergewaltigt worden. Die Vergewaltigung war »bloß« symbolischer Natur. Doch auch das Symbolische kann wirklich sein. Im Falle einer Grenzüberschreitung ist das Symbolische sogar zwangsläufig wirklich. Wer daran zweifelt, möge doch als Experiment dem nächstbesten Passanten den Mittelfinger entgegenstrecken und dann versuchen, sich mit dem Hinweis zu entschuldigen, die Geste sei nur symbolisch gewesen.

Die virtuellen Vergewaltigungen aus *LambdaMOO* und *GTA V Online* zeigen, dass sich das Virtuelle und das Wirkliche auf eine Weise überlappen können, die Kants kategorischen Imperativ auf den Plan ruft. Insofern Avatare tatsächlich so etwas sind wie die spielerischen Erweiterungen realer Personen, ist aus Sicht der kantischen Ethik auch den Avataren auf eine Art und Weise zu begegnen, die die Würde der hinter ihnen stehenden Personen nicht verletzt.

DRITTER TEIL

DAS GUTE LEBEN

DER TUGENDHAFTE SPIELER UND DAS GUTE LEBEN

Nach unserem moralphilosophischen Blick auf Computerspiele wollen wir nun eine andere ethische Perspektive auf unser Thema einnehmen, indem wir den Zusammenhang von Games und einem guten Leben untersuchen. Dazu müssen wir uns zunächst wieder die notwendigen theoretischen – das heißt in diesem Fall: tugendethischen – Grundlagen erarbeiten. Nur wenn wir ein solides Verständnis der Tugendethik gewonnen haben, lässt sich die Frage seriös beantworten, welchen Beitrag Computerspiele zu einem glücklichen Leben leisten können.

Als Erstes gilt es festzuhalten, dass die Tugendethik bezüglich Games keine bloße Dreingabe zur Moralphilosophie ist. Vielmehr sieht der streng moralische Blick nicht alles, was an ihnen ethisch relevant ist. Die gängige Auffassung von Moral, wie sie vor allem seit Kant vertreten wird, zeigt nämlich eine gewisse Gleichgültigkeit gegenüber dem Glück des Menschen. Die Gebote der Moral sollen allein kraft der reinen Vernunft gelten und unabhängig davon sein, ob man als moralischer Mensch glücklich wird oder nicht. Die Frage nach dem Glück mag jenseits der engen Grenzen der modernen Moralphilosophie liegen, sie befindet sich deswegen aber noch lange nicht außerhalb der philosophischen Ethik. Ganz im Gegenteil. Von ihren Ursprüngen her gedacht, beschäftigt sich Ethik sogar primär mit der Frage nach dem Glück.

»Glück« meint dabei nicht das Zufallsglück (im Sinne des englischen *luck*), sondern die Glückseligkeit des Menschen, die man auch einfach als gutes oder gelingendes Leben bezeichnen kann. Die ethische Strömung, die vorrangig über die Glückseligkeit beziehungsweise das gute Leben nachdenkt, ist die Tugendethik. Die bedeutendsten Philosophen der Antike – Sokrates, Platon und Aristoteles – waren allesamt Tugendethiker, und auch im Mittelalter war Ethik im Grunde Tugendethik gepaart mit Naturrecht. Nachdem sie innerhalb der akademischen Philosophie eine Weile durch die kantische Moralphilosophie und den Utilitarismus zurückgedrängt wurde, erlebt die Tugendethik spätestens seit den 1960er-Jahren eine Renaissance.[1]

Im Kern geht es bei der Tugendethik darum, dass die Tugend nicht nur der Hort des Guten, sondern zugleich die Quelle des Glücks ist. Bevor wir uns jedoch dem Zusammenhang zwischen Tugend und Glückseligkeit widmen, müssen wir zunächst klären, was überhaupt mit »Glückseligkeit« gemeint ist. Dazu wollen wir uns vor allem an der Ethik des Aristoteles, des bis heute wohl einflussreichsten Tugendethikers, orientieren.

Zunächst ist »Glückseligkeit« nichts weiter als der Name für den letzten Zweck all unseres Strebens. Bei allem, wonach wir streben, lässt sich fragen, warum wir dies tun. Wir antworten dann für gewöhnlich mit der Angabe eines Zwecks oder Ziels. In der Regel können wir aber den angegebenen Zweck selbst wieder infrage stellen, indem wir nachhaken: »Und wozu das?« Warum etwa lernt ein Schüler für eine Klassenarbeit? Weil er bestehen möchte. Warum aber möchte er bestehen? In der Regel, weil er einen Abschluss machen möchte, und einen Abschluss wiederum möchte er machen, damit er eine Ausbildung anfangen oder die Universität besuchen kann, und so weiter.

Die alles entscheidende Frage lautet nun, ob es einen *letzten* Zweck des Lebens gibt, also einen, für den man letztlich alles andere tut und bei dem die Frage, warum man denn *danach* strebe, keinen Sinn mehr ergibt. Dieser letzte Zweck wäre mit anderen Worten etwas, das man *ausschließlich um seiner selbst willen* erstrebt. Das aber, so Aristoteles, nennt man üblicherweise »Glückseligkeit«. Genauso entscheidend ist aber natürlich die Anschlussfrage, worin die Glückseligkeit denn konkret besteht.

Uns Kindern der Moderne mag es zunächst so scheinen, als könne es keine objektive, für alle Menschen verbindliche Antwort auf diese Frage geben. Dazu seien die Menschen schlicht zu verschieden. Jedem gelte eben etwas anderes als der letzte Zweck: Der eine strebt nach Reichtum, der andere nach Ruhm, der dritte nach einem ruhigen Familienleben, der vierte nach Lust und so weiter. Wäre dem tatsächlich so, wäre das Projekt der Tugendethik gescheitert, bevor es überhaupt richtig begonnen hat.

Im Gegensatz zu einem solchen Subjektivismus pocht die Tugendethik jedoch darauf, dass es sehr wohl ein allgemeines Wesen des Menschen gibt, aus dem sich auch sein letzter Zweck, seine Glückseligkeit, ergibt. Zunächst einmal ist der Mensch offenkundig ein Lebewesen. Ein Lebewesen zu sein ist für Aristoteles gleichbedeutend damit, eine Seele zu haben. Das mag für unsere Ohren ungewöhnlich klingen. Die Seele ist für Aristoteles aber nicht irgendein Gespenst, sondern das belebende und organisierende Prinzip eines Körpers, also das, was einen Körper überhaupt erst zu einem lebendigen Organismus werden lässt. Daher hat alles, was lebt, nach Aristoteles auch eine Seele, also Pflanzen ebenso wie Tiere und Menschen.[2]

Nun sind aber die Seelen dieser Lebewesen von Grund auf verschieden. Die Pflanzenseele verfügt nur über vegetative Funktionen wie Stoffwechsel, die Tierseele beinhaltet darüber hinaus auch die Fähigkeit zur Wahrnehmung. Die menschliche Seele schließlich überragt beide dadurch, dass sie rational ist. Das wiederum bedeutet, dass der Mensch nicht einfach nur lebt, sondern sein Leben im Lichte von Gründen führen kann. Während das Tier seinen Trieben ausgeliefert ist, ist der Mensch in der Lage, sich zu seinen Affekten auf vernünftige Weise zu verhalten. Diese Fähigkeit zur rationalen Selbstkontrolle macht den Menschen zum Menschen. Je vollkommener er diese Fähigkeit ausbildet, umso mehr wird er also seinem Wesen gerecht und wirklich Mensch sein. Ebendarin liegt dann auch der letzte Zweck des menschlichen Lebens und damit die Glückseligkeit: ein Leben zu führen, das der vernunftbegabten Seele des Menschen am besten entspricht.

Hier kommt nun auch wieder die Tugend ins Spiel. Das griechische Wort für Tugend, *aretê*, meint eigentlich so etwas wie »Vorzüglichkeit«, »Tüchtigkeit« oder schlicht »Tauglichkeit«. Der tugendhafte Mensch ist demnach einer, der auf vorzügliche Weise Mensch ist, das heißt einer, der auf besondere Weise zum rationalen Lebewesen taugt. Der tugendhafte Mensch versteht es, seine Seele dauerhaft in die ihr entsprechende Form zu bringen. Entscheidend dafür ist der rechte Umgang mit Affekten wie etwa Wut oder Angst. Nach der Tugendethik des Aristoteles sind diese Affekte nicht per se schlecht. Vielmehr kommt es auf das Maß an: Ein Zuviel an Angst ist Feigheit, ein Zuwenig draufgängerischer Leichtsinn oder Tollkühnheit. Beides sind Laster. Die goldene Mitte zwischen diesen Extremen ist die Tugend des Mutes. Das richtige Maß, die goldene Mitte ist aber nichts Starres, sondern variiert von Situation zu Situation und von Person zu Person. Was für einen Soldaten mutig ist, kann für einen Zivilisten tollkühn sein. Immer aber zielt der Tugendhafte darauf, die Extreme des Zuviel und Zuwenig zu vermeiden.

Besondere Erwähnung verdient an dieser Stelle die Tugend der Klugheit.[3] Sie ist allerdings keine ethische Tugend, die es mit einem bestimmten Affekt zu tun hätte, sondern eine sogenannte Verstandestugend. Die Klugheit ist dafür verantwortlich, die Besonderheit, ja Einzigartigkeit einer Situation zu erfassen und zu wissen, was *hier und jetzt* und nicht bloß im Allgemeinen zu tun ist. Die Klugheit ist also immer dann gefragt, wenn es konkret wird. Streng genommen kann man deshalb nie ohne Klugheit tugendhaft handeln. Sie bietet Orientierung im Einzelfall, das heißt, sie richtet uns in einer spezifischen Handlungs- oder Entscheidungssituation auf das gute, das gelingende Leben aus.

Die Tugenden äußern sich zwar in Handlungen, betreffen aber eigentlich die Seele. Als tugendhaft gilt daher nicht schon, wer einmal zufälligerweise das Richtige tut, sondern nur der, dem es gelungen ist, eine feste innere Haltung auszubilden. Der Mutige handelt gewohnheitsmäßig mutig. Wenn er in eine entsprechende Situation kommt, muss er nicht erst lange überlegen, was er zu tun hat, und dann auch noch seinen inneren Schweinhund überwinden, um seinen Entschluss in die Tat umzusetzen. Er wird vielmehr das Richtige tun, als ob es die natürlichste Sache der Welt wäre. Und das ist es für den Tugendhaften gewissermaßen auch, insofern der richtige Umgang mit seinen Affekten für ihn zu einer Art zweiten Natur geworden ist. Damit ist dann auch klar, was diejenigen tun müssen, die noch nicht tugendhaft sind: Sie müssen die Tugendhaften nachahmen, und zwar so lange, bis ihnen deren Verhalten in Fleisch und Blut übergegangen ist. Mit jeder mutigen Handlung wird es einfacher, bei der nächsten Gelegenheit erneut mutig zu sein, mit jeder feigen Aktion schwieriger. Jede Ausübung einer Tugend ist immer auch deren Einübung; dasselbe gilt selbstredend auch für die Laster. Der ultimative Lohn des Tugendhaften ist die Glückseligkeit. Diese ist aber keine Dreingabe zur Tugend, sondern im Grunde die Tugend selbst, also die Perfektionierung der eigenen Seele. Kurzum: Das tugendhafte Leben *ist* das gute Leben.

Mithilfe dieser Skizze der Lehre des Aristoteles sollten wir nun in der Lage sein, eine tugendethische Reflexion des Computerspielens in Angriff zu nehmen.

Computerspielen ist eine vielschichtige und komplexe Angelegenheit. Als ein Spielen hebt es sich von allen nicht-spielerischen Tätigkeiten des Lebens ab, in erster Linie natürlich von der Arbeit. Was die tugendethische Bewertung des Spielens im Kontrast zum Ernst der Arbeit betrifft, ist Aristoteles durchaus kritisch. Die Vorstellung, man arbeite, um spielen zu können, erscheint Aristoteles »als töricht und gar zu kindisch«.[4] Die richtige Devise laute vielmehr: »Spielen, um zu arbeiten.«[5] Das Spiel ist für Aristoteles zur Erholung von der Arbeit da, und zwar mit dem Ziel, nach dieser Erholung wieder arbeiten zu können. So gesehen ist das Spiel für ihn ein bloßes Mittel zum Zweck.

Aristoteles wird damit aber dem Begriff des Spiels, wie wir ihn am Anfang dieses Buches entwickelt haben, nicht gerecht. Es kann zwar durchaus sein, dass man mit dem Spielen noch weitere Zwecke, wie etwa Erholung oder Ablenkung, verfolgt. Es ist aber immer primär Selbstzweck. Zugleich ist das Spiel, wie der Philosoph John Finnis festgestellt hat, ein »grundlegender Aspekt menschlichen Wohlergehens«, ein Wert an sich.[6] Mit Blick auf die anthropologischen und kulturtheoretischen Befunde, die Forscher wie Huizinga und Caillois zusammengetragen haben, muss man Finnis in dieser Diagnose zustimmen. Spielen ist daher nicht nur in sich sinnvoll, sondern auch an sich wertvoll. Sein Wert hängt, mit anderen Worten, nicht davon ab, dass wir anschließend effektiver arbeiten können.[7]

Damit sich der Wert des Spiels im Leben des Menschen angemessen realisieren kann, gilt es aus tugendethischer Perspektive vor allem, das richtige Maß zu finden. Sprich, der natürliche Affekt, der den Menschen zum Spielen animiert, muss von der Klugheit im Zaum gehalten werden. Auch beim Spielen ist die Tugend als die Mitte zwischen zwei lasterhaften Extremen definiert. Unsere Sprache verfügt allerdings weder für diese Tugend noch für ihre Laster über feststehende Ausdrücke, weshalb wir uns mit Umschreibungen behelfen müssen: Wer keine oder zu wenig Freude am Spielen hat, ist ein bierernster Spielverächter. Wer hingegen alle oder zu viel Zeit dem Spiel widmet, ist ein kindsköpfiger Spielenarr. Der tugendhafte Spieler ist dagegen derjenige, der es versteht, ein Spiel allein oder mit anderen so zu spielen, dass es von allen als eine in sich sinnvolle Tätigkeit erlebt wird, und zwar ohne die gesunde Balance mit den anderen, nichtspielerischen Tätigkeiten seines Lebens zu verlieren.

Die Verstandestugend der Klugheit, von der oben die Rede war, erhält beim Spielen somit eine doppelte Funktion. Die erste besteht darin, das Spielen in den Ernst des Lebens einzubinden, das heißt zu entscheiden, was man wann mit wem wie lange spielt. Der kluge Spieler wird aber weit mehr tun, als nur darauf zu achten, dass sich keine krankhafte Abhängigkeit einstellt. Während ein Psychiater erst dann eine »Internet Gaming Disorder« diagnostizieren kann, wenn mindestens fünf von neun Kriterien erfüllt sind, von denen eines zum Beispiel die Gefährdung zwischenmenschlicher Beziehungen ist, wird der kluge Gamer jegliche Maßlosigkeit beim Computerspielen mit Blick auf das gute Leben vermeiden.

Die zweite Funktion der Klugheit beim Computerspielen ist es, eine konkrete Spielsituation *als Spiel* gelingen zu lassen. Das ist keine geringe Herausforderung. Wie schnell werden wir zu Spielverderbern, weil wir einen Wettbewerb nicht ernst genug oder, umgekehrt, ein Spiel unter Freunden zu ernst nehmen oder weil wir bei der Einhaltung der Regeln mal zu pingelig und mal zu lax sind! Ein kluger Computerspieler weiß solche Fallstricke zu vermeiden, indem er besondere Tugenden an den Tag legt, Tugenden, die für das Gelingen des Spiels entscheidend sind: gesunden Ehrgeiz, erkundungsfreudige Neugier, fairen Sportsgeist und Geselligkeit.[8] Schauen wir uns diese Tugenden der Reihe nach einmal etwas genauer an.

Der gesunde Ehrgeiz wird einen Spieler dazu bringen, sein Bestes zu geben, und ihn zugleich davon abhalten, im Falle eines Scheiterns sich selbst und seinen Mitspielern die Spielfreude zu nehmen. Auch wird er sich die Erfahrung eines herausfordernden Spielerlebnisses nicht dadurch verderben, dass er sich schon bei der ersten Hürde mit faulen Tricks (insbesondere Cheatcodes) behilft.

Jedes Game setzt eine gewisse Neugier voraus, auch wenn

nicht alle Computerspiele den Erkundungsdrang des Spielers gleichermaßen belohnen. Ohne die Bereitschaft, Neues zu lernen, wird man jedenfalls selbst bei weniger innovativen Games kaum die Spielmechaniken meistern. Darüber hinaus gibt es aber auch Spiele wie *The Legend of Zelda: Breath of the Wild*, dessen gigantische offene Spielwelt nur so strotzt vor außergewöhnlichen Kreaturen, Orten und Abenteuern. Ein erkundungsfreudiger Spieler wird auf riesige Drachen und mysteriöse Inseln stoßen, die ein oberflächlicher Spieler, der das Spiel nur schnell durchspielen möchte, nie zu Gesicht bekommen wird. Eine übertriebene, falsche Neugier wird dagegen nur auf oberflächliche Weise nach neuen Reizen und Impulsen durch Computerspiele suchen. Kaum hat der neuerungssüchtige Gamer ein Spiel begonnen, legt er es schon wieder gelangweilt beiseite und sehnt sich nach der nächsten großen Veröffentlichung. Für den Berg an gekauften, aber mehr oder weniger ungespielten Spielen hat sich unter Gamern sogar der stehende Ausdruck *pile of shame*, »Stapel der Schande«, eingebürgert.

Sportliche Fairness ist in kompetitiven Spielen von zentraler Bedeutung. Diese Tugend gebietet es, sich anderen gegenüber keinen unerlaubten Vorteil zu verschaffen. Damit bezieht sich Fairness zwar immer auf einen Gegner, ist aber zugleich im rationalen Eigeninteresse des Spielers. Ein Cheater macht – ähnlich wie ein Spieler mit verbissenem Ehrgeiz – schließlich nicht nur anderen, sondern auch sich selbst das Spielerlebnis kaputt. Er kann durch seine Betrügerei zwar eine Weile seiner Ruhm- und Geltungssucht frönen, das Erlebnis des Spiels *als Spiel* bleibt ihm aber verwehrt. Ein Sinn für Fairness kann bei Computerspielen aber auch bedeuten, bestimmte Möglichkeiten des Games bewusst *nicht* zu nutzen. Gerade im Bereich von Shootern kommt es immer wieder vor, dass manche Waffen übermäßige Durchschlagskraft haben und damit die Spielbalance stören. Es ist ein Frage der Klugheit, wie in einer konkreten Spielsituation ein fairer Umgang mit solchen Balanceproblemen aussieht: Sollten alle auf das zu mächtige Scharfschützengewehr verzichten, oder besteht vielleicht eine der Mannschaften aus Neulingen, die einen ausgleichenden Vorteil gegenüber dem erfahreneren Gegner gut gebrauchen könnten, um das Spiel insgesamt spannend und fair zu gestalten?

Im Zusammenhang mit Computerspielen die Tugend der Geselligkeit anzuführen, mag im ersten Moment überraschen. Handelt es sich doch einem verbreiteten Klischee zufolge bei Gamern um vereinsamte und sozial inkompetente junge Männer, die sich vor den Herausforderungen der Welt in verdunkelte, nur vom grellen Licht des Bildschirms erleuchtete Spielzimmer flüchten. Dieses Vorurteil ist jedoch eine Mär. Selbst Einzelspieler-Games haben eine soziale Komponente: Nicht selten spielen Klassenkameraden, Freunde, Mitbewohner und Ehepaare gemeinsam. Das heißt, sie spielen abwechselnd, schauen einander zu, feuern sich gegenseitig an, beratschlagen sich, wie dieses Monster zu besiegen oder jenes Rätsel zu lösen sei und so weiter. Bei Jugendlichen kommt häufig noch hinzu, dass auch das Reden über Computerspiele ein bedeutender Teil ihres sozialen Alltags ist.[9]

Bei Mehrspieler-Games ist die soziale Dimension offensichtlich: Wer auf der heimischen Couch gegen seinen Bruder im quietschbunten Rennspiel *Mario Kart 8* (2014) antritt, wer sich mit seiner Ehefrau durch das kooperative Abenteuer-Actionspiel *It Takes Two* (2021) kämpft oder wer über das Internet mit Fremden oder alten Freunden in die Rollenspielwelt von *World of Warcraft* (2004) eintaucht, übt sich dabei immer auch in Geselligkeit. Bei manchen Online-Multispieler-Games schließen sich Spieler außerdem zu sogenannten Clans oder Gilden zusammen. Dabei handelt es sich im Grunde um Clubs, Spielvereinigungen oder Mannschaften, die vom Amateur- bis in den Profibereich hinein aktiv sind. Clans geben sich eigene Namen, betreiben meist eigene Server und entscheiden natürlich selbst darüber, wer bei ihnen Mitglied werden darf. Nicht zu vergessen sind auch Großveranstaltungen wie E-Sport-Turniere oder Computerspielemessen. Bei solchen Anlässen hat sich auch das sogenannte Cosplay etabliert, bei dem sich Fans möglichst originalgetreu als ihre liebsten Videospielfiguren verkleiden. So bewahrheitet sich auch für die Welt der Computerspiele, was nach Huizinga vom Spiel im Allgemeinen gilt, nämlich dass es »Gemeinschaftsverbände ins Leben ruft, die ihrerseits sich gern mit einem Geheimnis umgeben oder durch Verkleidung als anders von der gewöhnlichen Welt abheben«.[10]

Die für viele Computerspiele notwendige Tugend der Geselligkeit steht außerdem in engem Zusammenhang mit Freundschaft. Freundschaft ist nach Aristoteles entweder selbst eine Tugend oder zumindest etwas, was aufs Engste mit der Tugend verbunden ist.[11] Sie ist mehr als spontane Sympathie und beruht, wie jede Tugend, auf einer inneren, durch Gewöhnung erworbenen Haltung. Sie stellt die gesunde Mitte im Umgang mit dem Bedürfnis nach menschlicher Nähe und Verbundenheit dar. Die beiden Extreme zur Tugend der Freundschaft sind ein Zuviel an Nähe, das in die Abhängigkeit oder Hörigkeit führt, und ein Zuwenig an Nähe, das in der Einsamkeit und sozialen Isolation endet. Die Bedeutung der Freundschaft für das gute Leben lässt sich Aristoteles zufolge gar nicht überschätzen: Sie sei »fürs Leben das Notwendigste. Ohne Freundschaft möchte niemand leben, hätte er auch alle anderen Güter.«[12] Ein glückliches Leben ohne Freundschaft scheint aus tugendethischer Sicht unvorstellbar.

Weil sie auf Gewohnheit beruht, zerbricht die Freundschaft nicht sofort an räumlicher oder zeitlicher Entfernung. Trotzdem bedarf sie der Pflege. Wer sich gar nicht um die Beziehung zu seinen Freunden kümmert, wird sie als solche verlieren. Gemeinsames Computerspielen ist eine von vielen Möglichkeiten, wie Freundschaftspflege unter den technologischen Bedingungen der Moderne betrieben werden kann. Während früher eine größere räumliche Distanz zugleich eine zeitliche mit sich brachte, ist dies heute nicht mehr notwendigerweise der Fall. Das Internet und die Computertechnologie haben die Möglichkeit eines geteilten Jetzt geschaffen, das nicht auf ein physisch geteiltes Hier angewiesen ist. Oder genauer ausgedrückt: Das geteilte Hier, das das geteilte Jetzt ermöglicht, muss kein materieller Ort mehr sein, sondern kann auch als virtueller, sprich: computergenerierter Raum eines Computerspiels existieren.

Die Computertechnologie erlaubt es sogar, freundschaftliche Beziehungen über den Tod hinaus zu pflegen. Das zeigt der Fall eines Gamers mit dem Nutzernamen 00WARTHERAPY00, der unter einem YouTube-Video zur Frage, ob Computerspiele spirituelle Erfahrungen bieten könnten, folgende Geschichte in die Kommentare schrieb: Als er vier Jahre alt war, kaufte sein Vater eine Xbox, auf der sie oft zusammen spielten. Zwei Jahre später verstarb der Vater. Lange Jahre konnte der Sohn die Konsole nicht anfassen. Aber irgendwann schaltete er sie doch wieder ein – und bemerkte etwas

Erstaunliches. Im Rennspiel *RalliSport Challenge* (2002), das damals eines ihrer Lieblingsspiele gewesen war, entdeckte er den Geist seines Vaters: Wie in vielen Rennspielen, so wird auch in *RalliSport Challenge* beim Zeitfahren die schnellste Runde aufgezeichnet und bei zukünftigen Rennen als Fahrt eines durchsichtigen Geisterwagens wieder abgespielt. Diese Funktion, die es Spielern ermöglichen soll, gegen ihre eigenen Rekorde anzutreten, führte in diesem Fall dazu, dass ein Teenager seinem verstorbenen Vater wiederbegegnen konnte. Der Sohn übte so lange, bis es ihm endlich gelang, seinen Vater zu überholen. Kurz vor der Ziellinie aber hielt er an und ließ das Gespenstergefährt an sich vorbeiziehen. Ein neuer, eigener Rekord hätte den virtuellen Geist seines Vaters für immer ausradiert.[13]

Trotz all dieser positiven Aspekte, die sich an der Freundschaftspflege mittels Computerspiel finden lassen, darf man skeptisch sein, ob Bekanntschaften, die *ausschließlich* über Online-Games zustande kommen und gepflegt werden, mit herkömmlichen Freundschaften gleichwertig sein können. In solchen Beziehungen fehlt neben der Möglichkeit, viele verschiedene Aktivitäten gemeinsam zu erleben, vor allem auch die physische Nähe. Allerdings ist das kein Spezifikum von Computerspielfreundschaften, sondern gilt beispielsweise auch für Brieffreundschaften. Dass reine Gamingfreundschaften im Zweifelsfall nicht ganz so wertvoll sind wie andere, herkömmlichere Formen der Freundschaft, heißt deswegen aber nicht, dass sie wertlos wären.[14]

⸜

Bei unserer Beschäftigung mit der moralischen Verantwortung des Spielers erwähnten wir die von David Hume geäußerte Sorge, dass wir allein schon durch den Umgang mit moralisch zweifelhaften Fiktionen unseren Charakter beschädigen könnten.[15] Hume scheint dabei nicht nur Werke im Blick zu haben, die dem Rezipienten eine unmoralische Einstellung nahelegen, sondern auch solche, die von sittlich fragwürdigen Charakteren und Handlungen bloß berichten, ohne sie zugleich ausdrücklich zu verurteilen. Humes Sorge lässt sich dabei auch tugendethisch verstehen, nämlich als das Bemühen, die eigene Tugendhaftigkeit, die ja die Quelle der Glückseligkeit ist, vor Verunreinigung zu bewahren. Wir dürfen uns hier an die bereits zu Anfang dieses Buches zitierte Mahnung des Sokrates erinnert fühlen, »daß die Nachahmungen, wenn man es von Jugend an stark damit treibt, in Gewöhnungen und in Natur übergehen«.[16] In diesem Sinne formuliert Hume seine Warnung:

> *Wenn ein Mensch von der Richtigkeit der moralischen Regel, nach der er urteilt, überzeugt ist, ist er mit Recht um sie besorgt und wird die Gefühle seines Herzens auch keinen Augenblick lang aus Willfährigkeit gegen irgendeinen Autor verfälschen.*[17]

Es geht also darum, nicht leichtfertig unsere Tugenden, die ja eine gewohnheitsmäßige Kontrolle unserer Affekte darstellen, zu unterminieren, indem wir uns lasterhaften Gefühlen hingeben. Wenn Hume diese Sorge schon in Bezug auf Literatur hatte, um wie viel mehr hätte er sie wohl Computerspielen gegenüber gehegt! Denn beim Computerspiel sind wir nicht nur durch unsere Imagination aktiv, sondern wir handeln auch in den fiktiven Welten, die uns die Games präsentieren. Üben wir dann durch unser Handeln in Spielen nicht auch bestimmte Haltungen ein – und möglicherweise gerade die falschen?

Die größte Sorge dürfte in dieser Hinsicht bei gewalthaltigen Computerspielen bestehen. Sind sie mit einem tugendhaften und damit guten Leben vereinbar? Anders als man meinen könnte, ist Gewalt aus tugendethischer Sicht jedoch nicht grundsätzlich verwerflich. Ganz im Gegenteil. Ein Mann, der Gewalt einsetzt, um seine Familie gegen einen Angriff zu verteidigen, ist mutig und selbstlos. Umgekehrt kann Gewaltverzicht unter Umständen sogar feige und egoistisch sein, zum Beispiel wenn ein Polizist aus Angst zögert, einen Attentäter zu erschießen. Was Brutalität angeht, sieht die Sache allerdings anders aus. Denn das Wort »Brutalität« meint ja exzessive Gewalt und bedeutet daher per se ein Übermaß an Gewalt und damit etwas Untugendhaftes.

Die entscheidende Frage lautet nun, ob für fiktive Gewalt und fiktive Brutalität dasselbe gilt wie für ihre realen Gegenstücke. Aristoteles selbst war der Ansicht, dass Fiktionen sehr wohl einen Einfluss auf unser Seelenleben haben können, und zwar einmal in reinigender und einmal in sittlicherzieherischer Weise.

Den reinigenden Charakter von Fiktionen beschreibt Aristoteles in seiner *Poetik*. Dort heißt es von der Tragödie, sie sei eine »Nachahmung von Handelnden [...], die Jammer und Schaudern hervorruft und hierdurch eine Reinigung von derartigen Erregungszuständen (katharsis) bewirkt«.[18] Bemerkenswerterweise geben heute viele Jugendliche ganz ähnlich an, gewalthaltige Computerspiele als ein Ventil für angestaute Wut und andere negative Gefühle zu nutzen.[19] Die aristotelische Katharsis betrifft zwar nicht die Wut, aber mit Jammern und Schaudern – oder wie man auch übersetzen könnte: Mitleid und Furcht – dennoch Affekte. Nach Aristoteles ist es somit durchaus möglich, extreme Affekte durch Fiktionen auszuleben, ohne dadurch zugleich ein Laster einzuüben.[20]

Eine besondere sittlich-erzieherische Wirkung sprach Aristoteles der Musik zu, weil sie auf sehr direkte Weise ethisch relevante Gefühle in der Seele erzeugen könne.[21] Aber auch bildlichen Darstellungen erkannte er eine entsprechende Wirkung zu. Es sei nur ein kleiner Schritt von den Gefühlen, die wir Bildern entgegenbringen, hin zu den Gefühlen, mit denen wir der abgebildeten Wirklichkeit begegnen.[22] Und gerade letztere Gefühle seien entscheidend für die Tugend, die im Grunde darin bestehe, »sich recht zu freuen, zu lieben und zu hassen«, das heißt, den Dingen mit der ihnen angemessenen Einstellung zu begegnen.[23] Es ist deshalb nur konsequent, dass Aristoteles für den Fall einer spielerischen Nachahmung ebenfalls von einem sittlich-erzieherischen Effekt (im positiven oder negativen Sinne) ausging. Für das Spiel der Knaben forderte er dementsprechend, dieses solle »vorwiegend eine Nachahmung dessen sein, womit sich die Kinder dereinst als Männer beschäftigen werden«.[24]

Wir haben bereits gesehen, dass sich die Behauptung, Computerspiele seien für eine massenhafte charakterliche Deformation verantwortlich, zumindest mit den Mitteln der empirischen Wissenschaften nicht belegen lässt.[25] Dafür deutet sich in der psychologischen Forschung zu Computerspielen ein Paradigmenwechsel an, der dem aristotelischen Gedanken, dass spielerische Nachahmungen im Zusammenhang mit der Ausbildung von Tugenden stehen, eine interessante Wendung gibt.[26] Statt Spieler – Kinder und Jugendliche eingeschlossen – bloß als passive Rezipienten zu verstehen, die der Wirkung von Computerspielen ausgeliefert sind, betrachten viele neuere Untersuchungen den Gamer als einen selbstbestimmt Handelnden. Die Frage lautet damit nicht so sehr: »Was machen Computerspiele mit dem Spieler?«, sondern eher: »Was macht der Spieler mit Computerspielen?«[27]

Von einer solchen Selbstbestimmungstheorie ausgehend, hat der bereits erwähnte Oxforder Gamesforscher und Psychologe Andrew Przybylski nachgewiesen, dass Computerspiele dann den größten Einfluss auf die Gefühle und die Motivation des Gamers haben, wenn er beim Spielen eine idealisierte Form seines realen Selbst erleben kann.[28] Was Computerspiele demnach besonders attraktiv zu machen scheint, ist nicht die Möglichkeit, einfach bloß ein anderer zu sein, sondern die Chance, sich als ein anderer zu erleben, der über herausragende Eigenschaften verfügt, die man auch im echten Leben für erstrebenswert hält. Zwar wird niemand, der beispielsweise in *Ghost of Tsushima* (2020) als Samurai seine japanische Heimatinsel von den eingefallenen Mongolen befreit, dadurch automatisch ehrenhafter, entschlossener oder mutiger werden. Aber wenn jemand diese Tugenden bereits von sich aus erstrebenswert findet, dann lässt sich das Spielen von *Ghost of Tsushima* zumindest als eine Art spielerisch-imaginative Vorübung begreifen, sie zu erlangen. Der kluge Spieler wird Computerspiele auf diese Weise als Beitrag zu einem guten Leben zu nutzen wissen. Zugleich wird er aber auch immer darüber wachen, ob ihn nicht insgeheim andere, lasterhafte Motive zu einem Computerspiel treiben oder von diesem unterschwellig genährt werden.

⸜

Der Beitrag, den Computerspiele zum guten Leben leisten können, lässt sich auch noch auf einer grundlegenderen, abstrakteren Ebene beobachten. Dabei geht es nicht um die spielerische Einübung konkreter Tugenden (oder Laster), sondern darum, sich mit einer Vielzahl idealisierter Handlungsmuster vertraut zu machen und dadurch das eigene Repertoire möglicher Handlungsweisen zu erweitern.

Der Philosoph C. Thi Nguyen hat Spiele als »Bibliothek von Handlungsformen« bezeichnet – wobei er nicht nur Computerspiele, sondern alle Spiele mit objektiven Regeln im Blick hat.[29] Indem wir uns auf die Ziele eines Spiels einlassen und uns seinen Regeln unterwerfen, erlernen wir Nguyen zufolge, dass wir auch auf andere, uns bisher unbekannte Art und Weise handeln können.[30] Die Handlungsweisen, wie sie in Spielen existieren, sind dabei höchst artifiziell und idealisiert. Manche Spielhandlungen, wie zum Beispiel Tetrominos zu drehen, scheinen außerhalb der Welt des Spiels überhaupt keine Entsprechung zu haben. Und auch bei Computerspielhandlungen, die reale Tätigkeiten simulieren sollen, sind diese notwendigerweise vereinfacht. Denn nur so lassen sie sich überhaupt mithilfe eines Computerprogramms und der Spielregeln im engeren Sinne operationalisieren. Es ist nicht dasselbe, in Wirklichkeit als Städteplaner zu arbeiten oder in *Cities: Skylines* (2015) Städte zu errichten, ebenso wenig wie es dasselbe ist, das eigene Leben zu führen oder eine Figur in der Lebenssimulation *The Sims 2* (2004) zu managen. Egal wie komplex es auch sein mag, jedes Computerspiel muss die Überfülle der Realität auf ein durch Regeln handhabbares Maß herunterkochen. Gerade diese Komplexitätsreduktion aber macht es möglich, in Spielen neue Formen des Handelns zu erproben. Abseits von konkreten physischen und kognitiven Fähigkeiten und Tugenden erweitern Spiele im Allgemeinen und Computerspiele im Besonderen damit die Bandbreite unserer Handlungskompetenzen. Sie weiten unseren Blick auf die Möglichkeiten menschlichen Handelns, auf die schier unendliche Vielfalt von Zielen, die der Mensch verfolgen, und die ebenso große Zahl unterschiedlicher Mittel, derer er sich dazu bedienen kann.

Bei Multiplayer-Games ergibt sich noch eine zusätzliche soziale Dimension. Statt bloß eine Bibliothek von Handlungsformen zu sein, sind Mehrspieler-Spiele, mit Nguyen gesprochen, eine »Bibliothek von Formen der Geselligkeit«.[31] Letztlich knüpft Nguyen damit an einen Gedanken an, den der zu Beginn des Buches bereits erwähnte Sozialphilosoph und -psychologe George Herbert Mead formuliert hat.[32]

Wir erinnern uns: Neben dem freien Spiel *(play)* sind nach Mead auch Mehrspieler-Spiele mit einem festen Regelwerk *(games)* für die Ich-Entwicklung von Kindern und Jugendlichen unerlässlich. Beim Spielen solcher Spiele müssen die Teilnehmer nämlich eine spezifische Rolle ausfüllen und diese mit den unter Umständen anders gearteten Rollen der Mitspieler und Gegner abstimmen. Besonders bei Mannschaftssportarten ist dies häufig der Fall. Mit Blick auf Computerspiele wird die Notwendigkeit, ein komplexes Rollengefüge zu berücksichtigen, vor allem innerhalb des Genres des Hero-Shooters überdeutlich: In Games wie *Team Fortress* 2 (2007) oder *Overwatch* (2016) setzen sich die gegeneinander antretenden Teams jeweils aus Heldenfiguren zusammen, die verschiedenen Charakterklassen mit ganz unterschiedlichen Fähigkeiten entstammen. Manche Helden sorgen für mehr Schaden, andere halten mehr Treffer aus und manche wiederum können sich und andere heilen oder verfügen über sonstige Spezialfähigkeiten. Für den gemeinsamen Erfolg ist es notwendig, das eigene Tun aus der Perspektive der anderen und mit Blick auf den Erfolg des Teams reflektieren und steuern zu können. Dieser komplexe Perspektivenwechsel ist nach Mead essenziell, um im Wortsinne *selbst-bewusst* zu werden, das heißt, ein stabiles Bewusstsein seiner selbst auszubilden. Denn nur wer sich gleichsam von außen, von der Warte der anderen betrachten kann, kann sich ein einigermaßen objektives Bild von sich selbst machen. Auch wenn es Mead vor allem um einen entwicklungspsychologischen Zusammenhang ging, gibt es keinen Grund, warum solche Spielerfahrungen nicht auch für Erwachsene wertvoll sein können. Auch Volljährige tun gut daran, hin und wieder zu üben, neue Rollen innerhalb eines komplexen sozialen Gefüges einzunehmen.

Wie erstaunlich tiefschürfend, neu und einzigartig die Handlungserfahrungen sein können, die Computerspiele zu bieten haben, zeigen exemplarisch die beiden Games *Brothers: A Tale of Two Sons* (2013) und *A Way Out* (2018) des Spieleregisseurs Josef Fares. In *Brothers* steuert der Spieler zwei Brüder, die sich auf eine abenteuerliche Reise begeben müssen, um ihren kranken Vater zu retten.[33] Das Besondere dabei: Der Spieler steuert beide Brüder gleichzeitig, wobei jeweils ein Analogstick des Controllers für eine der beiden Figuren zuständig ist. Die Brüder verfügen über unterschiedliche Fähigkeiten: Der Ältere kann beispielsweise schwimmen, ist stärker und daher auch in der Lage, bestimmte Hebel umzulegen, die sein kleiner Bruder nicht bewegen kann. Der Jüngere ist dafür wendiger und kann Orte erreichen, zu denen dem Größeren der Zugang verwehrt bleibt.

Brothers bietet dem Spieler die außergewöhnliche – und im

Alltag eigentlich unmögliche – Erfahrung, alleine zu sein und doch zugleich mit einem anderen zu kooperieren. Diese paradoxe Erfahrung wird zum Ende des Spiels hin sogar noch potenziert. – Achtung: Wer sich das Spiel nicht verderben lassen möchte, möge jetzt zum nächsten Absatz springen! – Zunächst nämlich stirbt der ältere Bruder, wodurch der rechte Stick des Controllers seine Funktion verliert. Der Tod des Bruders wird somit nicht nur erzählt, sondern auf spielerische Weise, also im Handeln selbst, als Verlust erfahrbar. Er fehlt. Auf der letzten Etappe seiner Reise muss der jüngere Bruder schließlich allein ein Gewässer durchqueren. Wie aber soll das gehen? Ohne die Hilfe seines großen Bruders kann er nicht schwimmen. Der Spieler wird zunächst vergeblich versuchen, den jüngeren Bruder mithilfe der ihm vertrauten Steuerung des linken Sticks zum Schwimmen zu bewegen. Vergeblich. Erst wenn er auch den rechten Stick bedient, der ja eigentlich dem verstorbenen Bruder vorbehalten war und seit dessen Tod nutzlos geworden ist, gelingt das Wagnis: Der Jüngere durchschwimmt sozusagen mit der Kraft seines verstorbenen Bruders das gerade noch unüberwindbar erscheinende Nass. *Brothers* führt auf diese Weise vor, wie es ist, sich die schmerzhaft vermisste Fähigkeit eines anderen zu eigen zu machen und dadurch zugleich den Abwesenden selbst im übertragenen Sinne anwesend sein zu lassen.

A Way Out kehrt die Spielmechanik von *Brothers* gewissermaßen um: Das Game ist ein reines Koop-Spiel, kann also nur zu zweit gespielt werden. Jeder der beiden Spieler steuert einen von zwei Gefängnisinsassen, die trotz anfänglicher Animosität für ihren Ausbruch, die anschließende Flucht und einen finalen Rachefeldzug zusammenarbeiten müssen. Am Schluss nimmt das Spiel – nochmals Spoiler-Warnung bis zum Ende des Absatzes! – eine überraschende Wendung: Aus der Zusammenarbeit wird ein offener, tödlicher Konflikt. Nachdem die Spieler im Laufe des Spiels ebenso zu einem Team zusammengewachsen sind wie die beiden fiktiven Figuren, die sie steuern, müssen sie im letzten Abschnitt auf einmal gegeneinander antreten. Dieser Bruch im Gameplay ist so radikal, dass die Spieler in der Regel zunächst große Hemmungen haben werden, den Mitspieler anzugreifen. Erst wenn sie begreifen, dass das Spiel ihnen keine andere Wahl lässt, werden sie den Kampf aufnehmen. *A Way Out* verdichtet die Erfahrung des Umschlagens von Freundschaft in Feindschaft, von Kooperation in Konflikt, und macht es auf der Ebene spielerischen Handelns erlebbar.

Natürlich sind selbst solche klugen Computerspiele keine magischen Schlüssel zu einem guten Leben. Das Leben gelingt nicht automatisch, nur weil man *Brothers* oder *A Way Out* gespielt hat. Nichtsdestoweniger sind gerade solche Games, die uns Formen des individuellen und kooperativen Handelns in neuem Licht zeigen, zweifellos eine Bereicherung jener großen Bibliothek der Formen des Handelns und der Geselligkeit, die wir »Spiele« nennen. Nguyen bezeichnet Computerspiele in diesem Sinne treffend als eine »Form des Lebensexperiments«.[34] Mit solchen spielerischen Versuchsanordnungen lässt sich erproben, wie es ist, auf eine bestimmte Weise zu handeln, das heißt, mit bestimmten Mitteln bestimmte Zwecke zu verfolgen. Sie erlauben uns, die Palette unserer realen Handlungsmöglichkeiten – sowohl im Individuellen als auch im Sozialen – auf sinnvolle Erweiterungen und Einschränkungen hin zu reflektieren. Kluge Spieler werden genau das tun.

KULTURELLE HEGEMONIE UND COMPUTERSPIELE

Die tugendethische Frage nach dem guten Leben hat auch eine politische Dimension. Denn der Mensch ist, wie Aristoteles schreibt, ein *zôon politikon*, »von Natur ein staatliches Wesen«.[1] Von Anfang an ist das menschliche Leben ein gemeinschaftliches, nämlich ein Leben in der Familie. Die Selbstgenügsamkeit, nach der sich der Mensch sehnt, kann ihm aber erst eine politische Gemeinschaft, nämlich der Staat, garantieren.[2] Die Ethik, verstanden als philosophische Lehre vom guten Leben, ist daher letztlich auch politisch. Umgekehrt ist aber natürlich auch die Politik, verstanden als philosophische Lehre von der Gesellschaft, ethisch, insofern es ihr darum geht, wie sich das gute Leben, das »sittlich Gute und das Gerechte«, in einem Gemeinwesen verwirklichen lässt.[3]

Was all das mit Computerspielen zu tun hat? Nun, Computerspiele können wie alle kulturellen Artefakte, seien es Werke der Hoch- oder Populärkultur, gewaltigen Einfluss auf die gesellschaftlich akzeptierten Wertvorstellungen ausüben. Ist aber, wie Georg Wilhelm Friedrich Hegel einmal formulierte, »erst das Reich der Vorstellung revolutioniert, so hält die Wirklichkeit nicht aus«.[4] Die konkrete Ausgestaltung der menschlichen Wirklichkeit hängt laut Hegel folglich entscheidend davon ab, wie der Mensch von sich selbst und der Welt, deren Teil er ist, denkt. Das ist auch der heute verstärkt rezipierte Grundgedanke des italienischen Marxisten Antonio Gramsci (1891–1937). Die gesellschaftliche Wirklichkeit wird nach Gramsci vor allem durch geistige, ideologische und kulturelle Faktoren geprägt. Wer also die Gesellschaft beherrschen wolle, müsse nach »kultureller Hegemonie« streben. Mit anderen Worten: Politik lässt sich grundsätzlich nicht auf politische, sondern nur auf »metapolitische« Weise ändern, das heißt mit Mitteln, die der Politik vor- bzw. übergeordnet sind, insbesondere etwa Film, Kunst und Literatur.[5]

Es wäre abwegig, wollte man die Bedeutung kultureller Hegemonie gerade im Massenzeitalter der Moderne bestreiten. Der Einfluss, den vor allem die Massenmedien auf die Wertauffassungen der Menschen haben, ist allzu offensichtlich. Einerseits sind Medien natürlich nur ein Spiegel dessen, was die Menschen von sich und der Welt glauben. Andererseits nehmen sie aber in einer Art Rückkopplungsschleife auch auf dieses Selbst- und Weltbild Einfluss. Computerspiele sind nun eines *der* Massenmedien unserer Zeit und deshalb metapolitisch höchst relevant. Erkannt hat das bereits die chinesische Staatsführung, die aus Angst vor ungewollten metapolitischen Auswirkungen seit Herbst 2021 per Gesetz gegen Computerspiele mit einer »abnormalen Ästhetik« vorgeht.[6] Ins Fadenkreuz staatlicher Zensur sind »obszöne und gewalttätige Inhalte« geraten »sowie solche, die ungesunde Tendenzen wie Geldanbetung und Verweiblichung fördern«.[7]

Man könnte an dieser Stelle kritisch einhaken und fragen, ob hier nicht Argumentationsmuster zum Zuge kommen, die wir im Rahmen der Killerspiele-Debatte längst zurückgewiesen haben. Wie wir gesehen haben, können Computerspiele weder für Gewaltverbrechen verantwortlich gemacht werden noch lässt sich nachweisen, dass sie sich per se negativ auf die psychische Gesundheit und Leistungsfähigkeit von Kindern und Jugendlichen auswirken.[8] Diese Erkenntnisse stehen allerdings nicht im Widerspruch zu der Behauptung, Computerspiele hätten Einfluss auf die Wertvorstellungen einer Gesellschaft. Denn Letztere sind auf einer anderen, höheren Ebene anzusiedeln. Bei der Frage nach kultureller Hegemonie geht es um die Möglichkeiten, das zu verändern, was Gesellschaften für sinnvoll, gut, wahr und schön halten.[9] Diese Werte bilden aber den Rahmen, innerhalb dessen etwas als gesellschaftlich »normal« angesehen werden kann. In einer Gesellschaft, die das objektiv Gute, Wahre und Schöne völlig verkennt, kann daher gerade das Abnormale als normal gelten.

Der gesellschaftliche Wertewandel ist ein unbestreitbares Faktum. Nirgends zeigt er sich deutlicher als auf dem Gebiet der Sexualmoral und der Geschlechterpolitik. Man denke nur an die gesellschaftliche Normalisierung von Gelegenheitssex, Pornographie und homosexuellen Partnerschaften seit den 1960er-Jahren. Was noch vor wenigen Jahrzehnten tabu war, gilt heute als Selbstverständlichkeit. Neben anderen, insbesondere technisch-medizinischen Gründen (wie die Erfindung der Antibabypille) dürfte bei dieser Entwicklung zweifellos auch der Wandel in der medialen Darstellung von Sexualität und Geschlechtlichkeit eine Rolle gespielt haben.

Insofern überrascht es nicht, dass unter anderem etwa Aktivistinnen Computerspiele als Kampfplatz des Feminismus für sich entdeckt haben. Im Jahr 2013 veröffentlichte beispielsweise die Medienkritikerin Anita Sarkeesian die Videoreihe »Tropes vs. Women in Video Games«, in der sie frauenfeindliche Stereotype in Computerspielen beklagte. Dazu zählte Sarkeesian insbesondere den Topos der »Jungfrau in Nöten« *(damsel in distress)*, die, machtlos und untätig, durch einen starken Helden gerettet werden muss.[10] Nicht einmal Super Mario, der sich routinemäßig der Errettung von Prinzessin Peach aus den Klauen des Bösewichts Bowser verschrieben hat, war vor dem Vorwurf des Sexismus sicher. Ein Jahr später, 2014, begann unter dem Hashtag »#gamergate« ein unübersichtlicher Online-Kulturkampf um Feminismus und politische Korrektheit in der Gamingwelt. Die Philosophin Christina Hoff Sommers, die sich selbst als Anhängerin des Gleichberechtigungsfeminismus versteht, wies die gender-feministische Kritik an Computerspielen als überzogen, übergriffig und männerfeindlich zurück.[11] Ungeachtet dessen ist das Gros der Spielejournalisten inzwischen ins genderfeministische Lager gewechselt und hat dessen Thesen von der Fluidität und freien Wählbarkeit der sexuellen Orientierung und des Geschlechts übernommen.[12] Aber auch viele große Gamestudios bemühen sich inzwischen, ihr Fähnchen nach dem neuen ideologischen Wind auszurichten. So hat der Spieler in vielen Games neueren Datums beispielsweise die Möglichkeit, seinen Avatar homosexuelle Beziehungen eingehen zu lassen, und zwar sogar in Spielen, in denen offen gelebte und sozial akzeptierte Homosexualität eigentlich einen Bruch mit der Fiktion bedeutet, wie etwa bei *Assassin's Creed Valhalla* (2020), das in der Wikingerzeit angesiedelt ist.

Mit Blick auf Sexualität und Geschlechtlichkeit dürfte kaum ein Videospiel der letzten Jahre metapolitisch so bedeutsam gewesen sein wie *The Last of Us Part II* (2020). Der erste Teil von *The Last of Us* (2013) war ein von Spielern und Kritikern gleichermaßen gefeiertes Action-Adventure-Spiel, das vor allem für seine großartige Geschichte gelobt wurde. In deren Zentrum stand nicht so sehr das schon hundertfach auserzählte Überleben nach der Zombie-Apokalypse, sondern vielmehr die Entwicklung einer innigen Beziehung zwischen dem Waisenmädchen Ellie und ihrem erwachsenen Beschützer Joel. War es im ersten Teil noch überwiegend Joel, den der Spieler steuerte, so ist es in *The Last of Us Part II* für einen Großteil des Games Ellie. Sie ist inzwischen erwachsen geworden und führt eine lesbische Beziehung mit einer bisexuellen Freundin, die – wie sich im Laufe des Spiels herausstellt – von ihrem Ex-Freund schwanger ist. Auch ein Transgender-Charakter, der nicht mehr Lilly, sondern Lev heißen möchte, sich den Schädel rasiert hat und deshalb vor religiösen Fanatikern fliehen muss, kommt in der Geschichte vor und begleitet den Spieler auf einem längeren Abschnitt seines Abenteuers.

Wie Nutzerkritiken auf der Rezensionsseite »Metacritic« exemplarisch zeigen, empfanden nicht wenige Spieler *The Last of Us Part II* als den unangebrachten Versuch, sie mit der LGBTQ-Weltanschauung zu indoktrinieren. Ganz anders reagierte die Presse. Der Rezensent des Spielemagazins *Eurogamer* etwa lobte das Spiel ausdrücklich für die profilierte, aber unaufgeregte Darstellung von LGBTQ-Beziehungen und -Charakteren: »Es ist keine große Sache, sie sind einfach da.«[13] Genau diese Kombination aus Prominenz und Nonchalance stellt in diesem Fall aber natürlich den eigentlichen metapolitischen Akt dar. Wenn es um die Deutungshoheit in Sachen Sexualität und Gender geht, können Computerspiele zweifellos mehr als »bloß Spiele« sein.

⸜

Sexualität und Gender sind aber nicht die einzigen Felder, auf denen mit Computerspielen um kulturelle Hegemonie gestritten wird. Im Jahr 2020 erschienen mit *Tonight We Riot* und *Heimat Defender: Rebellion* zwei ästhetisch einander durchaus ähnliche Computerspiele mit ausdrücklich politischer Botschaft, wenn auch mit gegenläufiger Stoßrichtung.[14]

Tonight We Riot hat sich ganz der Sache des Kommunismus verschrieben. Das dahinter stehende US-amerikanische Entwicklerstudio funktioniert nach eigener Auskunft als Arbeiterkooperative. Von der Optik und der grundlegenden Spielmechanik her knüpft das Game an sogenannte Beat ’em ups an, wie sie sich vor allem während der 8-bit-Ära (1983 bis ca. 1992) und der daran anschließenden 16-bit-Zeit (1987 bis ca. 1996) großer Beliebtheit erfreuten. In klassischen Beat ’em ups wie *Double Dragon I & II* (1987, 1988), *Final Fight* (1989) oder *Streets of Rage 2* (1992) blickt der Spieler seitlich auf das Geschehen, bewegt dabei seinen Avatar von links nach rechts und verprügelt allerlei Bösewichte und Gangster. Auch *Tonight We Riot* bleibt im Grunde diesem Spielprinzip treu. Der comichafte Retro-Pixellook, in dem das Game gehalten ist, ist aber natürlich im Gegensatz zu den digitalen Prügelorgien früherer Tage nicht aus der Not technischer Limitierung geboren, sondern ein bewusst gewähltes Stilmittel.

Die Geschichte von *Tonight We Riot* spielt in einem namenlosen, von rücksichtsloser kapitalistischer Ausbeutung gezeichneten Land in der nahen Zukunft. Angetrieben von einem pulsierenden Elektrosoundtrack, führt der Spieler einen kommunistischen Arbeiteraufstand gegen das System an, der am Ende des Spiels in einen Staatsstreich und die Verwirklichung eines kommunistischen Paradieses auf Erden mündet. Um dieses Ziel zu erreichen, muss der Spieler massenhaft Polizisten, Drohnen, riesige Roboter, systemkonforme Waldarbeiter und libertäre Milizionäre aus dem Weg räumen. Neben seinen Fäusten kann der Spieler unter anderem auch Ziegelsteine, Kettensägen und Molotowcocktails einsetzen, um aus den Verteidigern des verhassten Systems blutige Pixelhaufen zu machen.

Ein gewisser Humor, etwa bei der karikaturhaften Darstellung des kapitalistischen Oberbösewichts, ist *Tonight We Riot* nicht abzusprechen. Dennoch besteht kein Zweifel, dass es das Spiel trotz pixeligem Comiclook und gewollter Übertreibung mit seiner politischen Botschaft sehr wohl ernst meint. Interessant ist dabei vor allem, wie eine der zentralen politischen Botschaften ins Gameplay übersetzt wurde: Je mehr befreite Arbeiter der Spieler um seine eigene Figur scharen kann, umso mächtiger wird er. Denn die Arbeiter schließen sich den jeweiligen Angriffen des spielergesteuerten Anführers an. Statt eines Ziegelsteins fliegen dann zwanzig. Außerdem fungiert die Menge als Lebensreservoir: Stirbt die Figur des Spielers, dann übernimmt er stattdessen einfach die Kontrolle über einen der verbleibenden Proletarier. Mit dem Computerspielforscher Ian Bogost lässt sich hier von einer »prozeduralen Rhetorik« des Spiels sprechen.[15] Die für die kommunistische Revolution entscheidende Mobilisierung der Massen wird von *Tonight We Riot* nämlich nicht einfach nur behauptet, sondern durch die Spielmechanik auf interaktive Weise erfahrbar gemacht.

Das politische Gegenstück zu *Tonight We Riot* ist *Heimat Defender: Rebellion*. Das Spiel stammt aus dem Umfeld der Neuen Rechten und ist ein Jump-'n'-Run-Game, das ebenfalls im 8-bit-Retrolook gehalten und mit treibendem Elektrosound unterlegt ist. Als Figuren stehen dem Spieler eine

Reihe bekannter Persönlichkeiten aus der Szene der Neuen Rechten zur Verfügung – mit Martin Sellner zum Beispiel die Galionsfigur der Identitären Bewegung Österreichs. Wie *Tonight We Riot*, so spielt auch *Heimat Defender: Rebellion* in einer dystopischen Zukunft. Im Jahr 2084 hat die »Globohomo Corp.«, der »Konzern für Globale Homogenisierung«, eine totalitäre Herrschaft über Europa errichtet und so gut wie alle »Einwohner Europas zu willenlosen Konsumenten, sogenannten NPCs, transformiert«, wie es in der Texteinblendung zu Beginn des Spiels heißt. Nur die neurechte Heldentruppe leistet noch Widerstand. Neben den Grundfähigkeiten Rennen, Rutschen und natürlich vor allem Hüpfen stehen dem Spieler je nach Avatar auch verschiedene Waffen zur Verfügung, mit denen er sich patrouillierender Drohnen, roboterhafter NPCs und riesiger Cyborg-Bossgegner erwehren muss.

Der satirische Bezug auf das Zeitgeschehen fällt im Vergleich zu *Tonight We Riot* noch etwas deutlicher aus: Manche mausgrauen NPCs sind mit »Pussyhats«, pinkfarbenen Mützchen in Form einer Vulva, ausgestattet, wie sie in den USA beim »Women's March« 2017 gegen Präsident Donald Trump getragen wurden; andere marschieren mit Regenbogenflaggen oder stilisierten »Refugees Welcome«-Plakaten durch die Gegend. Außerdem enthält das Spiel zahlreiche Karikaturen bundesdeutscher Polit- und Medienprominenz. Einer der Endgegner – der »Oberinquisitor Memel« – ist etwa dem ehemaligen Bundesjustizminister Heiko Maas nachempfunden, unter dessen Ägide das »Netzwerkdurchsetzungsgesetz« zur Einschränkung der Meinungsfreiheit in den sozialen Medien erarbeitet und 2017 verabschiedet wurde.

Während *Tonight We Riot* von der Kritik überwiegend gelobt und von Zensurmaßnahmen verschont blieb, reagierte der deutsche Staat äußerst empfindlich auf die Veröffentlichung von *Heimat Defender*. Das Bundeskriminalamt beantragte die Prüfung des Spiels durch die Bundesprüfstelle für jugendgefährdende Medien mit dem Hinweis, es seien »Schriftzüge und Plakate zu erkennen, welche mutmaßlich gegen offene Grenzen und für heimat- und traditionsverbundene Einstellungen würben«.[16] Die Bundesprüfstelle setzte *Heimat Defender* am Ende tatsächlich auf die Liste der jugendgefährdenden Medien. Das Spiel darf seitdem weder öffentlich beworben noch an Minderjährige abgegeben werden. In ihrer Begründung verwies die Bundesprüfstelle jedoch nicht auf eine angeblich problematische Heimatverbundenheit, sondern in erster Linie auf die durch das Spiel zum Ausdruck gebrachte negative Haltung gegenüber der LGBTQ-Bewegung.[17]

Das Beispiel *Heimat Defender* zeigt, dass auch der deutsche Staat die metapolitische Dimension von Games erkannt hat. Inzwischen lässt er sogar eigene Computerspiele mit pädagogischer Zielsetzung entwickeln. Im Jahr 2020 trat das Innenministerium von Nordrhein-Westfalen als Publisher von *Leons Identität* in Erscheinung, das insbesondere in Schulen zur Prävention von Rechtsextremismus eingesetzt werden soll. In den USA nutzt der Staat Computerspiele schon länger gezielt für seine Zwecke. Eine gewisse Berühmtheit hat in diesem Kontext der vom US-Militär entwickelte Online-Multiplayer-Shooter *America's Army* erlangt, der 2002 zum ersten Mal auf den Markt kam und bis 2022 in immer neuen Versionen aufgelegt wurde. Die Spiele von *America's Army* sind kostenlos und legen großen Wert auf ein realistisches Waffen-, Treffer- und Schadensverhalten sowie auf taktische Zusammenarbeit. *America's Army* hat nie verheimlicht, was es eigentlich ist, nämlich ein Propaganda- und Rekrutierungsmittel der US-Armee. Umso erstaunlicher, dass die Spielereihe zum Teil hervorragende Kritiken erhielt und sich zur Zeit ihrer besten Titel auch unter Gamern großer Beliebtheit erfreute.[18]

Mit Computerspielen wie *America's Army* befinden wir uns im Grunde auch schon auf dem Gebiet der »Serious Games«. Damit sind in erster Linie Spiele gemeint, die nicht bloß zu Unterhaltungszwecken konzipiert wurden, sondern ernste Zwecke, vor allem solche pädagogischer und politischer Natur, verfolgen. Das soll aber natürlich auf eine Art und Weise geschehen, die dem Game nicht seinen Spielcharakter raubt. Serious Games sind deshalb nur dann *als Spiele* gelungen, wenn sie als in sich sinnvolle und erfüllende Tätigkeiten empfunden werden, man also nicht ständig auf den externen Zweck schielen muss. Eine absolut trennscharfe Unterscheidung zwischen Serious Games und Computerspielen, die ernste Themen verhandeln, gibt es daher nicht. Ein relativ eindeutiges Beispiel für ein gesellschaftspolitisches Serious Game ist *The McDonald's Videogame* (2005).[19] Darin muss der Spieler verschiedene Bereiche des globalen Fastfood-Konzerns managen: Er muss für genug Weideland und Futtersoja sorgen, er muss die Abläufe im Schlachthaus und im Restaurant optimieren, und er muss von der Bürozentrale aus die Lobbying- und Marketingmaßnahmen koordinieren. Um das Geschäft am Laufen zu halten, nötigt das Game dem Spieler immer extremere und ethisch zweifelhaftere Maßnahmen ab, wobei sich Korruption und ruchloses Verhalten über die verschiedenen Unternehmensbereiche hinweg miteinander verketten: Wer etwa für mehr Nutzfläche den Regenwald niederwalzt, erntet Protest von Naturschutzgruppen, dessen negative Auswirkungen dann wiederum durch PR-Initiativen und Schmiergeldzahlungen neutralisiert werden müssen. *The McDonald's Videogame* ist eine beißende Kritik an der unersättlichen Wachstumslogik globaler Konzerne. Es deklariert diese Kritik aber nicht einfach, sondern überführt sie durch sein Gameplay auf die Ebene des spielerischen Handelns.

All diese Beispiele zeigen eines sehr deutlich: Zu glauben, Computerspiele könnten keinen Einfluss auf die Gesinnung und die Wertvorstellungen einer Gesellschaft nehmen, ist ebenso naiv wie der umgekehrte Irrglaube, Jugendliche würden zu Massenmördern, wenn sie Ego-Shooter spielen. Was eine Gesellschaft für wert- und sinnvoll hält, drückt sie selbstverständlich in ihren kulturellen Artefakten aus: in den Geschichten, die sie erzählt, den Bildern, die sie betrachtet, und eben auch den Spielen, die sie spielt. Auf diese Weise vergewissert sich eine Gemeinschaft nicht nur ihres Ideals vom guten Leben, sondern gibt dieses Ideal zugleich an die nächste Generation weiter. Bedenkt man zudem die besondere Interaktivität von Computerspielen, gibt es gute Gründe, dem Urteil des Computerspieleforschers Ian Bogost zuzustimmen, wonach Games eine »einzigartige Überzeugungskraft« besitzen, die nicht nur »bestehende soziale und kulturelle Haltungen« stützen, sondern auch »grundlegende Einstellungen und Überzeugungen über die Welt ins Wanken bringen und verändern« kann.[20]

(ALB-)TRAUM »GAMIFICATION«

Millionen von Gamern auf der ganzen Welt haben den Rückzug aus der Realität angetreten, weil ihnen die Realität im Vergleich zu Computerspielen als unzulänglich und minderwertig erscheint. Das zumindest behauptet die US-amerikanische Spieleentwicklerin und Bestsellerautorin Jane McGonigal.[1] Während eine solche Diagnose für die meisten eher ein Anlass sein dürfte, die virtuelle Weltflucht als Ausdruck geistiger Unreife zu verurteilen, schlägt McGonigal den umgekehrten Weg ein: Sie gibt den Spielern recht! Die Realität sei schlicht nicht in der Lage, zu leisten, wozu Computerspiele imstande seien. Nur beim Spielen fühlten sich die Gamer lebendig, motiviert, fokussiert, mächtig, heroisch, sinnerfüllt und sozial geborgen.[2] Es gelte daher, die Welt nach dem Vorbild von Computerspielen umzugestalten, sie zu »gamifizieren«. Dadurch – so McGonigals vollmundiges Versprechen – könnten so gut wie alle drängenden Probleme gelöst werden, von der Gesundheitsvorsorge über die Bildung bis hin zu Armut und Klimawandel.[3]

Die Vorstellung, die Realität in ein großes Spiel zu verwandeln, besitzt zweifellos einen gewissen Reiz. Schon Platon legte in seinem staatsphilosophischen Spätwerk *Nomoi* (dt. *Gesetze*) der zentralen Figur eines namenlosen Atheners folgende Worte in den Mund:

> *Ich meine dies: Auf das Ernste soll man Ernst verwenden, auf das Nichternste aber nicht; seiner Natur nach ist aber*

> *Gott alles seligen Ernstes würdig; der Mensch dagegen ist [...] als Spielzeug Gottes geschaffen worden, und dies ist in der Tat das Beste an ihm. Dieser Rolle nun sich fügend und die allerschönsten Spiele spielend, muß ein jeder, Mann und Frau, sein Leben zubringen in einer der jetzt herrschenden entgegengesetzten Denkweise.*[4]

Der große Gedanke, der in diesen Zeilen steckt, lautet, dass allein Gott »des höchsten und vollsten Ernstes würdig« und alles Irdische daher im Vergleich ein bloßes Spiel sei.[5] Die herrschende Denkweise, die der Athener kritisiert, macht jedoch gerade die rein irdischen Ziele zum Maßstab des Ernstes. Wenn das diesseitige Leben in Wahrheit aber nur ein Spiel ist, dann liegt das wahrheitsgemäße Leben im Spielerischen, also in all jenen überflüssigen Tätigkeiten, die ihren Sinn nicht von ihrem Nutzen her erhalten. Ist das nicht die antike Vorwegnahme der Gamification, von der sich McGonigal so viel verspricht?

Die Antwort lautet Nein. Der platonische Gedanke von der Verwandlung des Lebens in ein Spiel ist in entscheidender Hinsicht sogar das genaue Gegenteil der Gamification. In Platons Vision eines schönen Lebensspiels dreht sich nämlich alles um Gott. Er ist die transzendente Instanz, an der sich all unser Tun und Sein letztlich zu orientieren hat. Es geht bei Platon deshalb nicht darum, das diesseitige Leben lediglich in ein großes Spiel zu verwandeln, sondern darum, *vor Gott* zu spielen. Auch sollen nicht irgendwelche, sondern nur die »allerschönsten Spiele« gespielt werden. Kurzum: Auf ein ehrfurchtsvolles, gottgefälliges Spielen kommt es an. Die platonische Forderung, den weltlichen Ernst in ein Spiel vor Gott zu verwandeln, lässt sich auch als Aufruf verstehen, mit der Verabsolutierung des Diesseits aufzuhören und zu begreifen, dass sich Sinn und Wert des Lebens aus einer jenseitigen Quelle speisen. Es geht mit anderen Worten darum, unser Leben in ein heiliges Spiel, einen permanenten Gottesdienst zu verwandeln.

Dagegen ist der Traum von der Gamification der Lebenswelt, wie ihn McGonigal träumt, letztlich nichts anderes als eine zweifelhafte Sehnsucht nach Optimierung des menschlichen Daseins im Diesseits. Games sollen dazu dienen, uns gesünder, produktiver und erfolgreicher zu machen.[6] Gamification ist somit die Instrumentalisierung von Computerspielen für Zwecke, die in Wahrheit nichts Spielerisches an sich haben. Schon lange bevor es Computerspiele gab, warnte Johan Huizinga vor einer zweckfremden Instrumentalisierung des Spiels. Diese mache das Spiel »zum falschen Spiele«.[7]

In verschärfter Form findet sich dieses Urteil auch bei Ian Bogost, der Gamification als »bullshit« bezeichnet – wobei er diesen Kraftausdruck in einem präzisen, philosophischen Sinne gebraucht.[8] Dass es einen solchen gibt, ist dem Essay *Bullshit* des Philosophen Harry G. Frankfurt zu verdanken. Wie die Lüge, so Frankfurt, ist auch Bullshit eine Art der Täuschung. Während aber der Lügner zumindest für sich die Wahrheit als Wahrheit anerkennen muss, um sie ins Gegenteil verkehren zu können, ist dem Bullshitter sogar die Unterscheidung zwischen Wahrheit und Lüge egal. Bullshit kann also auch dann vorliegen, wenn faktisch nichts Falsches gesagt wurde. Das entscheidende Merkmal des Bullshitters besteht darin, dass er bereit ist, *alles* – Wahrheit, Halbwahrheit und Lüge – zu sagen, nur um seine wahren Absichten dem Hörer gegenüber zu verschleiern.[9] Gamification ist für Bogost nun Bullshit in genau diesem Sinne: Es geht in Wahrheit gar nicht um Computerspiele oder darum, der Lebenswelt stärker den Charakter des Spielerischen – also des Selbstzweckhaften, das dem Ernst des Alltags entgegengesetzt ist – zu verleihen. Stattdessen dreht sich alles um Ökonomisierung, Profitmaximierung und soziale Kontrolle. Durch die Einführung spielerischer Elemente – wie zum Beispiel klarer Missionsziele, Herausforderungen, Punkte, Ranglisten, Trophäen und Abzeichen – in spielfremde Bereiche sollen dort Effektivität und Effizienz gesteigert werden.

Solche Elemente sind in Wahrheit aber nicht einmal notwendige, geschweige denn hinreichende Eigenschaften von Spielen im Allgemeinen oder von Computerspielen im Besonderen.[10] Daher sind auch Gamification und Serious Games zwei Paar Schuhe. Letztere sind echte Spiele, mit denen sich die unterschiedlichsten realen Zwecke verfolgen lassen.[11] Mit dem an die frühen *Zelda*-Spiele angelehnten *Vim-Adventures* (2012) lässt sich etwa sehr gut die relativ komplexe Bedienung des unter Softwareentwicklern beliebten Vim-Texteditors erlernen. Das Game ist aber auch einfach ein wunderbares kleines Abenteuerspiel für sich.[12] Ebenso ist auch Nintendos *Ring Fit Adventure* (2019) ein echtes Videospiel, das aufgrund seiner außergewöhnlichen Steuerung (statt des üblichen Controllers hält der Spieler einen speziellen Fitnessring in den Händen) zugleich als interaktives Fitnessprogramm taugt. Gamification hingegen besteht im Drapieren spielfremder Tätigkeiten mit Elementen, die ihnen bloß den Anschein eines Games verleihen sollen.

Der Journalist Vincent Gabrielle hat 2018 in einer Reportage für das Magazin *Aeon* die Abgründe einer gamifizierten Arbeitswelt am Beispiel des kalifornischen Disneyland Resort Hotel aufgezeigt.[13] Die Arbeiter, die in der hoteleigenen

Wäscherei mit dem Waschen, Trocknen, Bügeln und Falten der Berge an Handtüchern, Bettlaken und Bademänteln betraut waren, wurden seit 2008 durch ein elektronisches Kontrollsystem in Echtzeit überwacht. Die erfassten Informationen wurden zudem für alle Mitarbeiter öffentlich gemacht. Überall in der Wäscherei wurden Bildschirme aufgestellt, die anzeigten, welcher Arbeiter wie viele Wäschestücke verarbeitet hatte. Damit nicht genug: Die Leistung der Arbeiter wurde mittels Farbkodierung öffentlich bewertet: War man voll im Soll, leuchtete der eigene Name grün; ließ die Produktivität nach, wurde er gelb; fiel man hinter die Vorgaben zurück, erstrahlte er rot. An den Waschmaschinen waren zudem eigene Leistungsampeln angebracht, die gelb und rot zu blinken begannen, sobald die Arbeiter die Geräte nicht mehr schnell genug fütterten. Die Angestellten sprachen von der »elektronischen Peitsche«. Die einst kollegiale Atmosphäre wurde so durch ein scharfes Wettbewerbsdenken verdrängt. Wer nicht mithalten konnte, bekam die Wut seiner Kollegen zu spüren; Arbeiter verzichteten auf Toilettenpausen; Arbeitsunfälle häuften sich. Die Gamification im Disneyland Resort Hotel hatte offenbar keine in sich sinnvollen Tätigkeiten zum Ziel. Stattdessen wurden vereinzelte Aspekte von Games in Arbeitsprozesse eingeführt mit der perversen Absicht, die Arbeiter psychologisch zur Selbstausbeutung zu manipulieren. Das Disneyland Resort Hotel ist dabei kein Einzelfall. Auch in den Warenhäusern von Amazon etwa kommen ähnliche Punkte- und Bewertungssysteme zum Einsatz.

Gamification findet aber auch jenseits der Arbeitswelt Anwendung. So sind Musik-, Fitness- und Sprachlern-Apps voll mit Gamification-Elementen wie Challenges, Punktesystemen, Sternebewertungen, Abzeichen und Levelaufstiegen.

Nicht alles davon ist so sinister wie Disneys elektronische Peitsche. In vielen dieser Fälle dient Gamification dazu, dass der Nutzer etwas, was er sowieso tun möchte, mit höherer Motivation tut. Zwar bleibt das Spielerische auch hier bloß aufgesetzt, aber ethisch scheint nichts gegen solche »harmlosen« Formen der Gamification zu sprechen. Zumindest nicht auf den ersten Blick. Auf den zweiten zeigt sich allerdings, dass auch hier sehr wohl Gefahr droht.[14]

Nguyen hat darauf hingewiesen, dass auch selbst gewollte und selbst gewählte Gamification dazu führen kann, dass die Güter, nach denen wir streben, unter der Hand gekapert und manipuliert werden können.[15] Das lässt sich gut am Beispiel der Klavierlern-App *Simply Piano* belegen. Die App ist ein wahres Wunderwerk, wenn es darum geht, schnell die Grundlagen des Klavierspielens zu erlernen. Mussten sich Anfänger früher wochen- oder gar monatelang mit langweiligen Fingerübungen abmühen, bevor sie auch nur einfache Lieder spielen konnten, hat man mit *Simply Piano* sofort das Gefühl, wirklich zu musizieren. Die App hält für jedes Niveau entsprechend angepasste Versionen von Liedern der verschiedensten Musikrichtungen parat. Sie spielt die Begleitmusik ab, zeigt dem Spieler die als Nächstes zu spielenden Noten an und erkennt die tatsächlich gespielten Töne. Je nachdem, wie viele richtige Töne er trifft und wie gut sein Timing ist, erhält der Spieler dann eine Bewertung zwischen null und drei Sternen. Für erfolgreich abgeschlossene Lektionen gibt es Trophäen und neue Stücke, die aus der sich auf diese Weise stetig erweiternden Musikbibliothek ausgewählt werden können.

Eigentlich sollten die Sternebewertungen nur ein Mittel zum Zweck sein, nämlich dem Spieler als Rückmeldung zu seiner Leistung dienen. Es kann aber leicht passieren, dass aus dem Mittel ein Selbstzweck wird: Auf einmal geht es dem Spieler nicht mehr darum, ein Stück besonders schön zu spielen, sondern hauptsächlich darum, möglichst drei Sterne zu kassieren. Die Sternebewertung ist jedoch nur ein sehr unvollständiger Indikator dafür, wie gut man das Stück tatsächlich gespielt hat: Timing – und das allein misst die App – ist nicht gleich Rhythmus; Tonlängen, Legato, Staccato und Pausen werden nicht berücksichtigt. So kann es passieren, dass der Nutzer das, was er eigentlich erstrebt (ein Instrument zu beherrschen), mit einem stark vereinfachten Abbild (die volle Anzahl an Sternen zu erhalten) verwechselt.

Dieselbe Gefahr besteht auch bei Fitnesstrackern, die als Werkzeug zwar durchaus hilfreich sein können, uns aber auch schnell dazu verführen, beispielsweise die bloße Anzahl der Schritte, die wir gelaufen sind, fälschlicherweise mit wirklicher Fitness oder gar mit Gesundheit gleichzusetzen. Dabei bräuchten wir vielleicht, um fit und gesund zu werden, nicht einfach nur mehr Schritte pro Tag, sondern eine höhere oder andere Art der Belastung. Kurzum: Gamification kann durchaus ein nützlicher Motivator sein. Sie kann unser Leben aber auch ärmer machen, indem sie an die Stelle eines reichhaltigen Gutes einen unterkomplexen Platzhalter setzt.

Dasselbe Problem entsteht auch, wenn man meint, man könnte durch Gamification eine höhere und intensivere Bürgerbeteiligung an politischen Prozessen erzielen.[16] Auch hier besteht die Gefahr, dass ein spielerisches Surrogat unter der Hand das eigentliche Gut verdrängt. Darüber hinaus offenbart allein schon die Forderung nach einer Gamifizierung der Politik ein bedenkliches Ausmaß an Infantilisierung der Gesellschaft. Wer erst durch spielerische Anreize dazu animiert werden muss, sich für das Gemeinwohl zu interessieren, sollte sich vielleicht besser ganz aus politischen Belangen heraushalten.

Die größte Gefahr aber dürfte darin bestehen, dass der Staat Gamification zum Zweck politischer Kontrolle einsetzt. In Ansätzen lässt sich das bereits im chinesischen Sozialkredit-System entdecken, das ab 2014 erprobt wurde und sich Berichten zufolge seit 2021 in einer nächsten Realisierungsphase befindet.[17] Bisher handelt es sich nicht um ein einheitliches staatliches System, sondern um eine Mischung aus verschiedenen privaten und öffentlichen Verfahren, die das Verhalten von Bürgern bewerten, um es dann entsprechend belohnen oder bestrafen zu können. In vielen Fällen ist von Gamification keine Spur. Oft geht es beispielweise darum, Daten zur Kreditwürdigkeit von Bürgern zu sammeln und auszuwerten, um diese Informationen dann für das Erstellen Schwarzer Listen zu nutzen – ein Prinzip, wie es auch von der deutschen Schufa leidlich bekannt ist. Elemente der Gamification finden sich aber zum Beispiel im Sozialkredit-Programm der Stadt Rongcheng. Dort erhalten alle Bürger zunächst standardmäßig 1000 Punkte auf ihr Sozialkredit-Konto. Für schlechtes Verhalten, etwa Verstöße gegen die Verkehrsordnung, werden Punkte abgezogen, für gutes Verhalten, wie wohltätiges Engagement, werden Punkte hinzugefügt. Die Skala reicht von A+++ bis D. Für A-Bürger gibt es bestimmte Privilegien, wie zum Beispiel die Möglichkeit, Fahrräder ohne ein Pfand auszuleihen. Besonders mustergültige Individuen werden auf Plakaten für ihr selbstloses Verhalten gewürdigt.

Alles in allem ist aber auch in Rongcheng der Gamification-Aspekt des Sozialkredit-Programms nur rudimentär. Die Bürger verfolgen ihren Sozialkredit-Status nämlich nicht etwa in

Echtzeit über Apps. Stattdessen müssen sie physisch im Bürgeramt vorstellig werden, um ihre aktuelle Bewertung zu erfahren. Die Überführung des Rongchenger Sozialkredit-Systems in ein digitales Format voller täglicher Herausforderungen (»Nur noch fünf Punkte bis zur nächsten Stufe: Helfen Sie heute Ihrem Nachbarn beim Einkaufen und erhalten Sie fünfzehn Punkte!«), Trophäen (»Nachbar des Monats«) und Levelaufstiege (»Glückwunsch, Sie sind jetzt ein A++-Bürger!«) liegt aber geradezu auf der Hand. Es wäre ein weiterer Schritt auf einem unheilvollen Weg.

Zusammengefasst lässt sich jedenfalls sagen: Wer den Spielbegriff für äußere Zwecke instrumentalisiert, kann nur Scheinspiele erschaffen, die zudem auch noch die Ordnung der Güter, nach denen die Menschen streben, zu manipulieren drohen. Unter solchen Umständen ist Gamification nicht nur einfach Bullshit, sondern gefährlicher Bullshit.

DURCHGESPIELT UND BONUSLEVEL: **VIRTUAL REALITY ALS GAMECHANGER?**

Am Ende eines Buches über die Ethik des Computerspiels könnte man vielleicht eine kurze und bündige Antwort auf die Frage erwarten, ob Computerspiele aus ethischer Sicht nun eigentlich gut oder schlecht sind. Wenn aber die vorangegangenen Kapitel einigermaßen geglückt sind, wird der Leser die Frage in dieser Form hoffentlich gar nicht mehr stellen. Denn ein ethisches Pauschalurteil über *das* Computerspiel kann es genauso wenig geben wie eine ethische Bewertung *des* Films oder *des* Romans. Dazu sind alle diese Medien schlicht zu vielgestaltig. Das soll aber nicht heißen, dass wir keine allgemeinen ethischen Einsichten über Computerspiele gewonnen hätten. Wir wollen die wichtigsten Erkenntnisse, die wir im Laufe dieses Buches erarbeitet haben, nun in einer abschließenden Zusammenschau in Erinnerung rufen.

Es ist eine notorisch schwierige Angelegenheit, das Wesen des Spiels im Allgemeinen zu bestimmen. Der Begriff des Spiels ist nämlich derart grundlegend, dass wir ihn nicht im strengen Sinne definieren, sondern nur explizieren können. Dabei erweist sich das Spiel als überflüssige Tätigkeit, die ihren Sinn (oder Zweck) in sich selbst hat und die im Kontrast zu einer nicht-spielerischen Normalität steht. Bei näherer Betrachtung gehen Spiele mit einer paradox anmutenden Haltung des ernsten Unernstes einher, sind räumlich und zeitlich begrenzt, müssen frei – also ohne Zwang – vollzogen werden, sind im Ausgang stets ungewiss und verfügen über Regeln. Diese Regeln sind entweder objektiv wie beim Fußball oder subjektiv wie beim freien Rollenspiel des Kindes. In letzterem Fall existieren sie nur untergründig in der wechselhaften Fantasie des Spielers. Manche, aber nicht alle Spiele sind darüber hinaus fiktional - ein wirkliches So-tun-als-ob.

Bei Computerspielen wiederum handelt es sich, vereinfacht gesagt, um Spiele, die auf Computertechnologie beruhen. Aufgrund ihrer sich ändernden technischen Verfasstheit sind Games ein historisch wandelbares Phänomen. Dennoch lässt sich ganz allgemein feststellen, dass das Computerspiel eine subjektive und eine objektive Seite in sich vereint: Von seiner objektiven Seite her ist es ein interaktiver Zeichengegenstand, von seiner subjektiven Seite her besteht es aus den Handlungen des Spielers. Das Computerspiel als Zeichensystem auf der einen und der Spieler und seine Aktivität auf der anderen Seite sind daher die beiden aufeinander verweisenden Pole, die beim ethischen Nachdenken berücksichtigt werden müssen. Was Computerspiele zudem aus ethischer Sicht besonders interessant macht, ist ihr Potenzial, objektive Spielregeln mit der seh-, hör- und fühlbaren Darstellung fiktiver Welten zu verbinden.

Dass eine ethische Reflexion über Computerspiele sowie deren moralische Bewertung überhaupt möglich ist, ist zunächst alles andere als selbstverständlich, steht doch die Tätigkeit des Computerspielens wie alles Spiel im Kontrast zum normalen, alltäglichen, gewöhnlichen Leben. Seinen primären Sinn hat es in sich selbst und nicht in irgendeinem Nutzen, der äußerlich mit ihm verbunden sein mag oder auch nicht. Dennoch ist die Vorstellung, Computerspiele seien »bloß Spiele« und lägen darum jenseits aller ethischen Kategorien, unhaltbar. Computerspiele bieten ihren Spielern nämlich interaktive computergenerierte Welten, durch die auch ernst gemeinte Haltungen über die reale Welt und das echte Leben zum Ausdruck kommen können. Games können ihre Spieler auf diesem Wege dazu auffordern, sich bestimmte Einstellungen zu eigen zu machen; und für ebendiese Haltungen und Einstellungen, die sie vertreten und dem Spieler nahelegen, können Computerspiele moralisch beurteilt werden.

Darüber hinaus liegt es in der moralischen Verantwortung des Spielers, adäquat auf die Einstellungen zu reagieren, die ihm ein Computerspiel nahelegt. Ein moralisch integrer Spieler wird mit Widerwillen auf ein Game reagieren, das ihm Haltungen aufdrängt, die er als zutiefst unmoralisch empfindet. Dieser Widerwille muss aber nicht zwangsläufig im Spielabbruch münden. Es kann gute, wenn auch eher untypische Gründe (wie zum Beispiel ein wissenschaftliches Interesse) dafür geben, dass der Spieler ein solches Game trotzdem weiterspielt. Der Blick von außen ist für die moralische Beurteilung des Spielers daher nur bedingt aufschlussreich. Alles in allem ist es durchaus möglich, moralisch zweifelhafte Spiele zu spielen, ohne deshalb etwas Unmoralisches zu tun. Umgekehrt ist es aber auch möglich, dass der Spieler ein moralisch einwandfreies Game für private, moralisch zwielichtige Zwecke kapert, etwa um niedere Gelüste zu befriedigen.

Die Tatsache, dass man Computerspiele sehr wohl ethischer Kritik im Allgemeinen und moralischer Beurteilung im Besonderen unterziehen kann, ist aber kein Plädoyer für einen moralinsauren Umgang mit Games, dem zufolge alles moralisch Abgründige aus Spielen zu verbannen wäre. Ganz im Gegenteil! Computerspiele können sogar gerade dann besonders ethisch wertvoll sein, wenn sie uns auf *genuin spieleri-*

sche Weise Einblick in die tieferen Mechanismen von Verführung, Bosheit und Schuld verschaffen. Das Böse in Form eines Computerspiels erlebbar zu machen, heißt nicht zwangsläufig, es auch zu befürworten.

Gänzlich ad acta gelegt gehört die jahrelang von Medien und Politikern wiederholte These von den Killerspielen. Sie setzt nicht nur einen grundsätzlich fragwürdigen Utilitarismus voraus, sondern steht auch im Widerspruch zur empirischen Forschung. Zwar mag es nachteilige Auswirkungen des Computerspielens geben, aber die plumpe Behauptung der Killerspiele-Theoretiker, Gewalt in Computerspielen führe zwangsläufig zu realer Gewalt, ist schlicht falsch.

Viel feinsinniger und differenzierter sind dagegen die kantischen Überlegungen zur moralischen Verantwortung des Gamers. Auch wenn es keinen kausalen Automatismus von virtuellen Gewaltdarstellungen zu realer Gewalt gibt, steht der Spieler aus kantischer Sicht sehr wohl in der Pflicht, sich unbequemen Fragen zu stellen: Begebe ich mich durch exzessives Spielen nicht in eine Abhängigkeit, die mit meiner Würde als freiem Wesen unvereinbar ist? Und kann ich auch wirklich sicher sein, dass die Computerspiele, die ich spiele, mich nicht gegenüber realem Leid abstumpfen lassen? Beim Gaming mit anderen ist nach Kant außerdem stets zu bedenken, dass auch im Spiel deren Würde als Personen zu achten ist. Keiner darf sich des anderen als eines bloßen Mittels zum Zweck bedienen. Das kantische Gebot, die Würde des anderen zu achten, kann sich dabei sogar auf den Umgang mit den Avataren der Mitspieler beziehen.

Die Moral im engen Sinne mit ihren Pflichten, Geboten und Verboten deckt nicht alles innerhalb der Ethik ab. Die Tugendethik etwa kümmert sich nicht so sehr darum, was wir unbedingt tun müssen, sondern beschäftigt sich vielmehr damit, wie wir sein sollten, wenn wir ein gutes, sprich, ein gelingendes Leben führen wollen. Besonders wichtig dabei ist die Tugend der Klugheit: Wer klug ist, weiß, wie er sich in einer konkreten Situation zu verhalten hat. Der Kluge versteht es, bei seinen Entscheidungen und in seinem Verhalten schädliche Extreme zu meiden und stattdessen die gesunde Mitte zu treffen; sie allein ist dem Glück förderlich. Dementsprechend weiß der kluge Computerspieler zum einen, wie er Games in sein Leben, das weit mehr und Wichtigeres umfasst, zu integrieren hat. Zum anderen legt er beim Spielen, sei es allein oder mit anderen, genau jene Tugenden an den Tag, die notwendig sind, damit daraus eine für alle Beteiligten sinn- und wertvolle Tätigkeit entstehen kann. Darüber hinaus bieten Computerspiele klugen Spielern die Möglichkeit, sie neben ihrem primären Zweck als Spiele auch noch als Mittel zur Freundschaftspflege, als Ventil für angestaute negative Emotionen, als Vorübung für diverse Tugenden sowie als Experimentierfeld für individuelles und kollektives Handeln zu nutzen.

Computerspiele leisten aber auch einen Beitrag zum guten (oder auch zum schlechten) Leben, indem sie die in der Gesellschaft akzeptierten Werte und die Auffassungen davon, was das gute Leben eigentlich ist, beeinflussen. Computerspiele können mal unterschwellig und mal ganz offensiv Weltbilder bekräftigen oder infrage stellen. Damit sind sie eine nicht zu unterschätzende Waffe im metapolitischen Kampf um kulturelle Hegemonie.

Im Übrigen lassen sich Computerspiele für eine Vielzahl ernster Zwecke außerhalb der politischen Sphäre gewinnbringend einsetzen. Serious Games sind aber nur so lange

Spiele, wie sie ihren Selbstzweckcharakter nicht verlieren. Eine bloße Instrumentalisierung von Computerspielen findet allerdings im Rahmen von Gamification statt. Dabei werden Spielelemente in Tätigkeitsbereiche verpflanzt, die nichts Spielerisches an sich haben. Zwar spricht nichts dagegen, dass sich Personen auf diese Weise Motivationsanreize schaffen, sie sollten sich dabei aber der Gefahr bewusst sein, dass ihre eigentlichen Ziele schleichend durch ein Surrogat ersetzt werden könnten. Ohne ein kritisches Bewusstsein droht aus Gamification im schlimmsten Fall ein Werkzeug ökonomischer Ausbeutung und politischer Kontrolle zu werden.

Ist nun aber eigentlich nicht alles, was hier aus ethischer Sicht über Computerspiele geschrieben worden ist, im Grunde schon Makulatur angesichts der wundersamen Technologien, die bereits heute unter den Namen »Erweiterte Realität« (engl. *augmented reality*, AR) und »Virtuelle Realität« (engl. *virtual reality*, VR) Wirklichkeit sind und die uns in noch viel fantastischeren Ausprägungen für die nahe Zukunft angekündigt werden?

Während Erweiterte Realität entsteht, indem die gewöhnliche Wahrnehmung durch die Einblendung computergenerierter Elemente via Handydisplay oder diverser AR-Brillen angereichert wird, versetzen VR-Brillen oder -Headsets den Nutzer wahrnehmungsmäßig in eine virtuelle Umgebung, die ihm als eine ihn räumlich umfassende dreidimensionale Realität erscheint. Diese bewusst groß geschriebene »Virtuelle Realität« unterscheidet sich damit von der klein geschriebenen »virtuellen Realität«, mit der schlicht jede Form der interaktiven computergenerierten Umgebung gemeint sein soll, wie wir sie beispielsweise von gewöhnlichen Computerspielen her kennen. Auch wenn wir oben vor dem Nebelwort der »Immersion« gewarnt haben, lässt sich ihm mit Bezug auf VR-Games ein präziser Sinn abgewinnen, nämlich die Erfahrung, in eine dreidimensionale virtuelle Welt eingelassen zu sein. Denn aufgrund von Stereoskopie erlebt der Nutzer die von der VR-Brille projizierten zweidimensionalen Bilder als genuin dreidimensional.

Wer schon einmal eine VR-Brille getragen hat, weiß um die Neuartigkeit und Einzigartigkeit dieser Erfahrung. Es ist, als wäre man tatsächlich mittendrin in einer anderen Welt. Die Erfahrung der leiblichen Präsenz in der VR kann so einnehmend sein, dass in der Selbstwahrnehmung die Grenzen zwischen der virtuell erzeugten und der realen Realität kurzzeitig verwischen. So kann es beispielsweise vorkommen, dass man, nachdem man eine Weile die virtuelle Welt um sich herum bestaunt hat, auf seine Armbanduhr blicken möchte, nur um überrascht festzustellen, dass man nicht nur keine Uhr, sondern nicht mal einen Arm sieht. Der reale Arm, den man spürt, ist in der Virtuellen Realität nicht repräsentiert. Weil man sich aber leiblich ganz und gar in der virtuellen Umgebung anwesend fühlt, rechnet man unbewusst damit, in ihr auch die eigenen Gliedmaßen sehen zu können.

Auch in affektiver Hinsicht ist Virtuelle Realität äußerst wirkungsvoll. Wem bei großen Höhen nicht wohl ist, der kann auch bei einem Blick in eine tiefe VR-Schlucht leicht in Schweiß ausbrechen oder wackelige Knie bekommen. Virtuelle Realität kann also durchaus *wirk-lich* im Wortsinne sein, das heißt: echte Wirkungen zeitigen.[1] Diese Art der Wirklichkeit oder Wirkkraft von Virtueller Realität setzt übrigens keine kognitive Verwirrung des Nutzers voraus. Dieser kann sich sehr wohl bewusst sein, dass er sich in einer Virtuellen Realität befindet und dass die Dinge, die er wahrnimmt, in einem gewissen Sinne nicht echt sind, und trotzdem ihren Wirkungen ein Stück weit erliegen. Abgesehen davon, dass es auch hier einen Gewöhnungseffekt gibt, macht es gerade einen besonderen Reiz von VR-Games aus, sich bewusst solchen Wirkungen auszusetzen, von denen man weiß, dass ihre Ursache nur eine virtuell erzeugte Fiktion ist.

Nehmen wir das Beispiel des Horrors. Die Videospiele der *Resident Evil*-Reihe (seit 1996) sind von jeher eine gruselige, furchteinflößende und teilweise ekelerregende Angelegenheit und bieten damit genau jene besondere Mischung der Gefühle von Furcht und Ekel, die Horror zu Horror macht.[2] *Resident Evil VII* (2017) ist das erste Game der Serie, das auch mit einer VR-Brille spielbar ist. Dank dieser ist der Spieler mittendrin im Horrorhaus der Familie Baker, und obwohl er weiß, dass ja alles nicht echt ist, wird er zucken, sich winden und schreien, wenn ihm eine Untote ein Messer in den an einen Stuhl gefesselten Leib rammt oder ihm von hinten ihre blutverschmierten Hände auf die Augen legt.[3] In die Schreckensschreie wird sich aber nicht selten ein lautes Lachen mischen, das von jener besonderen Lust kündet, Dinge als real zu erleben, von denen man zugleich mit absoluter Sicherheit weiß, dass sie nur Chimären sind.

Ein solches doppeltes Bewusstsein ist jedoch kein Alleinstellungsmerkmal der VR-Technologie: Es potenziert nur, was im Grunde bei allen Games, aber auch schon im Film möglich ist. Das einzigartige Erlebnis der Immersion, das die VR-Technologie bietet, wird durch dieses Zugeständnis nicht angetastet. Nur macht diese Immersion allein noch keinen grundlegenden Unterschied bezüglich der ethischen Analysen und

Reflexionen, die wir in diesem Buch angestellt haben. Die VR-Version von *Resident Evil VII* ist in ästhetischer Hinsicht – und das schließt das Gameplay ausdrücklich mit ein – natürlich anders als die normale Fassung des Spiels. Diese *konkrete* Andersartigkeit muss auch von einer ethischen Analyse des Spiels berücksichtigt werden. Dagegen ergeben sich aus der pauschalen Einordnung als VR-Game keine unmittelbaren ethischen Schlussfolgerungen.

Was aber, wenn die Virtuelle Realität *total* werden sollte? Seit dem ersten *Matrix*-Film (1999) ist der Gedanke, dass das Leben, das wir für wirklich halten, in Wahrheit nur eine computertechnologisch erzeugte Scheinwelt sein könnte, zum popkulturellen Gemeinplatz geworden. Dabei hat *Matrix* die Thematik nicht erfunden. Schon 1973 verhandelte Rainer Werner Fassbinders *Welt am Draht*, eine Verfilmung des Science-Fiction-Romans *Simulacron-3* (1964) von Daniel F. Galouye, die Idee einer weltumfassenden Computersimulation. Im Grunde kleiden aber natürlich sowohl *Matrix* als auch *Welt am Draht* einen uralten philosophischen Topos nur in ein neues, technologisches Gewand. Zugespitzt formuliert, geht es um die Frage: Wie kann ich mit Sicherheit wissen, dass ich in diesem Moment nicht träume oder halluziniere, und also ausschließen, dass alles, was ich für Sein halte, letztlich nur Schein ist? Hätte man derlei Fragen noch vor einem Jahrzehnt als bloße Science-Fiction oder als philosophische Rätselei abtun können, scheint dies aufgrund der technologischen Entwicklungen im Bereich der Virtuellen Realität nicht mehr so einfach möglich zu sein. Im Jahr 2021 kündigte beispielsweise Facebook die Entwicklung eines »Metaversums« an, das heißt einer umfassenden und dauerhaft bestehenden virtuellen Umgebung auf Basis von AR- und VR-Technologien. Ließe sich in einem solchen Rahmen nicht auch der Fall ultrarealistischer VR-Computerspiele denken, die unsere Wahrnehmung derart in Beschlag nehmen, dass wir die Virtuelle Realität und die tatsächliche Wirklichkeit nicht mehr voneinander unterscheiden können?

Erzeugt würde damit, was der französische Philosoph Jean Baudrillard »Hyperrealität« nannte.[4] Das Hyperreale entsteht ihm zufolge, indem der Unterschied zwischen dem Realen und dem Imaginären seine Bedeutung verliert. Baudrillards Hyperrales ist eine reine Konstruktion, die auf keinerlei reale Basis außerhalb ihrer selbst mehr verweist und somit zugleich reale Irrealität als auch irreale Realität wäre.[5] Die Schaffung einer derartigen Hyperrealität hätte, so fürchten manche, dramatische ethische Konsequenzen: Würde die Unterscheidung zwischen Realität und Irrealität aufgegeben, dann würde auch die Unterscheidung zwischen dem Guten und dem Schlechten, dem Guten und dem Bösen, sinnlos. Wenn sich im Szenario des hyperrealen Gaming echte Verbrechen und Heldentaten nicht mehr von ihren simulierten Entsprechungen unterscheiden ließen, würde dadurch die moralische Ordnung als solche entwertet. So wie massenhaftes Falschgeld eine Währung destabilisiert, so würde auch hyperreales Gaming die Moral untergraben.[6] Allein: Dieser Gedankengang überzeugt nicht. Denn für den Fall, dass die Unterscheidung zwischen realem und gespieltem Verbrechen zu verschwimmen drohte, wäre es eben ein naheliegendes moralisches Gebot, auch gespielte Verbrechen vollständig zu ächten, um zu verhindern, dass reale Untaten unter dem Deckmantel des Spiels begangen werden.

Darüber hinaus ist die Sorge, wir könnten durch Computerspiele in eine hyperreale Scheinwelt hineinschlittern, wenig begründet. Denn der Wert von Computerspielen besteht auch im Fall von Virtueller Realität letztlich darin, dass der Spieler mit einem *stark limitierten Computermodell* von Realität interagieren kann. Wie fotorealistisch die Grafik, wie packend das räumliche Immersionsgefühl oder wie groß die Handlungsfreiheit innerhalb eines Computerspiels auch sein mag: Ein Game bietet immer nur ausgewählte Repräsentationen dar und verfügt auch immer nur über eine begrenzte Anzahl sehr spezifischer Interaktionsmöglichkeiten. Das ist jedoch keine Schwäche von Computerspielen, sondern gerade ihre Stärke! Nur indem Computerprogramme von der unerschöpflichen Fülle der Wirklichkeit abstrahieren, können sie dieser in bestimmten Aspekten habhaft werden, das heißt: sie als Modelle vorhersehbar und kontrollierbar machen. Das gilt für Computersimulationen, die in der Wissenschaft zum Einsatz kommen, ebenso wie für das Gaming.[7] Eine totale Virtualisierung der Lebenswelt ist also streng genommen unmöglich, wäre aber darüber hinaus auch gar nicht erstrebenswert. Denn wertvoll sind Computerspiele nicht als Kopie der Realität, sondern gerade als künstliche – und manchmal sogar künstlerische – Experimentierfelder für das, was wir, die sowohl die Forderungen der Moral als auch die Sehnsucht nach Glückseligkeit in uns vorfinden, tun und sein können.

DANK

Ich danke der Deutschen Forschungsgemeinschaft für die großzügige Förderung meines Projekts zur Ethik des Computerspiels, dessen Ergebnisse in diesem Buch zusammengetragen sind. Ich danke meinem Agenten Ernst Piper für seinen stets hilfreichen Rat und seine Unterstützung. Ich danke meiner Verlegerin Barbara Laugwitz und Stefan Ulrich Meyer von dtv für ihr Vertrauen in das Buch. Ich danke Ludger Ikas für das sorgfältige Lektorat, das die Überlegungen in diesem Buch stringenter und zugänglicher gemacht hat. Ich danke Andreas Luckner, Stephan Ostritsch und Samuel Ulbricht für die Lektüre des Manuskripts sowie für zahlreiche Anregungen und Verbesserungen. Ich danke den vielen Studenten an der Universität Stuttgart, die über die Jahre meine Seminare zur Ethik der Computerspiele besucht und mit ihren Fragen und Überlegungen mein Nachdenken über das Thema bereichert haben. Ganz besonders danke ich meiner Frau für ihren kritischen Blick und ihre geduldige Unterstützung.

GLOSSAR

Arcade-Spiele Spiele wie *Pac-Man* aus der Frühzeit des Gaming, die auf Spielautomaten (Arcade-Automaten) installiert waren, die wiederum meist in Spielhallen (engl. *arcades*) standen.

Avatar Die vom Spieler kontrollierte Spielfigur; sein Repräsentant oder Alter Ego in der Spielwelt.

Beat 'em up Besonders in den 1980er- und 1990er-Jahren beliebtes Genre, bei dem man, wie zum Beispiel in *Final Fight*, eine Figur aus der Seitenansicht (> *Side-Scroller*) steuert und Gegner verprügeln muss.

Boss Auch *Bossgegner* oder *Endgegner* genannt. Ein besonders starker (und oft auch großer) computergesteuerter Gegner, der am Ende eines > *Levels*, Abschnitts oder auch des gesamten Games auf den Spieler wartet und der meist sowohl über verschiedene Angriffsmuster als auch über spezifische Schwachstellen verfügt, die vom Spieler identifiziert und ausgenutzt werden müssen.

Cheats/Cheater *Cheats* sind ganz allgemein Betrügereien beim Gaming; ein *Cheater* ist jemand, der sich solcher bedient. Dabei kann es sich um den Einsatz von > *Cheatcodes* oder > *Hacking* handeln.

Cheatcodes Diese bestehen meist aus einer bestimmten Kombination von Tasten beziehungsweise Knöpfen, durch die die eigene Spielfigur außerordentliche Fähigkeiten erhält, die den eigentlichen Spielzweck konterkarieren. Typische Beispiele sind: Unverwundbarkeit, unendlich viel Munition oder die Fähigkeit, durch Wände zu gehen. Die *Cheatcodes* stammen in der Regel von den Entwicklern, die diese zu Testzwecken in das Spiel eingebaut haben.

Controller Das typische Eingabegerät von Spielekonsolen, wohingegen am PC meist mit Maus und Tastatur gespielt wird. Moderne Controller haben in der Regel zwei analoge Steuerknüppel, mit denen sich Spielfigur und Kamera stufenlos bewegen lassen, ein digitales »Steuerkreuz« mit vier Richtungstasten, vier Eingabeknöpfe sowie diverse Tasten auf der Rückseite des Geräts (»Schultertasten«).

Cosplay Als *Cosplay* bezeichnet man es, wenn sich Spieler, besonders anlässlich von Spielemessen, als Computerspielfigur verkleiden.

Cutscene Eine filmartige Sequenz, die zu Anfang, während oder am Ende eines Spiels abläuft – in der Regel mit der Absicht, die Geschichte voranzutreiben. Während einer *Cutscene* ist die Interaktionsmöglichkeit (> *Gameplay*) ausgesetzt. Eine Ausnahme stellen sogenannte > *Quick-Time-Events* dar.

Ego-Shooter Auch *First-Person Shooter* genannt. > *Shooter*, der aus der Perspektive der ersten Person (also aus der Sicht der Spielfigur) gespielt wird.

First-Person Shooter > *Ego-Shooter.*

Gameplay Die von einem Spiel ermöglichten und vorgesehenen Interaktionen; seine Spielmechaniken.

Gamification Schlagwort, das suggeriert, dass nicht-spielerischen Tätigkeiten, besonders solchen der Arbeitswelt, ein spielerischer Charakter aufgeprägt werden soll. In Wirklichkeit handelt es sich meist nur um die Einführung von Motivationsmechanismen, die sich so auch in Games finden lassen (wie zum Beispiel virtuelle Trophäen oder Highscores).

Hacking Manipulation des Programmcodes durch den Spieler, in der Regel mit der Absicht, sich unerlaubte Vorteile zu verschaffen. > *Cheats/Cheater* und *Cheatcodes.*

Hero-Shooter Ein > *Multiplayer-Shooter*-Genre, bei dem die in Teams gegeneinander antretenden Spieler Helden steuern, die aus verschiedenen Figurenklassen stammen und mit je unterschiedlichen Stärken, Schwächen und Fähigkeiten ausgestattet sind. Bekanntere Beispiele sind *Team Fortress 2* und *Overwatch. Hero-Shooter* gibt es sowohl als > *First-Person-* als auch als > *Third-Person-Shooter.*

Highscore Höchste erreichte Punktzahl in einem Game.

Isometrische Ansicht Sicht von schräg oben auf das Spielgeschehen, bei der eine Parallelperspektive zur Darstellung verwendet wird. Isometrische Ansichten werden insbesondere in Strategie- und Rollenspielen (> *RPG*) verwendet.

Jump 'n' Run Ein Spielgenre, auch *Plattformer* genannt, bei dem man eine Figur aus der Außenperspektive steuert und dabei vor allem die Spielmechaniken »Rennen« und »Hüpfen« einsetzt, um Hindernisse zu überwinden, Gefahren auszuweichen und Gegner zu bekämpfen. Die *Super Mario*-Spiele sind klassische Vertreter dieses Genres.

Koop-Game Ein Spiel oder auch ein Spielmodus, bei dem mehrere Spieler kooperieren können oder müssen, entweder online oder gemeinsam vor einem Bildschirm (»Couch-Koop«).

Kosmetische Gegenstände (cosmetic items) Gegenstände in einem Spiel mit ausschließlich ästhetischer Bedeutung (zum Beispiel besondere Kleidung für die Spielfigur), die also keine anderweitige Auswirkung auf das Spielgeschehen haben. Man kann kosmetische Items entweder in der Spielwelt finden, für spielinterne Währung (etwa gesammelte Münzen) kaufen oder auch für echtes Geld erwerben.

Level Einerseits bezeichnet der Ausdruck einen Abschnitt eines Spiels, der durchlaufen werden muss, um zum nächsten zu gelangen. Andererseits steht er für die stufenweise Verbesserung der Spielfigur, die in diesem Sinne im *Level* aufsteigen kann.

Lootbox Beutekiste, die in der Spielwelt auffindbar ist oder für spielinterne Währung oder Echtgeld gekauft werden kann. Lootboxen enthalten Gegenstände *(items)*, die entweder einen spielerischen Vorteil mit sich bringen (wie Waffen oder Rüstung) oder rein ästhetischer Natur sind (> *kosmeti-*

sche Gegenstände). Der Inhalt von Lootboxen wird zufällig generiert, was dem Ganzen einen Glücksspielcharakter gibt.

Map Englisch für »Karte«. Bezeichnet das spezifische Areal oder Gebiet, auf dem gespielt wird. Wird insbesondere bei > *Online-Multiplayer-Shootern* gebraucht. In einem anderen Sinne bezeichnet der Ausdruck auch eine Karte der Spielwelt, die dem Spieler zur Verfügung steht.

Mod Kurz für *modification*. Eine Mod ist eine in der Regel von Spielern modifizierte Version eines Spiels. Eine der bekanntesten *Mods* ist *Counter-Strike*, das aus dem Spiel *Half-Life* hervorging.

Multiplayer-Spiele Games, oder Spielmodi, in denen mehrere Personen gegeneinander oder zusammen (> *Koop-Game*) spielen. Spiele können zusätzlich zum > *Singleplayer-* einen *Multiplayer*-Modus besitzen.

Noob Slang für Neuling. Bezeichnung für einen unerfahrenen Spieler.

NPC (non-player character) Eine Spielfigur, die nicht vom Spieler, sondern vom Computer gesteuert wird.

Online-Multiplayer-Shooter Ein > *Shooter*, in dem mehrere Spieler online, einzeln oder in Teams, gegeneinander antreten.

Plattformer > *Jump 'n' Run*.

Point-and-Click-Adventure Ein Spielgenre, das Anfang der 1990er-Jahre seinen schöpferischen Höhepunkt hatte und vor allem mit den Spielen von *LucasArts* (etwa *Monkey Island*) verbunden ist. Die Steuerung dieser Spiele basiert auf der Bewegung des Maus-Cursors und dem Klicken der Maustasten. Dabei müssen vor allem Rätsel gelöst werden, die meist in eine humorvolle Abenteuergeschichte eingebettet sind.

Quick-Time-Event Zeitlich begrenztes Interaktionsfenster während einer filmartigen Sequenz (> *Cutscene*), innerhalb dessen der Spieler vorgegebene Knöpfe oder Tasten drücken muss, um eine Handlung oder Reaktion seiner Figur auszulösen.

RPG Kurz für *Role-Playing Game*. Rollenspiel, bei dem der Spieler eine einzelne Figur oder eine Gruppe von Charakteren spielt, die im Zuge des Spielfortschritts im > *Level* aufsteigen und dadurch ihre Eigenschaften (zum Beispiel Geschicklichkeit) und Fähigkeiten (etwa Schlösser knacken) verbessern und entwickeln können. Unterschiedliche Spielperspektiven (erstpersonal, drittpersonal oder > *isometrisch*) sind möglich. RPGs sind narrativ und erzählen oft auch eine etwas ambitioniertere Geschichte.

Sandbox-Spiele Spiele, die – wie zum Beispiel *Minecraft* – analog zum namengebenden Sandkasten freies Spiel innerhalb eines gewissen Rahmens ermöglichen, ohne dem Spieler unmittelbare Ziele oder Handlungsschritte vorzugeben.

Serious Game Ein Game, das ein ernsthaftes Thema bearbeitet oder einen ernsten außerspielerischen Zweck verfolgt, wie etwa *Vim-Adventures*, mit dem die Verwendung des Vim-Texteditors erlernt werden kann.

Shooter Genre, dessen zentrale Spielmechanik (› *Gameplay*) aus Laufen und Schießen besteht. Umfasst › *Singleplayer*- und › *Multiplayer*-Spiele sowie *Online*- als auch Offline-Spiele.

Side-Scroller Spiel, das eine flache Seitenansicht auf das Geschehen bietet, insbesondere bei › *Jump 'n' Runs* und › *Beat 'em ups* beliebt.

Singleplayer-Spiele Games, oder Spielmodi, die nur von einem Spieler allein gespielt werden können.

Spawn/Respawn Der Einstieg beziehungsweise Wiedereinstieg einer Spielfigur, eines › *NPC* oder eines Gegenstandes in das Spielgeschehen. *(Re)Spawn*-Punkte sind demnach Orte in einem › *Level* oder auf einer › *Map*, wo diese Figuren (nach ihrem Tod wieder) auftauchen.

Third-Person Shooter › *Shooter*, der aus der Perspektive der dritten Person gespielt wird. Die wohl gängigste Variante ist die »Schulterperspektive«, bei der man der Spielfigur von hinten über die Schultern schaut.

NACHWEISE UND ANMERKUNGEN

VORSPIEL: KOPFSCHUSS! … UND SOKRATISCHE BEDENKEN

1 Vgl. Denkler, »Killerspiele, Zombies, Waffenrecht«; Bayer, »Aktionsbündnis organisiert Entsorgung von sogenannten Killerspielen«; sowie Ziegler, »Stuttgart untersagt Computerspiele-Wettbewerb«.

2 Vgl. Evans, HB3531.

3 Vgl. Platon, Politeia X 595a–608b.

4 Ebenda, III 395c–d.

5 Vgl. Beil/Hensel/Rauscher, *Game Studies*; Fromme/Unger, *Computer Games and New Media Cultures*; GamesCoop, *Theorien des Computerspiels*; sowie Sachs-Hombach/Thon, *Game Studies*.

6 Vgl. Feige, *Computerspiele. Eine Ästhetik*; Feige/Ostritsch/Rautzenberg, *Philosophie des Computerspiels*; Robson/Tavinor, *The Aesthetics of Videogames*; sowie Sageng/Fossheim/Larsen, *The Philosophy of Computer Games*.

7 Vgl. Anscombe, »Die Moralphilosophie der Moderne«.

8 Winnicott, *The Child, the Family, and the Outside World*, S. 173.

9 Zugegebenermaßen ist die Quelle für dieses Zitat wenig wissenschaftlich. Es entstammt der Fernsehserie *Star Trek: The Next Generation*, Staffel 1, Episode 9: »Hide and Q«.

DIE WESENSFRAGE

1 Wittgenstein, *Philosophische Untersuchungen*, § 66.

2 Huizinga, *Homo Ludens*, S. 12.

3 Suits, *The Grasshopper*, S. 43.

4 Vgl. Jünger, *Die Spiele*, S. 186 ff.

5 Schiller, *Über die ästhetische Erziehung*, Brief 27, S. 117.

6 Vgl. Huizinga, *Homo Ludens*, S. 11 f. Schiller ist sogar noch radikaler. Für ihn hat auch schon die »unbeseelte Natur« ein gewisses »Spiel«, das heißt einen nicht eindeutig festgelegten Spiel- oder Freiraum, innerhalb dessen es die ihr innewohnenden Kräfte verwirklicht. Vgl. *Über die ästhetische Erziehung*, Brief 27, S. 117.

7 Vgl. Huizinga, *Homo Ludens*, S. 12.

8 Kant, *Kritik der Urteilskraft*, § 2, S. 280.

9 Ebenda, § 2, S. 281.

10 Ebenda, § 9, S. 296.

11 Caillois, *Die Spiele und die Menschen*, S. 23.

12 Vgl. Huizinga, *Homo Ludens*.

13 Schiller, *Über die ästhetische Erziehung*, Brief 15, S. 64 (Hervorhebung im Original).

14 Ebenda (Hervorhebung im Original).

15 Ebenda, Brief 27, S. 116 (Hervorhebung im Original).

16 Ebenda, Brief 27, S. 122.

17 Vgl. dazu Aichele, *Philosophie als Spiel*.

18 Vgl. Plessner, *Grenzen der Gemeinschaft*.

19 Vgl. Guardini, *Vom Geist der Liturgie*, S. 57–67.

20 Vgl. Plessner, *Grenzen der Gemeinschaft*, v. a. S. 58–112.

21 Huizinga, *Homo Ludens*, S. 11.

KENNZEICHEN DES SPIELS

1 Vgl. Huizinga, *Homo Ludens*, S. 22; Caillois, *Die Spiele und die Menschen*, S. 30–31.

2 Vgl. Mead, *Mind, Self & Society*, Kapitel 20, S. 152–164. Vgl. auch Ostritsch, »Computerspiele und Kindheit«.

3 Vgl. Caillois, *Die Spiele und die Menschen*, S. 25–26.

4 Huizinga, *Homo Ludens*, S. 20.

5 Caillois, *Die Spiele und die Menschen*, S. 28–30.

6 Samuel Ulbricht hat die Unterscheidung zwischen fiktiven

und fiktionalen Spielhandlungen für Computerspiele fruchtbar gemacht. Vgl. Ulbricht, *Ethik des Computerspielens*, Kapitel 2.2.

DAS COMPUTERSPIEL IM DSCHUNGEL DER SPIELE

1 Vgl. Caillois, *Die Spiele und die Menschen*, S. 61.

2 So schon Caillois in Bezug auf herkömmliche ludische Spiele. Siehe ebenda, S. 56.

3 Zum Genrebegriff bei Computerspielen vgl. GamesCoop, *Theorien des Computerspiels*, S. 13–37.

4 Vgl. Frasca, »Simulation versus Narrative«; Aarseth, »Ludology«; sowie Aarseth, »A Narrative Theory of Games«.

5 Vgl. Neitzel, »Narration«, S. 43 f.

6 Vgl. Thon, »Game Studies und Narratologie«.

7 Murray, *Hamlet on the Holodeck*, S. 136.

8 Börchers, »Handeln«, S. 112.

9 Ebenda, S. 113.

10 Vgl. Juul, *Half-Real*.

11 Turkle, *Die Wunschmaschine*, S. 89.

12 Für eine Geschichte des Computer- bzw. Videospiels vgl. Kent, *The Ultimate History of Video Games*. Für die folgende Darstellung der Eigentümlichkeiten von *Pong* im Rahmen des Versuchs, den Begriff des Computerspiels zu definieren, vgl. Ostritsch/Steinbrenner, »Ontologie«, S. 70 f.

DIE ZWEI SEITEN DES COMPUTERSPIELS: ZEICHEN UND HANDLUNG

1 Vgl. Ostritsch/Steinbrenner, »Ontologie«, S. 61 ff.

2 Ein Lösungsvorschlag findet sich in Ostritsch/Steinbrenner, »Ontologie«.

3 Vgl. Walton, *Mimesis as Make-Believe*, S. 1–4.

4 Vgl. ebenda, S. 293 f.

5 Im deutschsprachigen Raum ist diese These vor allem mit der Rezeptionsästhetik und den Literaturwissenschaftlern Hans

Robert Jauß und Wolfgang Iser verbunden. Vgl. etwa Iser, *Das Fiktive und das Imaginäre.*

6 Vgl. dazu auch den Begriff der ergodischen Literatur nach Aarseth, *Cybertext*, S. 1.

7 Vgl. Lopes, »The Ontology of Interactive Art«.

8 Vgl. Anscombe, *Absicht*, S. 62 ff.

9 Vgl. Ulbricht, *Ethik des Computerspielens*, S. 31–41.

10 Für diese Kritik vgl. GamesCoop, *Theorien des Computerspiels*, S. 79.

11 Vgl. ebenda, S. 105 ff.

12 Vgl. Martinez/Scheffel, *Einführung in die Erzähltheorie*, S. 62.

13 GamesCoop, *Theorien des Computerspiels*, S. 99.

14 Vgl. ebenda.

15 Rimbaud, *Poésies*, S. 88.

DIE HERAUSFORDERUNG DES AMORALISMUS

1 Huizinga, *Homo Ludens*, S. 21.

2 Ebenda, S. 15.

3 Ebenda, S. 19.

4 Ebenda, S. 230 f.

5 In der Philosophie bleibt aber nichts unwidersprochen. Der französische Philosoph Georges Bataille sah zumindest im *freiwillig* eingegangenen »Todesrisiko« sogar das »Wesen des Spiels«. Vgl. Bataille, *Spiel und Ernst*, S. 110.

6 Vgl. Chalmers, »The Virtual and the Real«, S. 311–314. Die philosophische Begriffsgeschichte ist natürlich noch viel reichhaltiger, vgl. dazu Knebel/Grötker, »Virtualität«.

7 Vgl. Chalmers, »The Virtual and the Real«, S. 311, 324 f.

8 Ebenda, S. 314. (Soweit nicht anders vermerkt, stammen alle Übersetzungen aus dem Englischen von mir, S. O.)

9 Vgl. GamesCoop, *Theorien des Computerspiels*, S. 121.

10 Vgl. Young, »Integrating Poor Taste«; Schulzke, *Simulating Good and Evil.*

11 Gronkh: »GTA V«, Min. 07:24 ff.
12 Für eine erhellende ethische Analyse dieser Szene vgl. auch Ulbricht, *Ethik des Computerspielens*, S. 92–94.
13 Willmann, »The Most Dangerous Game«.
14 Briegleb, »Brutalo-Spiel bundesweit beschlagnahmt«.
15 Willmann, »The Most Dangerous Game«.
16 Vgl. etwa Waddington, »Locating the wrongness in ultra-violent video games«, S. 127.

VIRTUELLE WELTEN, REALE WELTANSCHAUUNGEN

1 Vgl. das Kapitel »Die zwei Seiten des Computerspiels«.
2 Vgl. Tanner, »Morals in Fiction and Fictional Morality«, S. 54 f.
3 Vgl. Walton, »Morals in Fiction and Fictional Morality«, S. 28–31.
4 Vgl. ebenda, S. 40, Fußnote 13; sowie Tanner, »Morals in Fiction and Fictional Morality«, S. 58. Zum Begriff des Paratextes vgl. Genette, *Paratexte*.
5 Vgl. Tanner, »Morals in Fiction and Fictional Morality«, S. 59: »One might say, since the level is at this point elementary, that all art is propaganda.«
6 Matt, *Verkommene Söhne, mißratene Töchter*, S. 36.
7 Vgl. Gaut, »Die ethische Kunstkritik«, sowie ders., *Art, Emotion and Ethics*.
8 Vgl. dazu Ostritsch, »The Amoralist Challenge to Gaming«, sowie Ostritsch/Ulbricht, »The Immorality of Computer Games«; vgl. auch Tavinor, *The Art of Videogames*, S. 164.
9 Vgl. Matt, *Verkommene Söhne, mißratene Töchter*, S. 38.
10 Feige, *Computerspiele*, S. 83.
11 Zur Bildlichkeit von Computerspielen vgl. Günzel, *Egoshooter*, und Hensel, »Bild«. Zu Musik in Computerspielen vgl. Fritsch, »Musik«.
12 Vgl. Feige, *Computerspiele*, S. 83.

13 Vgl. dazu Matt, *Verkommene Söhne, mißratene Töchter*, S. 36: «[Der moralische Pakt] beruht auf empirisch erforschbaren und nachweisbaren Gegebenheiten des Textes. Er wurzelt nicht im Bewußtsein oder der Seele des Autors.« Vgl. dazu auch die Kritik, die Gérard Genette (»Impliziter Autor, impliziter Leser?«) am Konstrukt eines »impliziten Autors« geübt hat, wie es der Literaturwissenschaftler Wayne Booth geschaffen und im Rahmen seiner ethischen Literaturkritik (*The Company We Keep*) verwendet hat.

14 Vgl. Nissenbaum, »Values in Technical Design«; Friedman/Hendry, *Value Sensitive Design*.

15 Vgl. Sicart, *Beyond Choices*; Flanagan/Nissenbaum: *Values at Play in Digital Games*.

16 Vgl. Activision, »Two Incredible Milesones«.

17 Für eine bedenkenswerte Kritik an *Spec Ops: The Line* in künstlerischer Hinsicht vgl. Feige, *Computerspiele*, S. 171.

18 Für einen Überblick über die philosophische Debatte, ob moralische Qualitäten von Kunstwerken Auswirkungen auf ihre ästhetischen Qualitäten haben, vgl. Misselhorn, »Die neue Moralismusdebatte«.

19 Vgl. Rosenkranz, *Ästhetik des Häßlichen*, S. 48.

20 Ebenda.

21 Für die Unterscheidung zwischen »Sport«, »Story« und »Simulation« im Kontext der Frage, wie Computerspiele moralisch beurteilt werden können, vgl. Ali, »A new solution to the gamer's dilemma«, S. 270–271.

22 Zur semantischen Verflachung vgl. das Kapitel »Das Computerspiel im Dschungel der Spiele«.

DER SPIELER UND DIE MORAL

1 Vgl. das Kapitel »Die zwei Seiten des Computerspiels: Zeichen und Handlung«.

2 Auf Englisch »to absorb«. Vgl. Carroll, »Art, Narrative and

Moral Understanding«, u. a. S. 292; sowie ders., »Moderate Moralism«, S. 305.

3 Carroll spricht von »moral powers«. Siehe Carroll, »Art, Narrative and Moral Understanding«, S. 281 ff.; sowie ders., »Moderate Moralism«, S. 298 f.

4 Kendall L. Walton diskutiert in diesem Kontext die Frage, ob wir annehmen sollten, dass Dinge, die de facto moralisch falsch sind, im Rahmen von Fiktionen zwar wahr sein können, wir diese aber einfach nicht imaginativ akzeptieren können - oder ob es nicht sogar eine literarische oder künstlerische »Konvention« des So-tun-als-ob gibt, die uns die Akzeptanz unmoralischer fiktionaler Wahrheiten verbietet. Für den letzteren Fall, den Walton zu präferieren scheint, müssten wir sagen, dass der Autor zwar versucht hat, eine unmoralische Wahrheit in der Fiktion zu etablieren, dass er daran aber notwendigerweise gescheitert ist. Vgl. Walton, *Mimesis as Make-Believe*, S. 154 f.; sowie Walton, »Morals in Fiction and Fictional Morality«.

5 Vgl. Hume, »Über die Regel des Geschmacks«, S. 61: »Wo indes Prinzipien der Moral und des Anstands sich von einer Epoche zur anderen verändern und lasterhaftes Verhalten dargestellt wird, ohne gebührend getadelt und mißbilligt zu werden, muß man sagen dürfen, dadurch werde die Dichtung verunstaltet und zu einem Werk von wahrer Häßlichkeit. Ich kann und darf mich nicht in solche Gefühle versetzen; wie sehr ich auch den Dichter aufgrund der Sitten seiner Zeit entschuldigen mag, das Werk kann ich nicht genießen.«

6 Walton, *Mimesis as Make-Believe*, S. 155; sowie ders., »Morals in Fiction and Fictional Morality«, S. 48.

7 Der Philosoph Richard Moran unterscheidet zwischen dramatischer und hypothetischer Imagination. Vgl. Moran: »The Expression of Feeling in Imagination«; sowie weiterführend Misselhorn, »Imaginative Resistance«.

8 Vgl. auch Walton, *Mimesis as Make-Believe*, S. 19–21; sowie ders.: »Morals in Fiction and Fictional Morality«, S. 48.

9 Vgl. das Kapitel »Die zwei Seiten des Computerspiels: Zeichen und Handlung«.

10 Vgl. die Beschreibung, die von Matt (*Verkommene Söhne, mißratene Töchter*, S. 37–38) von der Haltung des Lesers gibt, der den ihm vorgeschlagenen moralischen Pakt ablehnt. Vgl. auch die Beschreibung der »distanzierten Identifikation« mit Spielhandlungen in Ulbricht, *Ethik des Computerspielens*, S. 90–98.

11 Vgl. dazu die »ironische Haltung« des Lesers zu einem ihm angebotenen moralischen Pakt in von Matt, *Verkommene Söhne, mißratene Töchter*, S. 38.

12 Zu einem solchen »Expressivismus« vgl. Patridge, »The incorrigible social meaning of video game imagery«.

13 Zur Lust an der spielerischen Aufführung realweltlicher Tabus vgl. Young, »Enacting taboos«.

14 Venus, »Gewalt«, S. 338.

15 Die Fähigkeit, Satire als solche zu erkennen, setzt wohl in der Regel erst mit dem Alter von ca. zwölf Jahren ein. Vgl. Kutner/Olson, *Grand Theft Childhood*, S. 123.

16 Young (»Enacting taboos«, S. 15) attestiert dem Spieler in solchen Fällen eine sogenannte Substitutionsmotivation. Vgl. dazu auch Ulbricht (*Ethik des Computerspielens*, S. 96–98), der in solchen Fällen von einer »realisierenden Identifikation« spricht. In Wirklichkeit ist das Ausleben realer Wut und Aggression sogar ein recht häufiger Grund dafür, warum Jugendliche gewalthaltige Computerspiele spielen. Vgl. Kutner/Olson, *Grand Theft Childhood*, S. 135 f.

17 Ali (»A new solution to the gamer's dilemma«, S. 269–270) hat diese Umformung der Spielhandlungen so beschrieben, dass sie aus dem »in-game context« in einen »gamer's context« verlegt werden.

ERKENNE DICH SELBST!

1 Vgl. Kant, *Die Religion innerhalb der Grenzen der bloßen Vernunft*, B 20 f., S. 675 f.

2 Zum Potenzial der Literatur, ethisches Wissen zu vermitteln, vgl. Nussbaum, *Love's Knowledge*.

3 Die These, dass Computerspiele bestimmte Aspekte menschlichen Handelns in spielerischer Form erfahrbar machen können, hat auch Jochen Venus am kontroversen Beispiel verschiedener Tötungshandlungen nachgewiesen. Vgl. Venus, »Gewalt«, S. 339–341.

4 Für eine ähnliche ethische Analyse von *Fallout 3* vgl. Schulzke, »Moral Decision Making in Fallout«.

5 Seneca, *An Lucilius*, Brief 107, 11 / S. 634 f.

6 Zum Unterschied zwischen der ästhetischen Dimension von Computerspielen und der Frage nach ihrem Kunstcharakter (und damit auch zum Unterschied zwischen den Disziplinen der Ästhetik einerseits und der Kunstphilosophie andererseits) vgl. Feige, *Computerspiele*, insbes. S. 14–18; sowie Feige, »Kunst«.

7 Feige, *Computerspiele*, S. 173 f.

8 Für weitere Beispiele künstlerischen Gelingens in Computerspielen vgl. ebenda, S. 174–181.

VIRTUAL BORN KILLERS?

1 Spitzer, *Vorsicht Bildschirm!*, S. 211 ff.

2 Anscombe, »Modern Moral Philosophy«, S. 12.

3 Madariaga, *Porträt Europas*, S. 129.

4 Bentham, *An Introduction to the Principles of Morals and Legislation*, S. 1.

5 Mill, *Utilitarianism*, S. 33.

6 Singer, *Praktische Ethik*, S. 39. Je nach Deutung handelt es sich dabei aber nur um einen terminologischen Unterschied zum klassischen Utilitarismus. Vgl. ebd., S. 39–44.

7 Vgl. dazu die Unterscheidung in verletzende *(harmful)*, gefährliche *(dangerous)* und risikoerhöhende *(risk increasing)* Handlungen in McCormick: »Is it wrong to play violent video games«, S. 278–281.

8 Lewis, *Christentum schlechthin*, S. 40.

9 Anderson/Dill, »Video games and aggressive thoughts«; Anderson/Bushman, »Effects of violent video games on aggressive behavior«; Gentile u. a., »The effects of violent video game habits«. Vgl. Spitzer, *Vorsicht Bildschirm!*, S. 212, 220–225.

10 Anderson/Dill, »Video games and aggressive thoughts«, S. 772.

11 Vgl. zu dieser Kritik Kutner/Olson, *Grand Theft Childhood*, S. 72.

12 Anderson/Dill, »Video games and aggressive thoughts«, S. 786.

13 Ferguson, »Blazing Angels or Resident Evil?«, S. 73.

14 Anderson/Dill, »Video games and aggressive thoughts«, S. 784.

15 Kutner/Olson, *Grand Theft Childhood*, S. 65.

16 Ferguson, »Blazing Angels or Resident Evil?«, S. 73.

17 Für eine Kritik an der Datenqualität dieser Meta-Studie vgl. auch Kutner/Olson, *Grand Theft Childhood*, S. 79 f.

18 Kennelly, »ESA, VSDA, and IRMA v. Blagojevich, Madigan, & Devine«, S. 14 f. Vgl. auch Ferguson, »Blazing Angels or Resident Evil?«, S. 73; sowie Kutner/Olson, *Grand Theft Childhood*, S. 203 f.

19 Vgl. American Psychological Association, »Task Force Report on Violent Video Games«.

20 Ferguson, »Do Angry Birds Make for Angry Children?«, S. 655 ff.

21 Ferguson, »Blazing Angels or Resident Evil?«, S. 74.

22 Spitzer, *Vorsicht Bildschirm!*, S. 241.

23 Vgl. American Psychological Association, »Resolution on Violent Video Games«. Vgl. auch Kutner/Olson, *Grand Theft Childhood*, S. 8–11.

DER KATEGORISCHE IMPERATIV UND DIE WÜRDE DES GAMERS

1 Kant, *Grundlegung*, S. 51.

2 Vgl. ebenda, S. 52 f.

3 Ebenda, S. 59 f.

4 Es gibt bekanntlich nichts, was es nicht gibt. So behauptet der in Oxford lehrende Luciano Floridi (»On the Intrinsic Value of Information Objects«), dass alles, was existiert, ein Informationsobjekt ist, als solches intrinsischen Wert hat und somit moralische Achtung verdient. Für eine Kritik an dieser wilden These vgl. Brey, »Do we have moral duties towards information objects?«.

5 Kant, *Grundlegung*, S. 53.

6 Vgl. ebenda, S. 19. Der Wille ist »die Aufbietung aller Mittel, soweit sie in unserer Gewalt sind«.

7 Vgl. Kutner/Olson, *Grand Theft Childhood*, S. 218–220; sowie Ferguson, »Blazing Angels«, S. 76–78.

8 Vgl. Meskin, »Videogames and Creativity«. Meskin kommt zu dem Schluss, dass Games Kreativität weder messbar fördern noch behindern, dass aber das Spielen von Computerspielen in vielen Fällen selbst Kreativität erfordert.

9 Vgl. Kutner/Olson, *Grand Theft Childhood*, S. 156–161, zur Skepsis gegenüber echter Computerspielsucht. Für die »Internet Gaming Disorder« vgl. American Psychological Association, *DSM-5*.

10 Vgl. American Psychological Association, *DSM-5*, S. 797.

11 Vgl. Brooke, »What to Make of the New Regulations in China's Gaming Industry«.

12 Vgl. Przybylski, »Electronic gaming and psychosocial adjustment«.

13 Kant, *Metaphysik der Sitten,* § 17, S. 579.

14 Zum potenziellen Abstumpfungseffekt von Gewaltdarstellungen in den Nachrichten vgl. Kutner/Olson, *Grand Theft Childhood,* S. 106 f.

15 Vgl. Funk u. a., »Violence exposure in real-life, video games, television, movies, and the internet«; sowie Kutner/Olson, *Grand Theft Childhood,* S. 104–106.

16 Vgl. Przybylski, »Electronic gaming and psychosocial adjustment«, S. 718, insbesondere mit Blick auf die Kategorie des »prosocial behavior«, die auch Mitgefühl umfasst.

17 Vgl. Kutner/Olson, *Grand Theft Childhood,* S. 126.

18 Für die Möglichkeit, dass eine moralwidrige Maxime nicht nur indirekt genährt wird, sondern beim Spielen tatsächlich vorliegt, vgl. Ulbricht, *Ethik des Computerspielens,* S. 98–107, und Flattery, »May Kantians commit virtual killings that affect no other persons?«, S. 758–760.

19 Ein »MOO« ist eine Variante eines sogenannten »MUD«, einer »multi-user dimension«, und steht für »multi-user dimension, object-oriented«. Die folgende Darstellung beruht auf Dibell, *My Tiny Life,* S. 12 f.

20 Ebenda, S. 106.

21 Ebenda.

22 Vgl. Grandoni, »The Disturbing New Trend In ›Grand Theft Auto‹ Is Virtual Rape«.

DER TUGENDHAFTE SPIELER UND DAS GUTE LEBEN

1 Vgl. Anscombe, »Modern Moral Philosophy«; Foot, *Virtues and Vices;* sowie MacIntyre, *After Virtue.*

2 Vgl. Aristoteles, *Über die Seele,* Buch II, Kapitel 1–3.

3 Vgl. Luckner, *Klugheit,* insbes. S. 75–99.

4 Aristoteles, *Nikomachische Ethik,* 1176b30–35, S. 247.

5 Ebenda.

6 Finnis, *Natural Law & Natural Rights,* S. 87.

7 Der Wert des Spiels leitet sich auch nicht aus der besonderen Leistung oder Anstrengung ab, die nötig ist, um manche Spiele zu meistern. Für diese im Anschluss an die Spieledefinition von Suits entwickelte Ansicht vgl. Hurka, »Games and the Good«. Für eine überzeugende Kritik daran siehe Tasioulas, »Games and the Good«.

8 Die folgende Liste ist lose an die Tugenden angelehnt, die der Game-Forscher Miguel Sicart einem klugen Spieler zuschreibt. Vgl. Sicart, *The Ethics of Computer Games*, S. 92–101.

9 Vgl. Kutner/Olson, *Grand Theft Childhood*, S. 129–132.

10 Huizinga, *Homo Ludens*, S. 22.

11 Vgl. Aristoteles, *Nikomachische Ethik*, 1155a1–5, S. 181.

12 Ebenda, 1155a5–10, S. 181.

13 Vgl. PBS Game/Show, »Can Video Games Be A Spiritual Experience?«.

14 Für eine ausgewogene ethische Einschätzung von »virtuellen Freundschaften« vgl. Søraker, »How shall I compare thee?«.

15 Vgl. das Kapitel »Die Verantwortung des Spielers«.

16 Platon, *Politeia* III 395c–d.

17 Hume, »Über die Regel des Geschmacks«, S. 62.

18 Aristoteles, *Poetik*, 1449b26, S. 19.

19 Vgl. Kutner/Olson, *Grand Theft Childhood*, S. 111–114 und S. 135 f.

20 Mit Blick auf Kinder und Jugendliche war Aristoteles bezüglich der Katharsis aber skeptisch. Vgl. Aristoteles, *Politik*, 1336b25–30, S. 280.

21 Vgl. ebenda, 1340a10–25, S. 292.

22 Vgl. ebenda, 1340a25–40, S. 292 f.

23 Ebenda, 1340a10–15, S. 292.

24 Ebenda, 1336b30–35, S. 279.

25 Vgl. dazu die Diskussion im Kapitel »Der kategorische Imperativ und die Würde des Spielers«; siehe auch Funk, »Violence exposure in real-life, video games, television,

movies, and the internet: is there desensitization?«; Kutner/Olson, *Grand Theft Childhood,* S. 104–106; sowie Przybylski, »Electronic gaming and psychosocial adjustment«, S. 718.

26 Vgl. Ferguson, »Do Angry Birds Make for Angry Children?«, S. 656 f.

27 Vgl. dazu mit Blick auf Kinder und Jugendliche Ostritsch, »Computerspiele und Kindheit«. Vgl. auch Bogost, *How to Do Things with Videogames.*

28 Przybylski u. a., »The Ideal Self at Play«.

29 Nguyen, *Games,* S. 98.

30 Die folgende Darstellung bezieht sich auf ebenda, Kapitel 4.

31 Ebenda, S. 187.

32 Siehe Kapitel »Kennzeichen des Spiels«.

33 Für eine kunstphilosophische Kurzanalyse von *Brothers* vgl. Feige, *Computerspiele,* S. 174 f.

34 Nguyen, *Games,* S. 188.

KULTURELLE HEGEMONIE UND COMPUTERSPIELE

1 Aristoteles, *Politik,* 1253a1–5, S. 4.

2 Vgl. ebenda, 1252b25–30, S. 4.

3 Ebenda, 1094b10–15, S. 2.

4 Hegel, *Briefe* 1, Nr. 135, S. 253.

5 Vgl. Leggewie, »Kulturelle Hegemonie – Gramsci und die Folgen«.

6 Steinlechner, »China verbietet ›unmännliche‹ Computerspiele«.

7 Ebenda.

8 Vgl. das Kapitel »Virtual Born Killers?«.

9 Vgl. mit Bezug auf Kinder und Jugendliche Kutner/Olson, *Grand Theft Childhood,* S. 140.

10 Sarkeesian, »Tropes vs. Women in Video Games – Season 1«.

11 Vgl. Hoff Sommers, »Are video games sexist?«; für Gleichberechtigungsfeminismus vs. Genderfeminismus vgl. Hoff Sommers, »Who Stole Feminism?«.

12 Vgl. exemplarisch GameStar Redaktion, »Zeit für ein Statement«.

13 Welsh, »The Last of Us Part 2 review«.

14 Zum Thema Politik und Computerspiele vgl. auch Loh, »Politik«.

15 Vgl. Bogost, *Persuasive Games*, Kapitel 1.

16 Bundesprüfstelle für jugendgefährdende Medien, Entscheidung Nr. 6322, S. 4.

17 Vgl. ebenda, S. 9–11.

18 Vgl. GameZone, »America's Army – PC – Review«.

19 Vgl. Bogost, *Persuasive Games*, S. 29–31.

20 Ebenda, S. IX.

(ALB-)TRAUM »GAMIFICATION«

1 Vgl. McGonigal, *Reality Is Broken*. Für einen Rundumblick auf das Thema Gamification vgl. Walz/Deterding, *The Gameful World*.

2 Vgl. McGonigal, *Reality Is Broken*, S. 3.

3 Vgl. ebenda, S. 14.

4 Platon, *Nomoi* VII 803c.

5 Huizinga, *Das Spielelement der Kultur*, S. 45.

6 Vgl. McGonigal, *Reality Is Broken*, S. 14.

7 Huizinga, *Das Spielelement der Kultur*, S. 44. Für eine hellsichtige Kritik am Missbrauch des Spiels im Kontext der Arbeit vgl. auch Oakeshott, »Work and Play«.

8 Vgl. Bogost, »Gamification is Bullshit«; und ders., »Why Gamification Is Bullshit«.

9 Frankfurt, *Bullshit*, S. 53–56.

10 Vgl. die Kapitel »Das Wesen des Spiels« und »Kennzeichen des Spiels«.

11 Vgl. Bogost, »How To Do Things With Videogames«.

12 Vgl. Bogost, »Why Gamification Is Bullshit«, S. 68.

13 Gabrielle, »Gamified Life«.

14 Ein solches Offenlegen versteckter ethischer Probleme von Computertechnologien hat Philip Brey in einem gleichlautenden Aufsatz als »disclosive computer ethics« bezeichnet.

15 Vgl. Nguyen, *Games*, S. 189–215, der von »value capture« spricht.

16 Für die Rolle von Politik in Computerspielen und von Computerspielen in der Politik vgl. Loh, »Politik«.

17 Die folgende Darstellung stützt sich vor allem auf Kobie, »The complicated truth about China's social credit system«; sowie auf Mistreanu, »Life Inside China's Social Credit Laboratory«. Für die Entwicklungen seit 2021 vgl. Drinhausen/Brussee, »China's Social Credit System in 2021«.

DURCHGESPIELT … UND VIRTUAL REALITY ALS GAMECHANGER?

1 Der Technikphilosoph Christoph Hubig hat daher vorgeschlagen, auf Basis des lateinischen Begriffspaars *realitas* und *actualitas* zwischen Virtueller Realität und Virtueller Wirklichkeit zu unterscheiden. Vgl. Hubig, »Virtualisierung der Technik – Virtualisierung der Lebenswelt«.

2 Vgl. dazu Carroll, *The Philosophy of Horror*, S. 12–58.

3 Diese Szene ist Teil der sogenannten *Kitchen*-Demo von *Resident Evil VII*, kommt aber nicht im Hauptspiel vor.

4 Baudrillard, »Die Präzession der Simulakra«, S. 39.

5 Ebenda, S. 9.

6 Das ist die These von Waddington, »Locating the Wrongness«, S. 126–128.

7 Vgl. Juul, »Virtual Reality«; sowie Venus, »Gewalt«, S. 227 f. Für den Wert von Computersimulationen und Virtueller Realität in der Wissenschaft vgl. Beisbart, »Virtual Realism«.

LITERATURVERZEICHNIS

Aarseth, Espen: »A Narrative Theory of Games«, in: *Foundations of Digital Games Conference Proceedings*, 2012, S. 129–133.

Aarseth, Espen: *Cybertext. Perspectives on Ergodic Literature*, Baltimore 1997.

Aarseth, Espen: »Ludology«, in: Perron, Bernard/Wolf, Mark J. P. (Hrsg.): *The Routledge Companion to Video Game Studies*, New York/London 2014, S. 185–189.

Activision: »Two Incredible Milesones«, https://www.callofduty.com/blog/2021/04/Incredible-Warzone-and-Game-Sales-Milestones (wenn nicht anders angegeben, dieser und alle folgenden Links zuletzt abgerufen am 18.7.2022).

Aichele, Alexander: *Philosophie als Spiel. Platon – Kant – Nietzsche*, Berlin 2000.

Ali, Rami: »A new solution to the gamer's dilemma«, in: *Ethics and Information Technology* 17/4, 2015, S. 267–274.

American Psychological Association: DSM-5, Arlington, VA 2013.

American Psychological Association: »Resolution on Violent Video Games«, Februar 2020, https://www.apa.org/about/policy/resolution-violent-video-games.pdf

American Psychological Association: »Task Force Report on Violent Video Games«, Oktober 2019, https://www.apa.org/science/leadership/bsa/report-violent-video-games.pdf

Anderson, Craig/Bushman, Brad: »Effects of violent video games on aggressive behavior, aggressive cognition, aggressive affect, physiological arousal, and prosocial behavior: a meta-analytic review of the scientific literature«, in: *Psychological Science* 12, 2001, S. 353–359.

Anderson, Craig/Dill, Karen: »Video games and aggressive thoughts, feelings and behavior in the laboratory and in life«, in: *Journal of Personality and Social Psychology* 78, 2000, S. 772-790.

Anscombe, Elizabeth: *Absicht*, 2. Aufl., Berlin 2020.

Anscombe, Elizabeth: »Modern Moral Philosophy«, in: *Philosophy* 33/124, 1958, S. 1-19. Auf deutsch erschienen als: »Die Moralphilosophie der Moderne«, in: *Aufsätze*, Berlin 2014, S. 142-170.

Aristoteles: *Metaphysik*, Bd. 5 der *Philosophischen Schriften in sechs Bänden*, übers. v. Hermann Bonitz, bearb. v. Horst Seidl, Hamburg 1995.

Aristoteles: *Nikomachische Ethik*, hrsg. v. Günther Bien, Hamburg 1995.

Aristoteles: *Poetik*, Griechisch/Deutsch, übers. u. hrsg. v. Manfred Fuhrmann, Stuttgart 1994.

Aristoteles: *Politik*, Bd. 4 der *Philosophischen Schriften in sechs Bänden*, übers. v. Eugen Rolfes, Hamburg 1995.

Aristoteles: *Über die Seele*, Bd. 6 der *Philosophischen Schriften in sechs Bänden*, übers. v. Willy Theiler, bearb. v. Horst Seidl, Hamburg 1995.

Bataille, Georges: »Spiel und Ernst«, in: Huizinga, Johan: *Das Spielelement der Kultur*, hrsg. v. Knut Ebeling, Berlin 2014, S. 75-111.

Baudrillard, Jean: »Die Präzession der Simulakra«, in: *Agonie des Realen*, übers. v. Lothar Kurzawa u. Volker Schaefer, Berlin 1978, S. 7-70.

Bayer, Thilo: »Aktionsbündnis organisiert Entsorgung von sogenannten Killerspielen«, in: *PC Games Hardware*, 19.10.2009, https://www.pcgameshardware.de/Spiele-Thema-239104/News/Aktionsbuendnis-organisiert-Entsorgung-von-sogenannten-Killerspielen-Update-Betrugsvorwurf-gegen-ZDF-697426/

Beil, Benjamin/Hensel, Thomas/Rauscher, Andreas (Hrsg.): *Game Studies*, Wiesbaden 2018.

Beisbart, Claus: »Virtual Realism: Really Realism or only Virtually so?«, *Disputatio* XI/55, 2019, S. 297–331.

Bentham, Jeremy: *An Introduction to the Principles of Morals and Legislation*, in: *Collected Works*, Bd. 2, London 1970.

Börchers, Fabian: »Handeln«, in: Feige, Daniel M./Ostritsch, Sebastian/Rautzenberg, Markus (Hrsg.): *Philosophie des Computerspiels*, Stuttgart 2018, S. 97–122.

Bogost, Ian: *Persuasive Games. The Expressive Power of Video Games*, Cambridge, MA 2007.

Bogost, Ian: »Gamification Is Bullshit«, 11.8.2011, http://bogost.com/writing/blog/gamification_is_bullshit/

Bogost, Ian: *How to Do Things with Videogames*, Minneapolis 2011.

Bogost, Ian: »Why Gamification Is Bullshit«, in: Walz, Steffen P./Deterding, Sebastian (Hrsg.): *The Gameful World. Approaches, Issues, Applications*, Cambridge, MA 2014, S. 65–80.

Booth, Wayne: *The Company We Keep*, Berkeley u. a. 1988.

Brey, Philip: »Disclosive Computer Ethics«, in: *Computers and Society* 30/4, 2000, S. 10–16.

Brey, Philip: »Do we have moral duties towards information objects?«, in: *Ethics and Information Technology* 10, 2008, S. 109–114.

Briegleb, Volker: »Brutalo-Spiel bundesweit beschlagnahmt«, in: *OnlineKosten.de*, 28.7.2004, https://www.onlinekosten.de/news/brutalo-spiel-bundesweit-beschlagnahmt_154726.html (zuletzt abgerufen am 20.1.2022).

Brooke, Sofia: »What to Make of the New Regulations in China's Gaming Industry«, in: *China Briefing*, 16.11.2021, https://www.china-briefing.com/news/what-to-make-of-the-new-regulations-in-china-online-gaming-industry/

Bundesprüfstelle für jugendgefährdende Medien, Entscheidung Nr. 6322, 7.12.2020, https://fragdenstaat.de/anfrage/indizierungsentscheidung-heimat-defender-rebellion/581665/anhang/heimat-defender.dePr.677-2020Anonym._geschwrzt.pdf

Caillois, Roger: *Die Spiele und die Menschen*, Berlin 2017.

Carroll, Noël: »Art, Narrative, and Moral Understanding«, in: Levinson, Jerrold (Hrsg.): *Aesthetics and Ethics: Essays at the Intersection*, Cambridge 1998 (zitiert nach Carroll, *Beyond Aesthetics*).

Carroll, Noël: *Beyond Aesthetics: Philosophical Essays*, Cambridge 2001.

Carroll, Noël: »Moderate Moralism«, in: *British Journal of Aesthetics* 36/3, 1996, S. 223–238 (zitiert nach Carroll, *Beyond Aesthetics*).

Carroll, Noël: *The Philosophy of Horror*, New York 1990.

Chalmers, David: »The Virtual and the Real«, in: *Disputatio* IX/46, 2017, S. 309–352.

Denkler, Thorsten: »Killerspiele, Zombies, Waffenrecht«, in: *Süddeutsche Zeitung*, 17.5.2010, https://www.sueddeutsche.de/panorama/winnenden-nach-dem-amoklauf-killerspiele-zombies-waffenrecht-1.395851

Dibbell, Julian: *My Tiny Life. Crime and Passion in the Virtual World*, New York 1999.

Drinhausen, Katja/Brussee, Vincent: »China's Social Credit System in 2021«, in: *Merics China Monitor*, 3. März 2021, aktualisiert am 9. Mai 2022, https://merics.org/en/report/chinas-social-credit-system-2021-fragmentation-towards-integration

Evans, Marcus C. Jr.: »HB3531, Illinois General Assembly«, https://www.ilga.gov/legislation/102/HB/PDF/10200HB3531lv.pdf

Feige, Daniel M.: *Computerspiele. Eine Ästhetik*, Berlin 2015.

Feige, Daniel M.: »Kunst«, in: Feige, Daniel M./Ostritsch, Sebastian/Rautzenberg, Markus (Hrsg.): *Philosophie des Computerspiels*, Stuttgart 2018, S. 177–192.

Feige, Daniel M./Ostritsch, Sebastian/Rautzenberg, Markus (Hrsg.): *Philosophie des Computerspiels*, Stuttgart 2018.

Ferguson, Christopher J.: »Blazing Angels or Resident Evil? Can

Violent Video Games Be a Force for Good?«, in: *Review of General Psychology* 14/2, 2010, S. 68–81.

Ferguson, Christopher J.: »Do Angry Birds Make for Angry Children? A Meta-Analysis of Video Game Influences on Children's and Adolescents' Aggression, Mental Health, Prosocial Behavior, and Academic Performance«, in: *Perspectives on Psychological Science* 10/5, 2015, S. 646–666.

Finnis, John: *Natural Law & Natural Rights*, 2. Aufl., Oxford 2011.

Flanagan, Mary/Nissenbaum, Helen: *Values at Play in Digital Games*, Cambridge, MA 2014.

Flattery, Tobias: »May Kantians commit virtual killings that affect no other persons?«, in: *Ethics and Information Technology* 23, 2021, S. 751–762.

Floridi, Luciano: »On the Intrinsic Value of Information Objects and the Infosphere«, in: *Ethics and Information Technology* 4/4, 2003, S. 287–304.

Foot, Philippa: *Virtues and Vices and Other Essays in Moral Philosophy*, Berkeley/Oxford 1978.

Frankfurt, Harry G.: *Bullshit*, übers. v. Michael Bischoff, Frankfurt a. M. 2006.

Frasca, Gonzalo: »Simulation versus Narrative«, in: Perron, Bernard/Wolf, Mark J. P. (Hrsg.): *The Video Game Theory Reader*, New York 2003, S. 221–236.

Friedman, Batya/Hendry, David G.: *Value Sensitive Design. Shaping Technology with Moral Imagination*, Cambridge, MA 2019.

Fritsch, Melanie: »Musik«, in: Beil, Benjamin/Hensel, Thomas/Rauscher, Andreas (Hrsg.): *Game Studies*, Wiesbaden 2018, S. 87–107.

Fromme, Johannes/Könitz, Christopher: »Überlegungen zur Analyse und bildungstheoretischen Einschätzung eines hybriden Medienphänomens«, in: Marotzki, Winfried/Meder, Norbert (Hrsg.): *Perspektiven der Medienbildung*, Wiesbaden 2014, S. 235–286.

Fromme, Johannes/Unger, Alexander (Hrsg.): *Computer Games and New Media Cultures. A Handbook of Digital Games Studies*, Dordrecht u. a. 2012.

Funk, Jeanne B. u. a.: »Violence exposure in real-life, video games, television, movies, and the internet: is there desensitization?«, in: *Journal of Adolescence* 27, 2004, S. 23–39.

Gabrielle, Vincent: »Gamified Life«, in: *Aeon.com,* 10. Oktober 2018, https://aeon.co/essays/how-employers-have-gamified-work-for-maximum-profit

GamesCoop: *Theorien des Computerspiels zur Einführung*, Hamburg 2012.

GameStar Redaktion: »Zeit für eine Statement«, in: *Gamestar*, 1.6.2021, https://www.gamestar.de/artikel/statement-toleranz-vielfaeltigkeit-gamestar-gamepro,3346314.html

GameZone: »America's Army – PC – Review«, in: *Gamezone*, 4.5.2012, https://www.gamezone.com/reviews/america_s_army_pc_review/

Gaut, Berys: *Art, Emotion and Ethics*, Oxford u. a. 2007.

Gaut, Berys: »Die ethische Kunstkritik«, in: Misselhorn, Catrin u. a. (Hrsg.): *Gut und schön? Die Debatte um den Moralismus am Beispiel Dostoevskijs*, München 2014, S. 59–80.

Genette, Gérard: »Impliziter Autor, impliziter Leser?«, in: Jannidis, Fotis u. a. (Hrsg.): *Texte zur Theorie der Autorschaft*, Stuttgart 2000.

Genette, Gérard: *Paratexte: Das Buch vom Beiwerk des Buches*, Frankfurt a. M. 2001, S. 235–250.

Gentile, Douglas u. a.: »The effects of violent video game habits on adolescent hostility, aggressive behaviors, and school performance«, in: *Journal of Adolescence* 27, 2004, S. 5–22.

Grandoni, Dino: »The Disturbing New Trend In ›Grand Theft Auto‹ Is Virtual Rape«, in: *Huffington Post*, 12.8.2014, https://www.huffingtonpost.co.uk/entry/grand-theft-auto-rape_n_5671400

Gronkh: »GTA V, #041- Folterknechte«, https://youtu.be/buBF-6aanO4

Guardini, Romano: *Vom Geist der Liturgie*, 24. Aufl., unveränd. Nachdr. der 19. Aufl. 1957, Ostfildern/Paderborn 2018.

Günzel, Stephan: *Egoshooter. Das Raumbild des Computerspiels*, Frankfurt a. M. 2012.

Hegel, G. W. F.: *Briefe*, Bd. 1, hrsg. v. Johannes Hoffmeister, Hamburg 1952.

Hegel, G. W. F.: *Phänomenologie des Geistes*, Bd. 3 der *Werke*, hrsg. v. Eva Moldenhauer u. Karl Markus Michel, Frankfurt a. M. 1986.

Hensel, Thomas: »Bild«, in: Feige, Daniel M./Ostritsch, Sebastian/Rautzenberg, Markus (Hrsg.): *Philosophie des Computerspiels*, Stuttgart 2018, S. 205–219.

Hoff Sommers, Christina: »Are video games sexist?«, https://youtu.be/9MxqSwzFy5w

Hoff Sommers, Christina: *Who Stole Feminism*, New York 1994.

Hubig, Christoph: »Virtualisierung der Technik – Virtualisierung der Lebenswelt«, in: Gethmann, Carl Friedrich u. a. (Hrsg.): *Lebenswelt und Wissenschaft (XXI. Deutscher Kongress für Philosophie)*, Hamburg 2011, S. 146–159.

Huizinga, Johan: *Homo Ludens. Vom Ursprung der Kultur im Spiel*, 24. Aufl., Reinbek bei Hamburg 2014.

Huizinga, Johan: *Das Spielelement der Kultur*, hrsg. v. Knut Ebeling, Berlin 2014.

Hume, David: »Über die Regel des Geschmacks«, in: *Materialien zu Kants Kritik der Urteilskraft*, hrsg. v. Jens Kulenkampff, Frankfurt a. M. 1974.

Hurka, Thomas: »Games and the Good«, in: *Proceedings of the Aristotelian Society* Suppl. Vol. 80, 2006, S. 217–235.

Iser, Wolfgang: *Das Fiktive und das Imaginäre. Perspektiven literarischer Anthropologie*, Frankfurt a. M. 1991.

Jünger, Friedrich Georg: *Die Spiele. Ein Schlüssel zu ihrer Bedeutung*, Frankfurt a. M. 1953.

Juul, Jesper: *Half-Real. Video Games Between Real Rules and Fictional Worlds*, Cambridge, MA 2005.

Juul, Jesper: »Virtual Reality: Fictional all the Way Down (and that's OK)«, in: *Disputatio* XI/55, 2019, S. 333–343.

Kant, Immanuel: *Die Metaphysik der Sitten*, in: *Werke*, Bd. IV, hrsg. v. Wilhelm Weischedel, 8. Aufl., Darmstadt 2016.

Kant, Immanuel: *Die Religion innerhalb der Grenzen der bloßen Vernunft*, in: *Werke*, Bd. IV, hrsg. v. Wilhelm Weischedel, 8. Aufl., Darmstadt 2016.

Kant, Immanuel: *Grundlegung zur Metaphysik der Sitten*, in: *Werke*, Bd. IV, hrsg. v. Wilhelm Weischedel, 8. Aufl., Darmstadt 2016.

Kant, Immanuel: *Kritik der Urteilskraft*, in: *Werke*, Bd. V, hrsg. v. Wilhelm Weischedel, 8. Aufl., Darmstadt 2016.

Kennelly, Matthew F.: »ESA, VSDA, and IRMA v. Blagojevich, Madigan, & Devine, 2005, Case No. 05 C 4265, Findings of Fact and Conclusions of Law«, https://jenner.com/system/assets/assets/5068/original/ESA_v_BLAGOJEVICH_decision.pdf?1320446200

Kent, Steven L.: *The Ultimate History of Video Games*, New York 2001.

Knebel, Sven K./Grötker, Ralf: »Virtualität«, in: *Historisches Wörterbuch der Philosophie*, Bd. 11, Basel 2001, S. 1062–1068.

Kobie, Nicole: »The complicated truth about China's social credit system«, in: *Wired*, 6.7.2019, https://www.wired.co.uk/article/china-social-credit-system-explained

Kutner, Lawrence/Olson, Cheryl: *Grand Theft Childhood*, New York u. a. 2008.

Leggewie, Claus: »Kulturelle Hegemonie – Gramsci und die Folgen«, in: *Leviathan* 15/2, 1987, S. 285–304.

Lewis, C. S.: *Christentum schlechtin*, übers. v. Brigitte Bernard-Salin, Köln/Olten 1956.

Loh, Wulf: »Politik«, in: Feige, Daniel M./Ostritsch, Sebastian/Rautzenberg, Markus (Hrsg.): *Philosophie des Computerspiels*, Stuttgart 2018, S. 149–173.

Lopes, Dominic McIver: »The Ontology of Interactive Art«, in: *The Journal of Aesthetic Education*, 35/4, 2001, S. 65–81.

Luckner, Andreas: *Klugheit*, Berlin/New York 2005.

MacIntyre, Alasdair: *After Virtue. A Study in Moral Theory*, Notre Dame, IN 1981.

Madariaga, Salvador de: *Porträt Europas*, Stuttgart 1952.

Martinez, Matias/Scheffel, Michael: *Einführung in die Erzähltheorie*, 7. Aufl., München 2007.

Matt, Peter von: *Verkommene Söhne, mißratene Töchter. Familiendesaster in der Literatur*, München 1997.

McCormick, Matt: »Is it wrong to play violent video games?«, in: *Ethics and Information Technology* 3/4, 2001, S. 277–287.

McGonigal, Jane: *Reality Is Broken. Why Games Make Us Better and How They Can Change The World*, New York 2011.

Mead, George Herbert: *Mind, Self & Society. The Definitive Edition*, hrsg. v. Charles W. Morris, Chicago/London 2015.

Meskin, Aaron: »Videogames and Creativity«, in: Robson, Jon/Tavinor, Grant (Hrsg.): *The Aesthetics of Videogames*, New York 2018, S. 95–111.

Mill, John Stuart: *Utilitarianism/Utilitarismus*, Deutsch-Englisch, übers. u. hrsg. v. Dieter Birnbacher, Stuttgart 2006.

Misselhorn, Catrin: »Imaginative Resistance. An Emotion-Based Account«, in: *Journal of Literary Theory* 3/1, 2009, S. 129–144.

Misselhorn, Catrin: »Die neue Moralismusdebatte. Begriffe – Thesen – Argumente«, in: Misselhorn, Catrin u. a. (Hrsg.): *Gut und schön? Die Debatte um den Moralismus am Beispiel Dostoevskijs*, München 2014, S. 25–58.

Mistreanu, Simina: »Life Inside China's Social Credit Laboratory«, in: *Foreign Policy*, 3.4.2018, https://foreignpolicy.com/2018/04/03/life-inside-chinas-social-credit-laboratory/

Moran, Richard: »The Expression of Feeling in Imagination«, in: *Philosophical Review* 103, 1994, S. 75–106.

Murray, Janet: *Hamlet on the Holodeck*, überarb. Neuaufl., Cambridge, MA 2017.

Neitzel, Britta: »Narration«, in: Feige, Daniel M./Ostritsch, Sebastian/Rautzenberg, Markus (Hrsg.): *Philosophie des Computerspiels*, Stuttgart 2018, S. 43–53.

Nguyen, C. Thi: *Games. Agency As Art*, Oxford 2020.

Nissenbaum, Helen: »Values in Technical Design«, in: *Encyclopedia of Science Technology and Ethics*, New York 2005, S. LXVI–LXX.

Nussbaum, Martha C.: *Love's Knowledge. Essay on Philosophy and Literature*, Oxford u. a. 1990.

Oakeshott, Michael: »Work and Play«, in: *First Things*, Juni 1995; abrufbar unter: https://www.firstthings.com/article/1995/06/003-work-and-play

Ostritsch, Sebastian: »Computerspiele und Kindheit«, in: Buck, Fabian u. a. (Hrsg.), *Neue Technologien – neue Kindheiten? Ethische und bildungsphilosophische Perspektiven*, Stuttgart 2020, S. 167–181.

Ostritsch, Sebastian: »Ethik«, in: Feige, Daniel M./Ostritsch, Sebastian/Rautzenberg, Markus (Hrsg.): *Philosophie des Computerspiels*, Stuttgart 2018, S. 77–96.

Ostritsch, Sebastian: »The Amoralist Challenge to Gaming and the Gamer's Moral Obligation«, in: *Ethics and Information Technology* 19/2, S. 117–128.

Ostritsch, Sebastian/Steinbrenner, Jakob: »Ontologie«, in: Feige, Daniel M./Ostritsch, Sebastian/Rautzenberg, Markus (Hrsg.): *Philosophie des Computerspiels*, Stuttgart 2018, S. 55–74.

Ostritsch, Sebastian/Ulbricht, Samuel: »The Immorality of Computer Games: Defending the Endorsement View Against Young's Objections«, in: *Ethics and Information Technology* 23, 2021, S. 199–205.

Patridge, Stephanie: »The incorrigible social meaning of video game imagery«, in: *Ethics and Information Technology* 13/4, 2011, S. 303–312.

PBS Game/Show: »Can Video Games Be A Spiritual Experience?«, 22.5.2014, https://youtu.be/vK91LAiMOio

Platon: *Nomoi (Gesetze)*, II. Teil, in: *Werke*, Bd. 8, 6. Aufl., unveränd. Nachdr. der 1. Aufl. 1977, Darmstadt 2011.

Platon: *Politeia (Der Staat)*, in: *Werke*, Bd. 4, 6. Aufl., unveränd. Nachdr. der 1. Aufl. 1977, Darmstadt 2011.

Plessner, Helmuth: *Grenzen der Gemeinschaft*, 7. Aufl., Frankfurt a. M. 2018.

Przybylski, Andrew K.: »Electronic gaming and psychosocial adjustment«, in: *Pediatrics* 134 (3), 2014, e716-e722.

Przybylski, Andrew K. u. a.: »The Ideal Self at Play: The Appeal of Video Games That Let You Be All You Can Be«, in: *Psychological Science* 23/1, 2012, S. 69–76.

Rimbaud, Arthur: *Poésies. Une saison en enfer. Illuminations*, Paris 1999.

Robson, Jon/Tavinor, Grant (Hrsg.): *The Aesthetics of Videogames*, New York 2018.

Rosenkranz, Karl: *Ästhetik des Häßlichen*, 2., überarb. Aufl., Leipzig 1996.

Sachs-Hombach, Klaus/Thon: Jan-Noël (Hrsg.): *Game Studies. Aktuelle Ansätze der Computerspieleforschung*, Köln 2015.

Sageng, John Richard/Fossheim, Hallvard/Larsen, Tarjei Mandt (Hrsg.): *The Philosophy of Computer Games*, Dordrecht u. a. 2012.

Sarkeesian, Anita: »Tropes vs. Women in Video Games – Season 1«, https://youtube.com/playlist?list=PLn4ob_5_ttEaA_vc8F3fjzE62esf9yP61

Schiller, Friedrich: *Über die ästhetische Erziehung des Menschen*, komm. v. Stefan Matuschek, Berlin 2009.

Schnitzler, Arthur: *Traumnovelle*, Stuttgart 2013.

Schulzke, Marcus: »Moral Decision Making in Fallout«, in: *Game Studies* 9/2, 2009.

Schulzke, Marcus: *Simulating Good and Evil. The Morality and Politics of Videogames*, New Brunswick u. a. 2020.

Seneca: *An Lucilius. Briefe über Ethik, 70–124, [125]*, in: *Philosophische Schriften*, Bd. 4, lateinisch und deutsch, hrsg. v. Manfred Rosenbach, 2. Aufl., Darmstadt 2011.

Sicart, Miguel: *The Ethics of Computer Games*, Cambridge, MA 2009.

Sicart, Miguel: *Beyond Choices. The Design of Ethical Gameplay*, Cambridge, MA 2013.

Singer, Peter: *Praktische Ethik*, 3., überarb. u. erw. Aufl., Stuttgart 2013.

Søraker, Johnny Hartz: »How shall I compare thee? Comparing the prudential value of actual and virtual friendship«, in: *Ethics and Information Technology* 14/3, 2012, S. 209–219.

Spitzer, Manfred: *Vorsicht Bildschirm!*, Stuttgart 2005.

Steinlechner, Peter: »China verbietet ›unmännliche‹ Computerspiele«, in: *golem.de*, 9.9.2021, https://www.golem.de/news/konservatives-weltbild-china-verbietet-unmaennliche-computerspiele-2109-159470.html

Suits, Bernard: *The Grasshopper. Games, Life, and Utopia*, 3. Aufl., Ontario 2014.

Tanner, Michael: »Morals in Fiction and Fictional Morality«, in: *Proceedings of the Aristotelian Society* Suppl. Vol. 68, 1994, S. 51–66.

Tasioulas, John: »Games and the Good«, in: *Proceedings of the Aristotelian Society* Suppl. Vol. 80, 2006, S. 237–264.

Tavinor, Grant: *The Art of Videogames*, Malden, MA 2009.

Thon, Jan-Noël: »Game Studies und Narratologie«, in: Sachs-Hombach, Klaus/Thon, Jan-Noël (Hrsg.), *Game Studies. Aktuelle Ansätze der Computerspieleforschung*, Köln 2015, S. 104–164.

Turkle, Sherry: *Die Wunschmaschine. Vom Entstehen der Computerkultur*, Reinbek bei Hamburg 1984.

Ulbricht, Samuel: *Ethik des Computerspielens. Eine Grundlegung*, Berlin 2020.

Venus, Jochen: »Gewalt«, in: Beil, Benjamin/Hensel, Thomas/Rauscher, Andreas (Hrsg.), *Game Studies*, Wiesbaden 2018, S. 331–343.

Waddington, David I.: »Locating the wrongness in ultra-violent video games«, in: *Ethics and Information Technology* 9/2, 2007, S. 121–128.

Walton, Kendall L.: *Mimesis as Make-Believe*, Cambridge, MA 1990.

Walton, Kendall L.: »Morals in Fiction and Fictional Morality«, in: *Proceedings of the Aristotelian Society* Suppl. Vol. 68, 1994, S. 27–50.

Walz, Steffen P./Deterding, Sebastian (Hrsg.): *The Gameful World. Approaches, Issues, Applications*, Cambridge, MA 2014.

Welsh, Oli: »The Last of Us Part 2 review«, in: *Eurogamer.net*, 16.6.2020, https://www.eurogamer.net/articles/2020-06-12-the-last-of-us-part-2-review-a-gut-wrenching-sequel

Willmann, Thomas: »The Most Dangerous Game«, in: *Telepolis*, 17.3.2004, https://www.heise.de/tp/features/The-Most-Dangerous-Game-3433771.html

Winnicott, D. W.: *The Child, the Family, and the Outside World*, Cambridge, MA 1987.

Wittgenstein, Ludwig: *Philosophische Untersuchungen*, hrsg. v. Joachim Schulte, Frankfurt a. M. 2003.

Young, Garry: »Enacting taboos as a means to an end; but what end?«, in: *Ethics and Information Technology* 15, 2013, S. 13–23.

Young, Garry: »Integrating Poor Taste into the Ongoing Debate on the Morality of Violent Video Games«, in: *The Computer Games Journal* 6/4, 2017, S. 227–237.

Ziegler, Peter-Michael: »Stuttgart untersagt Computerspiele-Wettbewerb«, in: *heise online*, 23.3.2009, https://www.heise.de/newsticker/meldung/Stuttgart-untersagt-Computerspiele-Wettbewerb-208702.html

GAMEOGRAPHIE

Alien: Isolation, Microsoft Windows u. a., Creative Assembly/Sega, 2014.

America's Army, Microsoft Windows u. a., MOVES Institute/United States Army, 2002.

Assassin's Creed Valhalla, Microsoft Windows u. a., Ubisoft Montreal/Ubisoft, 2020.

A *Way Out*, Microsoft Windows u. a., Hazelight Studios/Electronic Arts, 2018.

Bloodborne, PlayStation 4, FromSoftware/Sony Computer Entertainment, 2015.

Brothers: A Tale of Two Sons, Xbox 360 u. a., Starbreeze Studios/505 Games, 2013.

Call of Duty: Modern Warfare 2, Microsoft Windows u. a., Infinity Ward/Activision, 2009.

Candy Crush Saga, iOS u. a., King/King, 2012.

Carmageddon, MS-DOS u. a., Stainless Games/Sales Curve Interactive u. a., 1997.

Cities: Skylines, Microsoft Windows u. a., Colossal Order/Paradox Interactive, 2015.

Civilization, MS-DOS u. a., MicroProse/Micro Prose, 1991.

Counter-Strike, Microsoft Windows u. a., Valve/Sierra Studios u. Valve, 2000.

Counter-Strike: Global Offensive, Microsoft Windows u. a., Valve u. Hidden Path Entertainment/Valve, 2012.

Counter-Strike: Source, Microsoft Windows u. a., Valve u. Turtle Rock Studios/Valve, 2004.

Double Dragon I, Arcade, Technōs Japan/Taito, 1987.

Double Dragon II: The Revenge, Arcade, Technōs Japan/Technōs Japan, 1988.

Fallout 3, Microsoft Windows u. a., Bethesda Game Studios/Bethesda Softworks, 2008.

FIFA (Reihe), diverse Plattformen, EA Vancouver u. a./EA Sports, 1993–2021.

Final Fight, Arcade, Capcom/Capcom, 1989.

Fortnite, Microsoft Windows u. a., Epic Games/Epic Games, 2017.

Ghost of Tsushima, PlayStation 4, Sucker Punch Productions/Sony Interactive Entertainment, 2020.

Grand Theft Auto V, PlayStation 3 u. a., Rockstar North/Rockstar Games, 2013.

Half-Life, Microsoft Windows u. a., Valve/Sierra Studios, 1998.

Hatred, Microsoft Windows u. Linux, Destructive Creations/Destructive Creations, 2015.

Heavy Rain, PlayStation 3 u. a., Quantic Dream/Sony Computer Entertainment, 2010.

Heimat Defender: Rebellion, Microsoft Windows, Kvltgames/Ein Prozent e. V., 2020.

Hellblade: Senua's Sacrifice, Microsoft Windows u. a., Ninja Theory/Ninja Theory, 2017.

It Takes Two, Microsoft Windows u. a., Hazelight Studios/Electronic Arts, 2021.

LambdaMOO, plattformunabhängig, Pavel Curtis, 1990.

Leons Identität, Microsoft Windows u. a., btf Game Department/Ministerium des Inneren des Landes Nordrhein-Westfalen, 2020.

Manhunt, PlayStation 2, Rockstar North/Rockstar Games, 2003.

Mario Kart 8, Wii U, Nintendo EAD/Nintendo, 2014.

Mario Kart 64, Nintendo 64, Nintendo EAD/Nintendo, 1996.

Microsoft Flight Simulator, Microsoft Windows u. Xbox Series X/S, Asobo Studio/Xbox Game Studios, 2020.

Minecraft, Microsoft Windows u. a., Mojang Studios/Mojang Studios u. a., 2011.

Mortal Kombat (Reihe), diverse Plattformen, Midway u. a./Midway u. a., 1992-2019.

Myst, Mac OS u. a., Cyan/Broderbund, 1993.

Overwatch, Microsoft Windows u. a., Blizzard Entertainment/Blizzard Entertainment, 2016.

Pac-Man, Arcade, Namco/Namco u. Midway, 1980.

Pong, Arcade, Atari/Atari, 1972.

Postal, Microsoft Windows u. a., Running with Scissors/Ripcord Games u. a., 1997.

Pro Evolution Soccer (Reihe), diverse Plattformen, Konami u. a./Konami, 1995–2021.

RalliSport Challenge, Xbox u. Microsoft Windows, Digital Illusions CE/Microsoft Game Studios, 2002.

RapeLay, Microsoft Windows, Illusion Soft/Illusion Soft, 2009.

Resident Evil VII, Microsoft Windows u. a., Capcom/Capcom, 2017.

Ring Fit Adventure, Nintendo Switch, Nintendo EPD/Nintendo, 2019.

Space Invaders, Arcade, Taito/Taito u. a., 1978.

Spacewar!, PDP-1, Steve Russell, 1962.

Spec Ops: The Line, Microsoft Windows u. a., Yager Development/2K Games, 2012.

Stardew Valley, Microsoft Windows, ConcernedApe/Chucklefish u. ConcernedApe, 2016.

Streets of Rage 2, Mega Drive u. a., Sega u. a./Sega, 1992.

Super Mario Brothers, NES, Nintendo R&D4/Nintendo, 1985.

Team Fortress 2, Microsoft Windows u. a., Valve/Valve, 2007.

Tennis for Two, Analogcomputer, William Higinbotham, 1958.

Tetris, Electronica 60, Alexey Pajitnov, 1984.

The Last of Us, PlayStation 3, Naughty Dog/Sony Computer Entertainment, 2013.

The Last of Us Part II, PlayStation 4, Naughty Dog/Sony Interactive Entertainment, 2020.

The Legend of Zelda: Breath of the Wild, Nintendo Switch u. Wii U, Nintendo EPD/Nintendo, 2017.

The McDonald's Videogame, Microsoft Windows u. macOS, Molleindustria/Molleindustria, 2005.

The Sims, Microsoft Windows u. Mac OS, Maxis/Electronic Arts u. Aspyer, 2000.

The Sims 2, Microsoft Windows, Maxis Redwood Shores/Electronic Arts, 2004.

The Walking Dead: Season One, Microsoft Windows u. a., Telltale Games/Telltale Games, 2012.

This War of Mine, Microsoft Windows u. a., 11 bit studios/11 bit studios, 2014.

Thumper, PS VR u. a., Drool/Drool, 2016.

Tonight We Riot, Microsoft Windows u. a., Pixel Pushers Union 512/Means Interactive, 2020.

Uncharted (Reihe), PlayStation 3 u. 4, Naughty Dog/Sony Computer Entertainment, 2007–2014.

Vim-Adventures, Browser, Doron Linder/www.vim-adventures.com, 2012.

Wolfenstein 3D, DOS, id Software/Apogee Software u. FormGen, 1993.

Wolfenstein: The New Order, Microsoft Windows u. a., Machine Games/Bethesda Softworks, 2014.

World of Warcraft, Microsoft Windows u. macOS, Blizzard Entertainment/Blizzard Entertainment, 2004.